信息传

吴军 - 著

中信出版集团 | 北京

图书在版编目（CIP）数据

信息传 / 吴军著 . -- 北京：中信出版社，2020.11（2021.1 重印）
ISBN 978-7-5217-2257-4

Ⅰ . ①信… Ⅱ . ①吴… Ⅲ . ①信息技术 Ⅳ .
① G202

中国版本图书馆 CIP 数据核字（2020）第 183310 号

信息传

著　　者：吴军
出版发行：中信出版集团股份有限公司
（北京市朝阳区惠新东街甲 4 号富盛大厦 2 座　邮编　100029）
承 印 者：北京盛通印刷股份有限公司

开　　本：880mm × 1230mm　1/32　　印　　张：12　　字　　数：265 千字
版　　次：2020 年 11 月第 1 版　　印　　次：2021 年 1 月第 4 次印刷
书　　号：ISBN 978-7-5217-2257-4
定　　价：99.00 元

信息是不确定性的辨析度。

——克劳德·香农

第一编
自发时代

目录

第二编

自觉时代

推荐序一

我们不预测未来，我们创造未来

中国工程院院士　邬贺铨

今天，我们生活在信息技术时代。能够称为一个时代，不全是因为它有着以摩尔定律命名的每 18 个月处理能力加倍的发展速度，摩尔定律是 1965 年提出的，但那时还不能称为信息时代，我更愿意用信息技术产品普及程度来衡量一个时代。得益于摩尔定律持续作用的效果，2019 年底，全球移动通信普及率超过 108%，全球接入互联网的家庭超过 57%，信息化已广泛渗透到社会生活的方方面面。

信息的内涵本来与承载它的方式无关，但只有当以电磁波的方式来承载时，才会加速信息的传播，才会对社会经济的贡献越来越重视，我们感受到的信息呈现的业态也才会演进得越来越快。从 1844 年开始，商用电报持续了 100 多年，从 1876 年发明固定电话到现在有 120 多年了，互联网从发明到现在才 50 年，而移动通信从发明到现在还不到 40 年，互联网与移动通信的普及率及其发展速度远超电报与电话。

信息技术的发展是否有物理极限？摩尔定律是否已走到头？互联网还会发展成什么样？移动通信的未来是什么？这些都是大众关心的问题。这本书虽然并不直接回答这些问题，但通过回顾信息技术发展的历程，可以开拓我们思考的空间，展望信息技术发展的前景，使我们能够体会到信息技术呈现的模式不会停止，创新的前路永远是开放的。更重要的是，这本书通过介绍信息技术发展史上做出卓越贡献的大师，再现了他们一步一步的创新之路上所积聚的问题的驱动、思想的火花、执着的追求和不懈的努力，让读者体会到这些才是创新者走向成功的共同要素。

对于一个多世纪信息科技的发展特点，吴军先生做了这样的总结——用更少的能量，传递、处理和存储更多的信息。这是对信息科学、技术和产业通俗而准确的概括。它让我们可以准确地判断在未来哪些技术和产品是符合信息科学发展趋势的，哪些是我们需要避免的误区。

吴军先生有着在国内外知名信息技术公司工作的经历，善于观察，勤于学习，精于思考，近年来潜心研究科学发展史特别是信息技术发展史，已发表《数学之美》《浪潮之巅》《文明之光》《大学之路》《硅谷之谜》《智能时代》等多部畅销书，深受读者喜爱。新作《信息传》秉承上述著作的写作风格，以故事的方式描述事件，不仅写实，而且从中可透视研究探索本来的曲折与多彩，过程不乏柳暗花明，但又顺理成章，灵机一动的背后是多年积累才能达到的水到渠成。其情节生动，引人入胜，仿佛信息技术大师与我们正在近距离对话。同时，这本书对技术讲解的深浅把握到位，抽象的信息论用通俗的文笔表述又不失严谨，将哲理融入历史则丰富了这本书的内涵，从中我们不仅能够了解技术原理，还可以学习思考和解决问题的方法。在我国强调自主创新的今天，每一个科技行业的从业者，每一位相关的领导干部，都需要了解信息的历史，了解这个行业科技和产业兴起与发展的内在原因和动力。因此，《信息传》的出版恰逢其时，为我们认识这个领域的规律提供了线索和指南。

现在工业互联网和智慧社会的建设为信息技术的发展开拓出更广阔的空间，其未来将更加精彩。互联网界有一句名言：“我们不预测未来，我们创造未来。”期待更多的有志之士能够投身信息化的大潮，续写“信息传”的新篇章！

推荐序二
信息时代，每个人的必修课

清华大学教授，中国工程院院士　郑纬民

我非常高兴为吴军的《信息传》一书作序。作为吴军在清华大学读书时毕业设计的指导教师，我非常高兴看到他这些年事业有成，并且能够不断地写出佳作。《信息传》一书通过讲述信息前世今生的故事，揭示了信息技术发展的规律。

我和今天每一个人一样，都有幸见证了信息革命。正是因为有信息革命，我们才得以过上人类历史上最好的生活，也正是因为赶上了信息革命的浪潮，中国才在短短的 40 年间完成了西方国家 200 多年才得以完成的现代化历程，并且给了今天无数青年人自身发展的机会。因此，我们每一个人都有必要了解信息技术，了解它的本质和发展规律。

我们通常理解的信息革命始于 20 世纪 60 年代，特别以 1965 年摩尔博士提出了著名的摩尔定律为标志。对于摩尔定律，大家并不陌生，因为我们每一个人今天的生活都受益于此。当每过 18 个月，和计算机相关的产品性能翻番时，很多原来想都不敢想的事情变成了可能。30 多年前，当吴军还是一个在我们实验室做课程设计和毕业设计的学生的时候，能够每秒钟完成一亿次计算的计算机在世界上都属于超级计算机了，其价格超过当时一架小型喷气式飞机；20 年前，我主持研制清华集群计算机系统时，我们已经将超级计算机的性能提升了上万倍；今天，任何一款智能手机的计算、存储和网络传输能力，都远远超过 30 年前的超级计算机，而最快的计算机则能在一秒内完成万亿亿次的计算。正是因为信息技术以如此高的速度进步，才使全社会信息化和智能化得以实现。

对于这段历史大家都感同身受，但是信息技术何以能够如此快速的发展，它今后会遵循什么样的发展规律，这是很多人不清楚的，也是我读这本书最感兴趣的地方。

信息科学和技术发展的历史可以大致分为两个阶段——1936 年图灵提出可计算性理论和 1948 年香农提出信息论之前的自发阶段，以及之后的自觉阶段。在信息科技发展的早期，虽然出现了电报、电话、无线电、录音录像等近现代信息技术，有了莫尔斯编码、早期密码学、载波通信、布尔代数等和信息相关的理论，但是人们对信息科技的规律缺乏本质了解，以至很多成功具有很大的偶然性，并且要以大量的失败为代价。比如，特斯拉在无线通信上的失败，巴贝奇在计算机上的失败，都是因为缺乏理论指导所致。至于在信息保密等方面的失败，则更是家常便饭。

到了 20 世纪中期，特别是第二次世界大战以后，信息理论的成熟为信息技术的发展以及产业的形成奠定了基础，此后的阶段可以讲是信息科技史上的自觉阶段。科学家和工程师所做的事情，其实就是在图灵和香农等人理论的指导下，有目的地不断寻找新的方法，改进技术，采用新的工艺。由于避免了很多不必要的失败，成功才成为这个领域的常态。

了解了信息科技发展的这段历史，我们就会明确今后应该如何努力了。

今天，人们习惯于用摩尔定律来概括信息技术和产业发展的规律。一个技术、一个行业能够在半个多世纪里按照翻番的速度发展，这是人类历史上的第一次。为什么在历史上只有信息产业能够做到这一点，《信息传》一书中给出了答案。首先，在信息产业中原材料成本的占比非常低，它们不过是沙子和铜线，在这个产业中有价值的是附加在廉价材料上的技术；其次，是工程师有意识地按照摩尔定律规定的速度发展新技术、采用新技术，才使得这个行业能够几十年保持高速增长。这其实也在做事方法上启发了我们今天的每一个人，那就是重视技术，同时要不断学习新的技术。作为一个在信息领域奋斗了 50 年的科研人员，我对此深有感触。在这个领域，任何人都需要终身学习，接受新思想，否则就会落伍。

至于今后摩尔定律是否会失效，《信息传》一书也给出了答案，那就是今后需要朝着用更少的能量，传输、处理和存储更多的信息方向发展。沿着这个思路往前看，信息领域发展的空间依然非常巨大。实际上，用更少的能量，传输、处理和存储更多的信息，也是对摩尔定律的另一种诠释。书中用了一个很形象的例子来说明能量和信息的关系：如果我们采用 1946 年埃尼亚克（ENIAC）的技术实现 2016 年的计算机 AlphaGo（阿尔法围棋）的功能，需要消耗数百万个三峡发电站的发电量，而今天它所消耗的仅仅是一栋楼的用电量而已。对于能量和信息的关系，我作为一位计算机行业资深的研究人员深有体会。早在 2002 年，我主持研制了高性能嵌入式 CPU（中央处理器）——THUMP107，就是在保证与当时流行处理器同等处理能力的前提下，将处理器的功耗降低了很多。我相信今后这将是信息产业发展的方向，特别是在万物互联（IoT）兴起之后，信息产业追求的将是同等能耗下处理和存储能力的提升，而不是简单追求高性能。

要将近两个世纪信息科技的历史写清楚不是一件容易的事情。所幸的是，吴军在这方面做得很出色。这本书写得通俗易懂，妙趣横生。这一方面是因为他具有丰富的个人经历，另一方面也得益于他在清华大学读书时注重文理兼修。吴军从清华大学计算机系毕业之后，先后从事过语音识别和人工智能领域的科研工作，并且长期在工业界担任科研主管，有着良好的理论基础和行业经验。他的这本《信息传》具有很强的逻辑性，并且对现象背后的规律性进行了全面总结和深刻分析。

今天，我们的国家正在经历从过去那种科技含量较低的发展模式向以技术为驱动的发展模式的转变，正在从过去工业社会向智能化社会转型。在这样的关键时期，我们特别需要看到《信息传》这样的好书。可以讲，它是我们有关领导、相关产业研究人员和从业者的必读著作，因为它能让我们在制定产业政策和选择发展方向上具有超越时代的见识。对于一般读者，它能够帮助大家更高效地了解信息，了解信息科技和信息产业，在新的时代找到自己的位置。在这里，我郑重地将它推荐给有关领导、行业从业者，以及广大读者朋友。

前 言

信息时代的底层逻辑

我们生逢信息社会，需要对信息有所了解。然而不同于农耕时代的谷物，或者工业时代的钢铁，信息看得见却摸不着。对于谷物和钢铁，我们可以从数量上衡量它们的多少，同时度量相应的地区和文明的发达程度，但是信息不同，我们很难度量它们。即便我们能够度量它们，似乎也不能把它们直接和财富、经济发展或者生活水平挂钩。因此，我们虽然人人生活在信息时代，却很少有人能道得清、说得明信息是什么，它又是如何决定和影响我们的生活的。这便是促使我写《信息传》一书的原因。

理解信息可以从以下三个维度入手。

什么是信息

70 多年前，我们这个星球上最聪明的一些头脑，时常聚集在纽约最古老的比克曼酒店，讨论后工业时代层次的科学问题，其中包括冯·诺伊曼、图灵、维纳和香农等人。信息的本质是大家讨论的热门话题之一。虽然有些科学家依然将信息和其中所包含的具体含义相联系，但是香农却开宗明义地告诉大家，所谓信息的含义根本不重要，它的表现形式（比如文字、图形或者声音）更不重要，甚至很多信息就没有含义。所谓信息，不过是对一些不确定性的度量。而信息的意义就在于，使用它能够消除一个藏在黑盒子里的未知世界的不确定性，从而达到了解它的目的。用这种方式认识世界，是信息时代最根本的世界观和方法论。

自从人类进入文明社会以来，能量和信息就是衡量我们这个世界文明程度的硬性标准。一种文明能够开发和利用的能量越多，文明水平就越高；同样，一种文明能够创造、使用和传输的信息越多，手段越有效，其文明水平就越高。中国古代文明能够在长达上千年的时间里在世界上维持较高的水平，和便宜的纸张、普及的印刷术有很大关系。进入 19 世纪之后，电的使用催生出了近代的信息产业，而我们能够说得出来的对人类影响最大的那些发明创造，一大半都和信息有关，包括电报、电话、电影、无线电、大众传媒、计算机、移动通信、卫星技术、互联网等。可以讲，自那时开始，信息技术的发展历史，就是半部技术和商业进步的历史。可以说，信息是带动经济和社会发展的火车头。

我们今天已经无法想象每天的生活如果离开了信息或者信息技术，将会什么样。2018 年，世界上制造出来的集成电路芯片首次超过 1 万亿片，它们广泛地存在于我们生活的各种日用品中，帮助我们进行生产和提供服务，替我们节省了许多体力和脑力。今天，我们对整个社会的管理，对经济生活的维持，都是在上万亿片芯片的帮助下完成的。而这些芯片的背后，则是流动的信息。

信息技术的本质

理解了信息是什么，我们或许应该更多地了解一下信息技术本身，以便我们在日常工作学习中可以更好地收集和利用信息。

信息技术从本质上讲，可以概括成信息的传输、处理和存储技术。电报、电话、手机通信和互联网，都是传输信息的手段，计算机和各种控制系统则是处理信息的工具，纸张、胶卷、磁带、光盘、半导体存储器，则是存储信息的媒介。全世界信息技术的发展，都是沿着用更少的能量传输、处理和存储更多的信息这条主线来进行的。我们知道，电报比“六百里加急”（古代驿站传送信息的方式）快，电话传输的信息比电报多，互联网则更加方便有效。其实，从本质上来讲，这些进步都可以看成单位能耗所传输信息量的提高。在移动通信中，从 1G（第一代移动通信技术）到 5G（第五代移动通信技术），单位能耗的信息传输率提高了 5 个数量级左右，这就是通信发展的根本趋势。处理信息也是如此。尽管 1946 年世界上第一台电子计算机埃尼亚克耗电量高达 150 千瓦，但是进行一次计算依然比机械计算机更能节省能量。2016 年，谷歌的 AlphaGo 在围棋比赛中战胜了世界冠军李世石九段，如果用埃尼亚克的技术来实现 AlphaGo 的计算量，则需要消耗掉 400 万个三峡发电站的峰值发电量。类似地，在信息存储方面，我们今天一台服务器就可以存下世界上最大的图书馆——美国国会图书馆纸质媒体上的全部内容。这就是技术进步，而且这个进步的速度，比信息时代到来之前加快了很多。

今天，每一个人对摩尔定律几乎都不陌生，它道出了信息产业高速发展的规律。但是很多人会担心，当半导体集成电路技术发展到物理的极限水平时，未来的世界该如何发展。其实，我们的世界依然会沿着用更少的能量传输、处理和存储更多信息的趋势继续发展。2017 年，谷歌和英伟达推出了人工智能芯片，用于机器学习。这些芯片单位能耗的计算速度比英特尔的处理器要快上千倍，尽管那些芯片的复杂程度相比后者并没有提高。

信息的历史

我们这本书讲述的是信息的历史，它的起点是莫尔斯发明电报码。我们之所以选择这件事作为起点，而不是更早的一些事件，比如文字的起源和印刷术的发明，不仅因为电报是第一项近代的通信技术，更因为它和我们今天理解的信息有较大的相关性，或者说我们今天用到的很多信息技术，比如信息编码技术、信息传输技术，都和电报有继承性。因此，对电报的了解可以帮助我们理解今天技术发展的脉络。

信息的历史大致可以分为两个阶段——自发的时代和自觉的时代，而划时代的代表人物是香农。

在香农之前，虽然人类有了电报、电话、无线电、电视机以及机械计算机等信息技术的成就，但是人类并不了解信息的本质和它的规律，因此依然处在黑暗中摸索的阶段，那时候的成功有很大的偶然性。如特斯拉和巴贝奇这样的天才，他们完全无法明白自己的很多努力其实完全走错了方向。特斯拉的竞争对手马可尼与其说比特斯拉水平更高，不如说比他更加幸运。由于不了解信息的本质，有时甚至还会受丢失信息和相信错误信息之害。因此，这个阶段还只能被称为信息科技发展的自发时代。

在香农之后，从信息的维度来看，整个世界为之一变。香农用一个被称为“熵”的概念和三个非常简洁的定律，描述了信息科学的本质。它们就是我们今天所说的信息论的核心。以后信息科学和工程的发展，其实都是在香农信息论的指导下进行的，人类从此几乎没有再犯过什么大的错误，也没有走太多的弯路。从1G到5G移动通信的发展，无非是工程师按照香农第二定律指出的方向，根据各个时代能够获得的技术，对信息编码和传输技术进行持续改进而已。在第二次世界大战之后，世界上没有再发生过灾难性的密码被破译事件，这在很大程度上要感谢香农道出了信息加密的本质，即在噪声通道中的通信问题。因此，从那时到今天，可以讲是信息科技发展的自觉时代。

在信息的历史上，一方面我们会看到一些极为聪明与智慧的头脑，他们几乎是以一己之力改变了文明的发展进程。1936年，24岁的图灵和20岁的香农，分别解决了使用机器处理信息的两个基础理论问题，这促成了后来电子计算机的诞生。从莫尔斯开始，这种宛如超新星爆发的时刻时有发生，那些历史读起来让人荡气回肠，那些内容构成了我们这本书很重要的一部分。但是，另一方面，信息科学和产业的进步，则是很多科学家和工程师共同努力的结果。从1G到今天的5G，我们很少能听到某一个特殊贡献者的名字，但是我们今天每一个人都在享受着这个行业从业者们的贡献。类似地，虽然我们把描述信息产业规律的定律以摩尔的名字命名，但是真正让这个产业在半个多世纪里翻番增长的原因，却是英特尔等公司默默奉献的工程师。

我们希望这本书，可以帮助大家进一步了解信息，了解信息的历史，这样有助于我们今天在工作和生活中利用信息进行决策，也有助于我们理解信息技术和经济发展的趋势。同时，也希望历史上那些成功的人、成功的做事方法能够为我们的读者提供有益的借鉴和启发，让大家能够事半功倍地做事情，获得可重复性的成功、可叠加式的进步。

在本书的写作过程中，我得到了很多人的帮助。中国工程院的邬贺铨院士和郑纬民院士给了我极大的帮助和鼓励，并且为本书撰写了序言。

中信出版集团经管分社赵辉副社长和主编张艳霞女士为本书做了大量工作，从策划、编辑到校正都投入了大量心血。出版社的同事杨博惠、范虹轶、王振栋等人完成了本书编辑、排版和营销发行等具体工作。出版社的领导，特别是副总编朱虹女士在这个过程中给予了很多关心和指导，在此我要向他们致以最诚挚的感谢。在本书的创作过程中，我得到了家人的大力支持，特别是夫人张彦女士帮助我核对了初稿，在此我也向她们表示感谢。此外，我还要感谢郑婷女士长期以来对我在图书出版方面的帮助。

由于本人学识有限，书中难免有这样或者那样的错误和遗漏，也望读者朋友不吝指正。

第一编

自发时代

111001001011111110100001 111001101000000110101111 111001001011110010100000

001001011111110100001 111001101000000110101111
001001011110010100000

第一章

因丧妻之痛而发明电报的画家

1825 年 3 月，一位中年人坐着长途马车，奔驰在从华盛顿到纽黑文泥泞的道路上。几天前，他还沉浸在见到各种大场面，见到总统、侯爵和众多社会名流的喜悦中，但是现在他思绪混乱，一言不发。因为父亲来信非常沉痛地告诉他，他感情笃深的妻子突然离世了。美国东北部的冬春时节多雨雪，道路并不好走。从华盛顿出发，一天后到达巴尔的摩。因为天气的原因，他不得不耽搁了一下。再往北，他进入上纽约和新英格兰地区，那里还被冰雪覆盖着，路途也更加艰难。等他赶到家中，爱妻已经下葬，他没有能看上她最后一眼。

丧妻之痛，让他在一段时间内十分消沉，什么事情都不想做。但是还有三个年幼的孩子要养活，他不得不打起精神，带着一个孩子回到他在纽约的画室继续工作，同时将另外两个孩子留给了父亲和保姆照料。毕竟他无法兼顾工作和带孩子两件事。为了忘却丧妻之痛，他没日没夜地工作，一周 7 天，从早到晚。同时，他还和几个同行一起创办了美国国家设计学院（National Academy of Design），在创作之余，开始培养艺术家。这所艺术学院今天依然维持着很高的水准，而这位创始人也被誉为美国历史上最好的画家之一。他的名字叫塞缪尔·芬利·莫尔斯，家里人称他为芬利。不过，今天他的另一个身份更为人所知——莫尔斯电报码的发明人和“电报之父”。

画家莫尔斯

莫尔斯 1791 年出生于美国马萨诸塞州的一个清教徒家庭。他的父亲加迪亚·莫尔斯是一位加尔文派牧师，和大部分加尔文派的信徒一样，他的父亲也相信教育能够传播美德。莫尔斯在这样的家庭环境中，从小不仅受到了良好的教育，而且养成了做事一丝不苟的习惯。他还很小的时候，他的父亲就要求他写字一定要工整，做事情要有规矩。19 岁时，莫尔斯进入父亲的母校耶鲁大学。那时的耶鲁并不教人谋生的手段，只是进行一些通识教育。因此虽然他学的是宗教、数学和动物学，但是他靠画画养活自己，并且后来一直以此为生。1810 年，莫尔斯从耶鲁大学毕业后，在英国学习了三年绘画。在那里，他获准进入皇家学会，看到了米开朗琪罗和拉斐尔的很多真迹。这让他的绘画水平有了质的飞跃，年纪轻轻，在美国已经相当有名。那时没有摄影，因此稍微有点儿钱的人都要画师为自己画肖像。莫尔斯画一张肖像能够收入 60~80 美元，这在当时是一个人半年的收入。而他生意最好的时候，要完成的各种合同总金额达到4 000美元。1819年，他为当时的美国总统门罗画肖像，获得750美元的报酬。这张肖像画，至今依然保存在白宫。

他和沃克小姐在谈恋爱时感情就非常好。莫尔斯因为绘画有时不得不离开家，两个人就通过书信传递思念之情。婚后两人在康涅狄格州的纽黑文安了家，在随后的几年里孩子们陆续出生。画家这个职业收入并不稳定，莫尔斯运气不好的时候，两周只能挣40美元，但花费却高达60美元。因此，1825年当他赢得为法国拉法耶特侯爵画像的合同时，虽然要远赴华盛顿，他还是答应了。毕竟纽约市答应为此给他1 000美元。

塞缪尔·莫尔斯（Samuel Finley Breese Morse）
1791年4月27日—1872年4月2日

历史上许多著名的科学家都是极其优秀的“斜杠青年”。
发明了莫尔斯电码、倾十余年心血研制成功电报机的“电报之父”莫尔斯，最初的职业其实是画家。《降落的朝圣者》（*Landing of the Pilgrims*）就是他最著名的作品。他还曾是《纽约观察者》的专栏作家，著有《外国阴谋美国的自由》一书。

拉法耶特是美国独立战争期间帮助美国作战的法军统帅，因此美国人一直将他视为恩人。1824年，拉法耶特决定最后一次访问美国，走遍美国当时全部24个州。当他来到纽约时，纽约市出于对他的感激，决定招标为他画一幅肖像作为纪念，市政府选中了莫尔斯。但是拉法耶特的行程很满，马上要去华盛顿，莫尔斯只能跟随他前往美国的首都，因为只有这样才有机会为他画像。当时莫尔斯的妻子刚刚生下孩子两周，他虽然舍不得离开，但是为了生计，还是决定前往华盛顿。

在华盛顿，莫尔斯参加了一系列重大的国事活动，包括总统门罗告别白宫的晚宴。除了门罗，他还见到了当选总统约翰·昆西·亚当斯，以及在竞选中输给门罗的安德鲁·杰克逊将军。杰克逊在不久前的第二次英美战争中全歼了英国军队，被誉为“美国的拿破仑”，后来也当了总统。莫尔斯见到他们，兴奋不已，给远方的妻子写信告诉她自己在首都的所见所闻。但是莫尔斯一直没有收到回信。过了一段时间，莫尔斯收到了父亲的来信，告诉他爱妻去世的噩耗。这就有了前面的那一幕。如果消息能够更早地送给他，他也不至于见不到妻子最后一面。

这件事促使莫尔斯这位美国历史上著名的画家，后来把全部财富和精力都用在发明一种能够迅速传递信息的设备上。不过，在 1825 年，莫尔斯并不知道如何让信息传递得比轮子转动的速度更快。他的灵感来自几年后在欧洲的经历。

作为一名艺术家，到欧洲，特别是到法国和意大利，见识人类历史上最伟大的画家的作品，一直是莫尔斯的一个梦想。1828 年底，莫尔斯终于解决了前往欧洲的费用问题，第二次踏上欧洲大陆。虽然在这次长达三年的欧洲之行中，他将大部分精力放在了研习绘画上，但正是这次欧洲之行让他最终成为改变世界的人。

在法国期间，莫尔斯见到了已经遍及法国城市乡村的信号塔通信系统。早在法国大革命期间，法国发明家克劳德·查佩就发明了一种类似中国古代烽火台那样传递信息的信号塔。不过这种高塔不是靠烟火，而是靠巨大的机械臂来传递信息。机械臂的不同姿势，表示不同的字母。由于信号塔又高又大，在几千米以外就能看到机械臂的姿势。这样一条消息就可以变成一连串机械臂的动作，通过一个个信号塔传递到远方。虽然当时还没有信息编码的概念，但是用不同的机械臂动作表示不同的字母，却是对语言和其他信息进行系统性编码的开始。

当莫尔斯在法国见到这种通信系统时，它已经被法国人广泛地使用 30 多年了。它不仅从法国大革命时期开始就用于传递重要的军事情报，而且政府还用它发布重要的消息。比如，拿破仑就曾经用它把自己儿子诞生的消息告诉整个帝国。很多美国人早已见识过这种通信系统，但是谁也没有想在美国建造它们。这有两个主要原因。首先，法国属于地中海式气候，晴天比较多，而且平原上大部分是一望无际的农田。美国当时的发达地区东北部多雾多雨，不适合使用这种需要靠人眼识别机械臂动作的通信系统。其次，在全国范围内建立高大的信号塔成本非常高，而传输效率又非常低，一天只能传几百个字母。就连发明这种装置的查佩都讲，远程通信是权力的象征。这在中央权力较大的法国可行，在权力极为分散，讲究成本和利润的美国完全不可行。因此，莫尔斯最初见到信号塔时，并没有太多地关注它。他对信号塔的评价是，“信号塔系统比邮政好，但它不够快，用闪电的话更好”。

莫尔斯并不懂电学，因此需要一个契机才能将电和信息传输联系到一起，而这个契机在他返回美国的旅途中到来了。

转眼三年过去了，莫尔斯登船返回纽约。这是一次漫长的旅程，途中大家无事可做，只能高谈阔论。一些人谈论的有关电磁学的话题，吸引了莫尔斯的注意。其中有一位，大家都叫他杰克逊博士（Charles Thomas Jackson），精通电磁学，他向莫尔斯演示了电磁感应现象——一块马蹄形的铁块缠绕着铜线，当铜线连上电池后，马蹄铁就有了磁性。莫尔斯被电磁学迷住了。一路上他向杰克逊学习了许多电磁学的基础知识，开始构思发明电报机，并且还画了张草图（见图 1–1）。这张草图保留到了今天，不过按照这张草图根本发不出电报。

船终于到了纽约，莫尔斯下船前对船长说：“用不了多久，我就

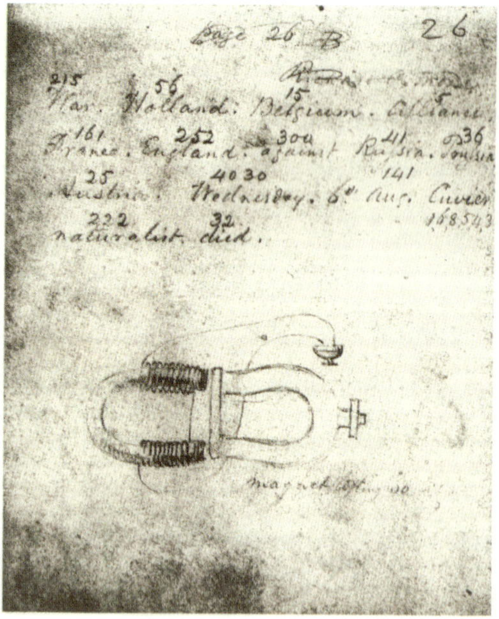

图 1–1
莫尔斯在返回纽约的船上画的电报机草图（现收藏于史密森博物馆）

会发明电磁电报了。”为什么叫电磁电报呢？因为“电报”的英文单词 telegraph 早就有了，它是远程传递图形的意思，并没有“电”的含义。莫尔斯后来发明的电报被称为 electrical telegraph，这个词组的含义才是真正的“电报”。只是后来不再使用机械臂通信，telegraph 和电报就画了等号。

对信息进行编码

从欧洲回来后，莫尔斯开始学习电磁学，研究起电报来。他把画室改成了实验室，用电池、电线做起了电学实验。对于大部分人来讲，这个转变似乎有点突然，但莫尔斯其实是一个很冷静的人。多年来他其实一直在考虑如何能够快速地传递信息，只是想不出比轮子更快的方式。他在欧洲见识到了信号塔的效率，但觉得它在美国不实用，现在有了电，发明新的通信方式的时机到来了。

世界上有两种发明家：一种是发明了一种现象，或者知道了一些新理论，然后他们试图找到应用，比如原子弹的发明就是如此；另一种是看到了一种需求，知道了一种应用场景，然后看看实现这个目的需要用到什么理论，爱迪生以及莫尔斯就属于后一种。

莫尔斯回到美国后，首先补齐了所需要的电磁学知识。莫尔斯有非常好的数学基础，学习电学对他来讲并非什么难事。同时，他还是一位善于打交道的人，并结识了著名科学家约瑟夫·亨利（Joseph Henry）。亨利是最早发现电磁效应的科学家，今天关于磁场强度的单位就是以他的名字命名的。莫尔斯在发明的过程中几次“卡壳”，都是向亨利求教的。

有了基本的电磁学知识，莫尔斯对前人在用电传输信息方面所做的工作逐渐有了全面的了解。莫尔斯并不是第一个想到用电来传输信息的人，早在 18 世纪中期，就有人用 26 根导线代表 26 个字母，然后给导线的一端通上静电（当时还没有电池），导线的另一端就会吸引相应的小纸片，同时另一端有一个人观察是哪一个纸片被吸起来。这个实验实际上毫无实用价值，因为静电根本传不远。因此，这项研究并没有下文。① 到了 19 世纪，电池的发明和电磁感应现象的发现，使得电流可以驱动机械运动，这使电报的出现成为可能。于是，在欧洲一大批科学家试图用电传递信息，但是因为他们的想法都不靠谱，因此我们这里就不多讲了。不过值得一提的是，在这些人中，包括了一大群大名鼎鼎的人物，比如安培和高斯，以及莫尔斯后来的主要竞争者——英国著名物理学家惠斯通。

欧洲科学家失败的原因是没有解决好两件事：一是如何对信息进行编码，二是如何保证在没有大功率发电机的年代，仅仅靠电池供电，就能把信息传送到几十千米以外。而莫尔斯的成功之处，在于他首先解决了这两件事情。

莫尔斯一开始也和他的欧洲同行一样走了许多弯路。他总是在想，英语有 26 个字母，需要 26 种传输方式，为此开始设计极为复杂和很难做出来的设备。莫尔斯在前三年里并没有意识到自己完全走错了路，而是在加倍努力地工作，试图研制出那些复杂的系统。

但是，如果方向选择错了，人们越努力，距离真理就会越远。

---

① E. A. Marland, *Early Electrical Communication*, Abelard-Schuman Ltd, London 1964, no ISBN, Library of Congress 64-20875, pages 17–19.

在这三年中，莫尔斯花光了所有的钱，还是毫无进展。他不得不承认，电虽然传输速度极快，但是只能传送最简单的两种信号，就是连通和断开。一般人如果认识到这个现实，可能就会干脆放弃发明电报的尝试，莫尔斯却从和常人不同的视角来看待电通信这个问题——既然能够让远方知道电路连通与断开，那么快速地连通、断开 5 次，不就可以把数字 5 传递过去吗？至于两位数，则可以在传递第一个数字后，间隔一段时间再传递第二个数字。比如下面的序列（见图 1-2），分别代表数字 5 和 23，其中 ◉ 表示电路连通，而 ◎表示电路断开。

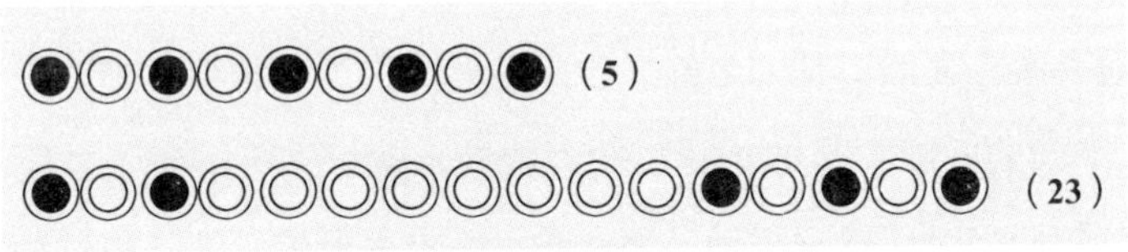

图 1-2　莫尔斯设想的电路连通和断开方式

这种对信息的编码方式，实际上比中国人画杠来表示一二三，或者古罗马人使用的罗马数字高明不到哪里去，但至少它是管用的，证明能够用电传输数字。而能够传数字，就有希望传文字。

莫尔斯拿来一本有 4 万多个单词的通用字典，将里面的单词从头到尾编上号，然后用电路传输单词的编号，而电路的另一端则根据编号查出对应的单词。采用这种方式，莫尔斯成功地传输了第一条信息。

在很长一段时间里，莫尔斯想到的信息编码方式都是将所有的信息对应成数字。这种编码方式其实今天依然在广泛使用，它被称为

“矢量量化”（vector quantization，VQ），即采用很短的编号代表一组很长的信息，比如，我们用一个 96 位二进制代表一幅图像，或者用 160 位二进制代表一个比特币。莫尔斯在 1837 年第一次向大家展示电报传递信息时，采用的也是这种编码方法。他当时成功地将“注意了，宇宙”（ATTENTION，THE UNIVERSE）这条信息传输了 10 英里（约 16 千米）的距离。

当然，如果莫尔斯的电报机最终采用了这种既缺乏灵活性，又缺乏效率的信息编码方式，未必能得到普及。在灵活性方面，它只适合对字典中有的词进行编码。如果想要发送一个字典中不存在的，如“N95”这样的代号，它就做不到了。在效率方面，传递数字 9 就要连通 9 次，显然不是一个好办法，更何况为了防止将“23”识别成“5”，中间的间隙要足够长，稍微不留神，就识别不清楚了。所幸的是，莫尔斯当时还想到了另一种针对每一个字母进行编码的方法，这就是我们所熟知的莫尔斯电码。

在莫尔斯电码中，他把电路的连通方式分为短暂的接触和长时间连通两种。我们在谍战片中听到发报时总是发出“嘀嘀嗒嗒”的声音，“嘀”就是开关的短暂接触，“嗒”就是开关的长时间（至少是“嘀”的三倍时间）接触。于是莫尔斯就用这两种状态对 26 个英文字母和 10 个数字进行编码，这就是著名的莫尔斯电码（如图 1–3 所示）。

如果将这两个操作分别对应成二进制的 0 和 1，那么莫尔斯电码实际上就是一种将英语文本转换成二进制编码的方法，比如 A 对应“01”，B 对应“1000”。当时还没有信息论，莫尔斯根据经验发现，

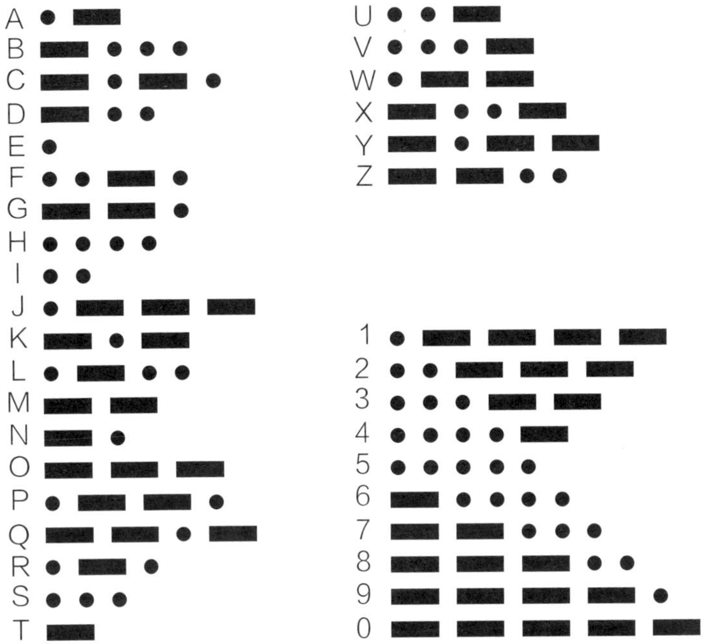

图 1-3　莫尔斯电码对英文字母和数字的编码

对经常出现的字母用较短的编码，对不常见的字母用较长的编码，这样可以缩短一段信息整体的编码长度。可以看出，他对于英文中最常出现的两个字母 E 和 T 用了长度仅为 1 的编码，而对不常见的 X、Y 和 Z 等字母采用了长度为 4 的编码。对于数字，由于它们出现的次数应该是相同的，莫尔斯用了等长的编码，即长度为 5。

我们至今无法得知不懂得二进制编码的莫尔斯，是如何想出这种对字母和数字的编码方式的。传记作家查阅了各种档案文件，也没有发现有用的线索。其中的原因可能是，莫尔斯当时只是将这种编码方案作为备用方案，因此没有做太多的记录，他甚至不知道这项发明有多么了不起。事实上，最初在申请电报专利时，莫尔斯用的是给单词编号的方案。正因为缺乏对自己想法的记录，甚至有人猜想莫尔斯电码是否是他的合作伙伴艾尔弗雷德·韦尔（Alfred Vail）的想法。所幸韦尔在一封信中明确地说明莫尔斯发明了一种给字母编码的方法，后人才毫无疑义地将这项发明归功于莫尔斯。

莫尔斯的编码方法并不是解决用电传递信息的唯一方法，因为对同一种信息的编码可以有很多种方案。这没有对错之分，但是有好坏之别。正如世界上大部分发明都有替代方案一样，在莫尔斯的年代，还出现过一些相互竞争的替代方法。比如查尔斯·惠斯通和威廉·库克发明的“五指针”编码方式。他们把 20 个英文字母排成两个三角形，然后用电磁场控制 5 根指针上下或者左右的方向。这 5 根指针方向的组合可以确认 20 个英文字母中特定的一个（如图 1–4 所示）。

大家不必纠结于惠斯通和库克的编码方法是如何工作的。从图 1–4 中你马上能得到一个印象，就是它很难理解，而且能表达的信息有限。比如字母表中有 6 个字母就表达不了，更不用说数字了。其他编码方法，包括莫尔斯原本更看好的对单词编号的方法，在电报这种特殊的限定条件下，都不如基于二进制的莫尔斯电码。因此，其他编码要么根本没有成功，要么后来被淘汰了。

莫尔斯电码能够得到普及的最后一个重要原因，是莫尔斯为这种电码发明了一套非常方便使用的接收装置。早期的各种电通信，都需要在接收端有一个人盯着接收装置，记录发送的信号。这种做法显然不实用，因为人一旦走神，信息就丢了。莫尔斯的第一代发报机也是

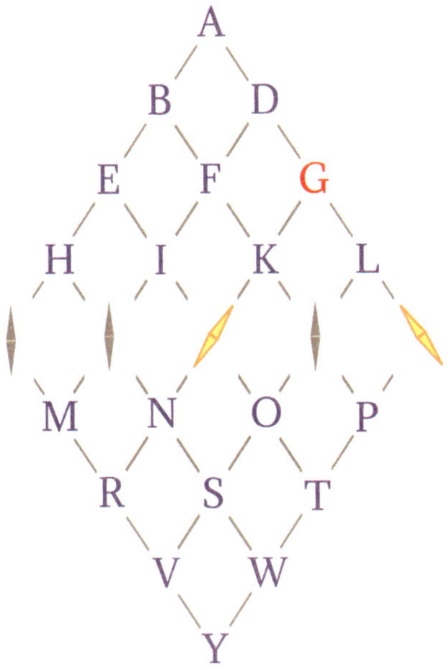

图 1-4 惠斯通和库克的五指针电报编码方式

这样工作的，它使用的是把电火花作为接收信号。在接收端的人要根据是否有火花判断传输的是“0”还是“1”。1838 年，莫尔斯发明出点线发报机。这个装置颇为巧妙，当发报人将电路短暂连通后（也就是发出一个“嘀”），接收装置上的纸带就往前挪一小格，同时有油墨的滚筒就在纸带上印出一个点。当电路连通较长时间后，接收装置上的纸带就往前移动一大段，同时油墨印出一段较长的线。这样接收人就不需要目不转睛地盯着接收装置，他可以随时取走接收纸带，根据上面的油墨印迹所对应的莫尔斯电码转译电文。

由此可见，一项技术能够得以普及是由诸多因素决定的，只有当各种相关条件都具备时，发明才能算真正地完成。

“上帝创造了如此的奇迹”

莫尔斯不仅发明了电报编码方法，而且还让电报实现了城际通信。在他之前，所有的实验方案都只能传送几千米，如果是这样，即使想实现从北京到天津的电报通信也是不可能的。

早期电报传不远的原因是电压不足。当时还没有发电机，电信号的传输只能靠电池，再加上当时的铜导线纯度不高，电阻很大，本来就不高的电池电压，大部分都消耗在了导线上。莫尔斯一开始只用了一节电池，电信号根本传不远，只能传十几米，这样还不如直接喊话来得痛快。1835 年，莫尔斯找到了纽约大学化学教授伦纳德·盖尔（Leonard Gale）做合伙人。两个人一同努力，终于解决了这个问题。盖尔虽然不是学电学的，但是他有很强的学习能力和研究水平，知道应该从哪个方向入手解决问题。为了研制电报机，他很快掌握了亨利的电磁学理论。当莫尔斯总是无法让电报机的接收端工作时，盖尔找到了原因——电压不够。于是盖尔建议把 20 个电池串联成一个电池组，形成 20 倍的电压，同时把接收端的电感线圈多缠绕几圈，好让大部分电压降在接收端，而不是导线上。这个方法果然见效，电信号的传输距离很快超过了 300 米。至此，莫尔斯和盖尔终于成功地使用电实现了“远距离”传输信息。1837 年 9 月 2 日，莫尔斯和盖尔在纽约大学第一次向大家展示了他们的发明——将电信号传递了 500 多米。当时正在美国访问的牛津大学教授、皇家学会会员查尔斯·多布尼（Charles Daubeny）见证了这一历史时刻。

第一次成功之后，莫尔斯信心倍增。两个月后，他和盖尔把传输距离增加到 10 英里。1838 年 1 月 6 日，莫尔斯在新泽西的一家钢铁工厂里展示了电报装置。莫尔斯写信给美国政府和国会，表示基于电能够建造全国范围的通信系统，而且比法国信号塔更有效、更便宜。但是当时的政府和国会对这项技术的实用性颇为怀疑：10 英里可以，那么 100 英里、几百英里以后呢？显然，进行更远距离的传输，光靠增加电池数量是不够的。

大部分发明家在发明过程中能享受到的成功喜悦是短暂的，因为他们的大部分时间都要来应付永远都解决不完的问题，莫尔斯也是一样。在没有政府资助的情况下，他花光了自己的钱，那一年又赶上经济危机，眼看发明工作就要进行不下去了。这个时候，通常会有一位救星登场。这一次莫尔斯的救星是我们前面提到的 30 岁的年轻人韦尔。不知什么原因，当时大学刚毕业的韦尔在学校看了莫尔斯的演示，于是对电报产生了浓厚的兴趣。莫尔斯决定用一些股份换得韦尔为他工作。当然，他看上韦尔的另一个原因是韦尔家里有一个铁厂，能够给他们提供一些资助。果然，在韦尔家人的帮助下，莫尔斯算是暂时渡过了难关。

解决了财务危机后，莫尔斯和韦尔开始解决城市之间的通信问题。当时的电通信只能将信息传输非常有限的距离，那么能否将长距离通信变成很多的短距离通信，然后中间自动转发呢？当时已经有了继电器，即通过电磁铁，而不是通过人连通或者断开一个电路。利用继电器，莫尔斯和韦尔发明了中继器（见图 1–5），也就是用第一个电路控制第二个电路的开关，再用第二个电路控制第三个电路的开关，并且每一个电路有自己的供电电源。这样，每一个电路只需要将电信号传递有限的距离，很多这样的电路在继电器的连接下，就可以

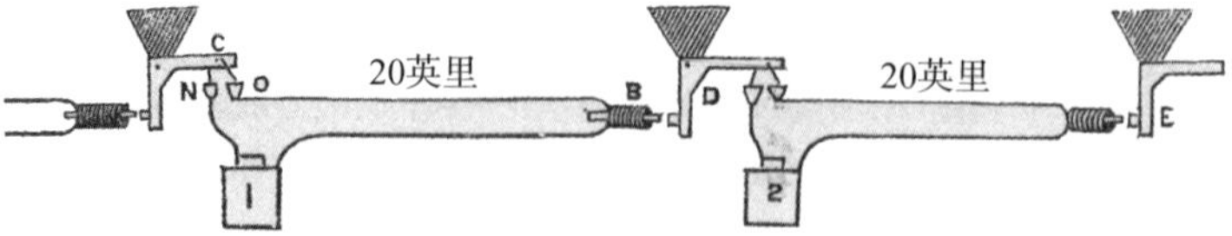

图 1-5　莫尔斯和韦尔电报专利中的中继器示意图

实现信息的远程传输。

中继器的发明不仅解决了信息的远程传输问题，也让莫尔斯的整个电报设计方案变得完整，而且为后来利用信息控制机械操作提供了思路。

在发明电报的过程中，莫尔斯向美国专利局递交了专利申请。考虑到这项发明将来可能会对全世界产生影响，1838 年，莫尔斯专门跑到欧洲申请专利并且推广这项技术，但是遭到了冷遇。在英国，因为惠斯通和库克等人已经开始发明类似的通信工具，英国人直接拒绝了莫尔斯的申请。

在法国，莫尔斯虽然获得了专利，但是当他向法国政府展示这项发明时，负责评估的朱尔斯·盖伊特博士对此嗤之以鼻，认为这就是几根破铜线，做不了什么大事。在法国人心中，靠几根电线搭起来的简单设备，自然无法和高大的信号塔相比。在技术进步的过程中，如果原先的一项技术使应用发展得很成熟，新的替代技术在开始出现时常常会受到冷遇。在法国，信号塔已经使用了近半个世纪，通信网络遍布全国，人们自然不愿意承担风险接受一种前途未卜的新技术。

不过，在法国的邻国普鲁士，参与军队后勤工作的赫尔穆特·冯·毛奇将军却意识到这种新技术将在未来的战争中发挥巨大作用。后来，毛奇将国家的军事战略建立在铁路和电报基础之上，提出了著名的毛奇外线战略，并且一举打败法国。这当然是后话了，因为当时莫尔斯还需要证明电报真的能实现城际通信。

有了全套的技术只是真正实现城际电报通信的第一步，架设几十千米长的城际电报线对个人来讲是浩大的工程，需要大量的资金。为了做成这件事，莫尔斯努力了多年，他不断地宣传这项技术的用途，但是在没有证明城际通信可行之前，大家并不愿意给他投资。这就陷入了一个先有鸡还是先有蛋的因果困境。

最终，莫尔斯只得再次向过去并不看好他的美国国会求助。1843年，他在一些朋友的帮助下向国会提出申请，希望获得三万美元的资金，建设从华盛顿到巴尔的摩大约40英里（约64千米）长的电报线。这一次，国会经过激烈辩论，批准了莫尔斯的计划。时任美国专利局局长的艾尔斯沃斯是莫尔斯的同学，他的女儿安妮把这个好消息在第二天告诉了莫尔斯。莫尔斯高兴地对她讲，是你给我带来了这个好消息，等到电报开通的那一天，你可以选择发出的第一条信息。安妮说，那就发送“上帝创造了如此的奇迹”！[①]

一年之后，莫尔斯从国会大厦向巴尔的摩发送出这条信息。至此，人类第一次实现了光速的通信。120年后，人类在第一次实现卫星通话时，发送的第一条信息也是“上帝创造了如此的奇迹”。当然，这个奇迹并非上帝创造的，而是莫尔斯和他的合伙人盖尔、韦尔，以

---

① “上帝创造了如此的奇迹”（What hath God wrought）这句话出自《圣经》。

及曾经帮助过他的亨利教授创造的。

纵观历史，总会有一些人在关键时刻站出来，改变人类的发展进程。有意思的是，这些人并不一定一开始就是最有资格起到这种作用的人。如果我们回到当时，很难在众多可能创造奇迹的人中注意到莫尔斯。他既不是掌握最新技术的科学家，或者善于制作设备仪器的工程师，也不是有足够资本的商人。当时的人可能更会觉得莫尔斯不过是一个有着和身份不相符的充满幻想的人。但是，莫尔斯还是站了出来，冒着失去一切的危险，投入发明统治了人类通信半个多世纪的电报中。他有着很多人都不具备的素质——对新知识的渴望，对工作的狂热，以及坚定甚至固执的信念。最终，他成为对电报贡献最大的人，是当之无愧的“电报之父”。

莫尔斯后来获得了巨大的荣誉。但是，和几乎所有重大发明一样，当这项发明普及后，关于发明权的争议也随之而来。就在莫尔斯申请电报发明专利后不久，他收到了与他同船从欧洲返回的杰克逊的来信，对方要求获得属于他的那一份发明荣誉。莫尔斯坚决地回绝了杰克逊的要求。对于莫尔斯的这个做法，公众并没有异议，但是，对于多次真心帮助过他的亨利教授，是否应该共享荣誉的问题，大家却有很大的争议。

约瑟夫·亨利是在电磁学发展历史上占有一席之地的科学家。如果不是因为当时美国科学家和欧洲同行交流较少，人们归功于迈克尔·法拉第的很多发现其实应该归功于他。

亨利很早就解决了电报中要用的一些关键技术问题，比如中继器。只是他对发明毫无兴趣，也没有提出电报的设计方案，因此当同事建议他申请专利时，他都未予理会。而当莫尔斯经常在遇到技术难题求助于亨利时，亨利都给予了无偿的帮助。后来莫尔斯在申请国会资助时请亨利给他写推荐信，亨利一方面回复莫尔斯这只是一个实用的新型发明，但另一方面建议国会支持莫尔斯的发明。

1845 年，已经功成名就的莫尔斯和合伙人韦尔出版了《美国电磁电报》（*The American Electro-Magnetic Telegraph*）一书，讲述了美国电磁电报的发展史，却没有提及亨利的贡献。这件事让亨利很不满，于是他声称自己才是电报的真正发明者。莫尔斯对此也很不满。虽然莫尔斯曾经匿名撰文赞扬过亨利，但是他到死都没有在公开场合提起过亨利在电报上的贡献。一场功名之争让两个朋友从此形同陌路。莫尔斯和亨利所争的其实不是利益，而是荣誉，或者说是面子。虽然两个人在内心都认可对方，但为了面子都不肯服软。在这方面，他们与一般人没有什么区别。

相比同时代的类似发明，莫尔斯的电报系统要完美得多，以至全世界对此有兴趣的商人和发明家纷纷放弃了其他可能的替代方案，专注于对莫尔斯电报的改进。这使得电报技术迅速完善，并且在世界各地得以推广。1858 年，欧洲一些国家为了感谢莫尔斯为人类带来的这项伟大发明，联合筹款发给莫尔斯一笔高达 40 万法郎的奖金。

开启信息科学

在莫尔斯的年代，绝大部分利用电线传输信息的努力都失败了。这里面有一个主要原因，就是缺乏对信息技术的了解，因此大家都处于盲目状态。在人们的印象中，当时最有“资格”发明电报，或者广义上说发明电通信的科学家，应该是精通电磁学的物理学家。但是，信息科学和物理学其实是两回事。由于大家都处在自发的探索状态，谁恰巧在无意中用到了信息科学的原理，谁就能够比别人做得好。莫尔斯的成功有很大一部分是运气的成分，当然，这也和他不受电磁学的约束，思路开阔有关。

虽然当时并没有信息论，但是莫尔斯和他的合伙人已经意识到通信中的一些关键性问题。

首先，传输信息的信号和噪声的比例（也就是信噪比）要足够高，而且通常接收端的信噪比和传输距离的平方成反比。当时还没有人懂得信噪比的概念，但是盖尔在工作时发现，用电来传输信号，电压不足，信号就传不远。今天我们知道信号的能量和电压的平方成正比，而通信中的噪声通常是恒定的。盖尔通过提高电压的方式提高了电报的信噪比，才让电报能够传到远处。今天，处理信息的任何装置都要有基本的工作电压，就是要保证基本的信噪比。在电报诞生之后的 100 多年里，信息技术发展的核心就是想办法用更少的能量传递、处理和存储更多的信息。

事实上，在电报出现后，美国的另一位发明家埃兹拉·康奈尔（Ezra Cornell）发明了绝缘电缆，解决了过去长途电缆容易漏电的问题，这样在接收端就能保证较高的信噪比。于是，同样的电压，在不使用中继器时，可以让电报传递到更远的地方。随后，康奈尔和一些合伙人创立了世界上最大的电报汇款公司西联（Western Union），并且架设了第一条横跨北美大陆的电报线。当然，今天大家知道康奈尔更主要的原因是他联合创办了著名的康奈尔大学。

其次，电报的出现让人们有了信息传输率、通信信道以及瓶颈的概念，开始有的放矢地提高通信系统的传输率。

在依靠信件通信的时代，人们没有传输率的概念，因为两地之间送一封信和十封信的时间是相同的。但是在电报系统中则不同，字符要一个个地发出去，那么从发报员到收报员，就形成了一个信息通道，也就是我们今天所说的“信道”。在信道中，电报线两头操作的人动作较慢；相比之下，信号在电线中的传输速度很快，因此前者就是通信的瓶颈。当时，即便是最熟练的报务员，每分钟也只能收发 20 组左右的英文单词（或者汉字），因此电报线所提供的通信能力就被浪费了。如此一来，每一封电报必须定很高的价格，才能收回线路投资的成本。当然，如果定价太高，就不会有人使用，这个产业也不可能出现。

莫尔斯等人意识到要降低电报的成本，就必须充分利用“电线”，尽可能多地传输电报。于是，他们发明了一种自动快报机，它包括键盘凿孔机、自动发报机和波纹收报机等设备。这些设备大多是用小型电动机带动的。使用时发报员先用键盘凿孔机在凿孔纸条上凿出莫尔斯符号孔，然后把凿好孔的纸条送入自动发报机发报，收报方则用波纹收报机收报。由于发报和收报的步骤都用机器代替了人工，效率大幅提升，这让后来的记者能够用得起电报。

在此之后，爱迪生发现城市之间的主干线路是电报系统中成本最高的，于是他发明了多路电报系统，让几个邮局或者收发报中心可以共享一根电报线，这让电报在一些企业得到普及。

最后，莫尔斯等人的工作为后来设计信息编码提供了经验。

莫尔斯在设计编码时，让常用字母使用较短的编码，不常用字母使用较长的编码，这样就缩短了电文整体上的编码长度。在香农提出信息论之前，虽然大家不明白为什么这么做有效，但还是普遍采用这种编码原则。

另外，莫尔斯在无意中还发现，要想让信息传输可靠，需要在对不同信息编码时，让编码的差异性明显一些，以免产生混淆。比如，被他淘汰的采用连通次数表示数字的方法，就很容易将 23 和 5 混淆；此外，如果发报的速度快一些，7 和 8、8 和 9 这种比较大的数字也容易混淆。而莫尔斯电码每一个字符和数字都有自己的编码，这就避免了很多因混淆引起的错误。此外，由于不同的单词差异明显，即使发错一个字符，人们在收到电文后也常常能纠正传输错误。相反，如果采用数字和单词对应的编码方案，在传输中传错一个数字，整个单词就会译错，更正起来也比较困难。后来信息专家把不同编码之间的差异，用“编码距离”的概念来量化。任何一个有一定容错能力的编码方法，都会要求不同编码之间的距离足够大。

• 本章小结 •

电报的出现标志着近代通信的诞生。相比过去采用信件或者信号塔这样的信息传播方式，以电为载体的近代通信有两项根本性的改变，即它解决了传输的实时性和速率问题。电的传播速度近乎无限，这边发报，远在千里之外的人马上就能收到，信息的传输几乎没有延时。而在过去，基本上是马能跑多快，信息就能传多快。电报的信息传输率虽然比不上后来的电话和互联网，但在当时已经相当快了。在电报之前最快的通信系统信号塔，一天只能传几百个字母。但是电报一诞生，就能做到每分钟传 30 个字符左右，相比信号塔提高了至少两个数量级。此外，电报系统的成本要比信号塔低得多，体积也小得多，因此也比较容易普及。

电报的出现，让全球的信息完全连为一个整体。当然，这种变化催生了很多新的产业，也改造了很多已有的产业，并逐渐改变了社会。

第二章

电报产业催生商业和社会新模式

直到 19 世纪中期，人类的发展主要是靠能量的获取和物质的生产。信息虽然有用，但总体来讲它的作用有限，也很少有人把信息当作一个产业来经营。

1849 年，一位德国人看到了金融信息对社会的重要性，开始用信鸽在德国（更准确地讲是当时的德意志地区）和比利时之间传递股价信息。在此之前，经常出现这样的情形：发生了影响证券市场的大事，几天后消息才传到市场上。这位德国人意识到金融信息的重要性，便把传递金融信息当作生意。虽然信鸽在一定程度上加速了信息的传递，但是效果有限。所幸的是，这位德国人生逢其时，电报出现了。当意识到电报这一新型通信工具在效率和可靠性上具有巨大的优势后，他很快就开始用电报传递信息。几年后，英国和欧洲开始修建横跨英吉利海峡的电报电缆，这位有远见的德国人便把他的公司搬到了当时的世界金融中心伦敦，并且和伦敦证券交易所签下一纸合约——通过海底电报线向英国提供欧洲大陆的股市行情，以换取英国股市的信息。随后他的生意越做越大，传递的内容也从金融情报扩展到社会上的各种信息，他所创办的公司至今依然是世界上最有影响力的通讯社，那就是大名鼎鼎的路透社。

谁在为电报建设买单

路透社这样的新闻社显然受益于电报的发明，但电报的发展也要感谢这些新闻社以及以新闻为生的媒体，因为没有它们为电报买单，电报就不可能形成一个产业。

早期架设电报线路的成本很高，因此最初发电报每一个字母的收费高达 1/4 美分，而一份很简短的电报也要 25~50 美分。当时一美元可以买 9 瓶波特酒或者一双皮鞋。高昂的费用，让电报一出来就面临做什么用的问题，这也让莫尔斯等人十分发愁。

但出乎他们意料的是，人们很快就为这项实效性非常好的通信工具找到了用途，并由此催生出传媒产业。

虽然报纸的历史要比电报长不少，但是在很长的时间里，除了官方的邸报，只有收集和编纂当地新闻的小册子，里面收集的都是张家长李家短的八卦和不确切的消息，当然也没有正规的职业记者。1771 年，英国国会正式通过了授予记者报道权的法律，反映社会大事、趣闻和活动的新闻业才算正式诞生。也就是在同一年，法国第一份日报《巴黎日报》（*Journal de Paris*）诞生了。1785 年，英国著名的《泰晤士报》诞生了，它很快成为高质量新闻的样板。[1] 但是在随后的半个多世纪里，报业并没有形成规模，因为即使把记者派到千里以外的大城市，采访到有价值的新闻再传回来，时间已经过去数天。因此那时报纸上大部分内容都是当地新闻，而订阅者自然也只能是当地人。

电报的出现改变了这一切，它使信息真正得以在全世界传播。1846 年，仅仅在华盛顿和巴尔的摩的电报线路开通两年后，记者就开始用电报传递新闻了。只需要几分钟，一篇新闻就传到了几百千米以外，这给任何有关信息传播的产业都带来了前所未有的便利。

面对这种变化，大部分人预测电报将使报纸产业进一步地方化，也就是说一个地区的人只要看当地几份报纸就够了，因为上面会有全世界的新闻。如果真如此，就不会出现全国甚至世界范围的传媒了。当然，还有人预测，如果电报业足够发达，报纸就会消失，大家直接发电报，然后看新闻稿就好了。

实际情况与大部分人的预测完全相反，报业在最先采用电报新技术后，形成了地方报纸全国性的竞争。一些原本只是当地的报纸，比如《泰晤士报》《巴尔的摩太阳报》（早期不叫这个名字），突然变成了全国性乃至世界性的报纸。一些原本因为没有内容而停刊的报纸也开始复刊，而且迅速发展，比如法国著名的《费加罗报》。在电报出现之后诞生的一些报纸，比如《纽约时报》《华盛顿邮报》，从一开始就针对全国市场。报业的蓬勃发展，改变了人类几万年来主要靠八卦和讲故事传递日常生活信息的方式。报纸成为大家最新、最权威的信

---

① Newspaper.[EB/OL]，https://www.britannica.com/topic/newspaper.

息来源。这种方式极大程度上避免了信息在口口相传中所产生的“噪声”。今天我们所说的透明度、知情权、公信力等，在电报和近代报业出现之后才成为可能。

报业的发展让媒体人有了前方记者、专栏作家和编辑等分工。一些记者开始深入一线采访获取新闻，并在第一时间用电报将新闻发给报社换取报酬。报社为了用实效性和真实性吸引读者，会在新闻的开头标上它的来源和时间。比如，我小时候在读报时，总会看到“新华社某年某月某日某时电”“某某社记者某某报道”这样的字样。看到它们你会觉得新闻不是三天前的“旧闻”，也不是信口瞎编出来的故事。很多记者开始从事现场采访时，就催生出世界各大新闻社，其中比较有代表性的就是美联社和路透社。

美联社诞生的时间是 19 世纪 40 年代末，具体的日期有争议。一种说法是 1846 年；而另一种说法则是 1849 年，因为某些报社加入较晚。当时纽约的 6 家报社记者组成了纽约港口新闻社，这些记者约定，一旦采访到新闻，除了向自己的报社供稿，还通过电报向其他城市的报社出售新闻。这个由记者组成的团体后来被正式命名为“纽约联合新闻社”。几年后芝加哥的记者也组织起类似的团体，叫作“西部联合新闻社”。后来它们因为新闻的价格打起了官司，最后法院裁定这种新闻社属于社会资产，两家合并成为今天的“美联社”。

接下来让我们把目光移向大西洋的东岸。就在美国的多家报社共同组建美联社时，本章一开头故事的主人公保罗 · 朱利叶斯 · 路透（Paul Julius Freiherr von Reuter）则单枪匹马地发展起他的信息传输产业。路透的成功离不开三个因素，即看到了金融信息的价值、看到了电报的重要性，以及果断地把公司业务的中心从欧洲大陆搬到了伦敦这个金融中心。在英国的前几年里，路透只做传递金融信息的生意。1858 年，报业的发展给路透提供了新的商业机会，他开始为英国最有影响力的《泰晤士报》提供电报新闻。1865 年，路透把他的私人通讯社由个人控股改成了股份有限公司——路透社电报公司。路透后来加入英国国籍，并将新闻社总部设在伦敦。这就是为什么路透社今天是一家英国公司[①]，而不是德国公司。

新的商业和生活方式的出现

独立新闻社的出现和报业的极速发展，培养了全民阅读的习惯，商业信息也就随着报纸开始传播，并且促进了全球化企业的诞生和发展。

在报纸上刊登商业信息的历史可以追溯到 18 世纪富兰克林办地方性报纸的时代，甚至可能更早。但是那些广告大多数是地方企业或者个人花钱刊登一则启事。通过报纸进行品牌宣传，大规模推广宣传产品，是 19 世纪末的事情。

1877 年，美国人弗朗西斯·韦兰·艾尔（Francis Wayland Ayer）开设了艾尔父子广告公司，专门承接报纸的广告业务。他的客户包括医院、百货公司和工厂。此时，通过报纸广告宣传自己成为企业营销必不可少的手段，而在此之前，商业信息主要靠口口相传。1882 年，宝洁公司为了推销新的象牙牌肥皂，花掉了 1.1 万美元的广告

① 2007 年，英国路透集团和加拿大的汤姆森集团合并，新的汤森路透集团总部在加拿大的多伦多。

费，这在当时是一笔巨款。不过，和 17 年后国家饼干公司（National Biscuit Company，今天卡夫食品的子公司）为它第一款预包装饼干 Uneeda 花掉的广告费 100 万美元相比，真是小巫见大巫。

进入 20 世纪后，很多公司通过报纸广告把自己的名声和产品推广到全世界。除了宝洁，还包括金宝汤食品（Campbell Soup）、家乐氏、百事可乐和可口可乐等。以可口可乐为例，它在 1927 年进入中国，并逐渐占领市场，1948 年就在中国创下了 100 万箱（2 400 万瓶）的年销售纪录，不仅超过中国本土的任何一种饮料，而且在城市新派人群中的知名度要远高于其他饮品。这里面主要是报纸广告的功劳。

商业信息的广泛传播不仅缔造了一个领域的商业帝国，而且由于有了广告收入，订阅用户只要花很少的钱就能阅读报纸，这又反过来加速了报业的发展。其结果就是，谁掌握了报业，谁就能影响舆论，并且在一定程度上影响商业。这里面最典型的代表人物就是“报业大王”赫斯特。

赫斯特的父亲在淘金热时来到了加利福尼亚州，虽然他没找到黄金，却发现了大银矿，从此成为加利福尼亚的富商。赫斯特本人对采矿毫无兴趣，却办起了报纸。在短短 20 年的时间里，他在美国全国范围内控制了上百家报纸，缔造了当时最有影响力的报业帝国。随后，赫斯特利用他掌握媒体所拥有的巨大影响力，在美国政坛呼风唤雨 30 年。特别是他曾经利用舆论，迫使时任总统威廉·麦金利发动了美西战争，这使得美国势力扩张到了西太平洋和中大西洋。

赫斯特的生平事迹后来被拍成了电影，就是著名的《公民凯恩》。

在电影中，主人公被刻画成野心勃勃、十分执着、冷酷和狭隘的人，这和生活中的赫斯特很相似。赫斯特报业帝国衰落的直接原因是1929—1933年的经济大萧条，但是背后更深层次的原因是广播、电影和电视这些传播信息新媒介的出现。

威廉·赫斯特（William Randolph Hearst）
1863年4月29日—1951年8月14日

万贯身家，哈佛毕业，身为纨绔子弟的他，曾是野心勃勃的商人、毁誉参半的富豪，也是晚年落魄，但去世时手上仍有18家报社、9种杂志、8个广播电台以及一家国际通讯社的“报业大王”。

电报业务和报业的发展还受益于同期发展起来的铁路业，因为长途电报线（以及后来的电话线）常常伴随着铁路的架设。事实上，早在莫尔斯发明电报之前，英国物理学家惠斯通和发明家库克就在修建铁路的同时架设了十几千米的电报线，并且用他们发明的五指针电报机进行简单的通信。但他们的电报机实在不实用，因此，当莫尔斯的电报机进入英国后，那种早期实验室的原型产品便再无人问津。

电报和铁路的结合，让铁路沿线的各个车站在时间上得以统一。在过去，虽然全世界各个城市都有几点几分的时间概念，但是各地的时钟是不一样的，大家按照各自的时间生活就好。有了铁路，大家再用各自的时间就会造成铁路系统管理的混乱，甚至火车撞车或出轨。

在电报发明之前，同步时间并不是一件容易的事情，电报系统的普及解决了这个问题。1852 年，在伦敦格林尼治站、刘易舍姆站和伦敦桥站通过电报线将电磁钟相连，解决了同步问题。随后，伦敦中央电报站通过沿线铁路的电报网络，将标准的时间同步到伦敦各火车站。1855 年，格林尼治标准时间的信号沿着英国全国的铁路电报网发送到各地。不久，这项技术又被英国人推广到了印度。1883 年，随着美国和加拿大铁路以及电报网的建设，两国制定了自己的标准时间，并且根据不同地区日出时间的差异，将全国划分出 4 个时区。全世界普遍采用时区则是在二战之后。有了标准时间，全世界才得以按照一个时钟运转，而这要感谢电报网的建设。这一次，电报网传递的则是时间信息。

当全世界有了统一的标准时间之后，守时的生活习惯才被城市居民广泛接受，因为不同地区的人必须按照同样的时间节奏工作和生活。在此之前，它只被看成是一种美德。

新旧大陆的心脏一同搏动

在电报网的建设过程中，最富有传奇色彩的莫过于跨大西洋电报电缆的铺设。这里面的英雄并非莫尔斯那样的发明家，而是一位企业家，他就是“大西洋电缆之父”赛勒斯·韦斯特·菲尔德（Cyrus West Field）。

菲尔德通过经营造纸业生意获得了第一桶金。1853 年，他从朋友那里听到一个消息，一个叫弗雷德里克·吉斯伯勒（Frederic Gisborne）的加拿大电气工程师要铺设一条 400 英里（约 644 千米）长、从加拿大东北部的纽芬兰岛到美国的海底电缆。由于纽芬兰岛到欧洲的距离

图 2-1
设于英国格林尼治皇家天文台大门外的
24 小时制电子大钟

比美国要短，这样原来完全要靠海上邮轮完成的欧洲和美国之间的通信，就可以部分改为由电报完成，即海上邮轮只需要把信息送到离欧洲最近的纽芬兰就可以了。

在这项工程开始之前，人类已经铺设了好几条海底电缆，不过那些电缆都只有几十英里长，人们对铺设几百英里的海底电缆一点儿经验都没有。吉斯伯勒显然运气不算太好，才铺了40英里，电缆就断了，工程不得不被中止。

菲尔德一直有一个梦想，就是铺设一条连接新旧两个大陆的海底电缆。1854 年 1 月，菲尔德买下了吉斯伯勒公司在加拿大的权益，拉上了一些新的投资人和合伙人，包括电报的发明人莫尔斯，成立了一家新的公司——纽约、纽芬兰、伦敦电报公司。这家新公司一方面完成了吉斯伯勒原本计划的那条 400 英里的海底电缆铺设项目，另一方面融资完成了从纽芬兰横跨大西洋到英国的海底电缆建设。

为了完成第一个项目，菲尔德从私人投资者那里筹集了 150 万美元。但是第二个项目实在太大，那条海底电缆的长度将超过 2 500 英里（约 4 000 多千米），菲尔德必须争取美英两国政府的资助，此外还需要大量的投资人参与。菲尔德通过制造舆论，居然融到了所需资金。三年过去，等到 1857 年 7 月，长达 2 500 英里、重达 2 500 吨的电缆生产出来后，大家才意识到当时根本没有一条船能够装得下这么多的电缆。于是菲尔德等人只能用两艘船各载一半电缆，从大西洋两端同时出发铺设，然后在大西洋中间会合连接。

1857 年 8 月 4 日，这条承载了很多人希望的电缆终于开始铺设。投资人、政要、新闻记者连同大量围观的群众聚集在两边的码头，目送装载着电缆的轮船离港远去。6 天后，两边仅仅各自铺了大约 200 英里（约 322 千米），美洲大陆这边的电缆就崩断了，并且掉入海中无法找回。第一次铺设电缆的任务宣告失败。

菲尔德并不气馁，一年后他带领团队再次出发。这一次他们决定从大西洋中间开始向欧美两个大陆进发。虽然他们选择了大西洋通常会风平浪静的6月施工，但是他们运气实在不好，遇上了罕见的风暴，很快已经铺设的电缆就崩断了。虽然两艘船沿着电缆向中间靠拢，并且接上了断头，但是几天后电缆再次崩断，菲尔德只好放弃。

赛勒斯·韦斯特·菲尔德（Cyrus West Field）
1819年11月30日—1892年7月12日

1866年7月27日，菲尔德为之奋斗了13年的跨大西洋电缆终于架设成功，通信历史从此改变。
他是一位实业家、金融家，更是一位梦想家——这位越挫越勇的梦想家，用自己闪耀的智慧和惊人的毅力，在人类这条越走越宽的信息通信之路上，留下了浓墨重彩的一笔。

经过短暂的休整，菲尔德的工程船队重新起航。1858年7月17日，他们开始了第三次尝试。虽然这一次他们和第二次一样遇到了很多麻烦，包括风暴、冰山和巨鲸的干扰，但总算有惊无险。两艘船分别在8月4日和8月5日抵达大西洋的两岸（美洲一侧的纽芬兰和欧洲一侧的爱尔兰），新旧两个大陆第一次连为一体。8月16日，跨大西洋的电报业务正式开通，英国维多利亚女王给当时的美国总统詹姆斯·布坎南发来了贺电，这是人类历史上第一次运用电报跨越大洋成功传送的信息。但是由于距离太长，信号太弱，这封只有98个单词的电报用了16.5个小时才传完。[①] 布坎南总统随后也给女王回电。他说道，这件事对人类的意义超过了通过任何一次战争征服领土的意义。第二天整个纽约沸腾了，军队鸣礼炮100响以示庆祝。

① 我们在后面会讲到，通信系统的传输率和信号的清晰程度是直接相关的。

在接下来的两个星期，这条电缆开始为商业提供服务。9月1日，纽约举行了盛大的庆功会（见图2–2），菲尔德像古罗马凯旋的英雄一般受到热烈欢迎。然而，菲尔德那一次只当了几个小时的英雄，因为当天晚上就传来一个令人沮丧的消息，电缆的信号越来越弱，已经无法发送电报了。虽然当时的工程师想尽了办法修复，但是回天乏术，这条电缆被迫弃用。菲尔德一下子从英雄变成了骗子，很多时候天堂和地狱相距并不遥远。

虽然菲尔德并不害怕失败，努力东山再起，但公众对他的信誉失去了信心，他随后为挽救公司所做的所有努力都是徒劳的。直到

图2–2
1858年9月1日，纽约庆祝跨大西洋电报开通的大游行

图 2-3　1866 年登陆时的跨大西洋电缆

1864 年，在英国铁路工程大王托马斯 · 布拉西（Thomas Brassey）和电缆公司老板彭德（John Pender）的帮助下，菲尔德才再次成功地筹集到铺设跨大西洋电缆所需的资金，重新启动了这个项目。那时，大量的海底电缆已经被铺设在地中海、红海和其他浅海海域中，人们已经拥有了很多铺设海底电缆的工程经验。更重要的是，那时生产的铜导线纯度要比过去更高，而多层的绝缘外皮能保证导线的防水性能。此外，在过去的几年里，新建造的轮船排水量也比过去大了很多。因此，这次电缆铺设工作实际上要比 1858 年容易得多。即便如此，铺设几千千米长、几千米深的海底电缆依然不是一件容易的事情。1865—1866 年，菲尔德的企业经过多次失败，最终在 1866 年 9 月 7 日完成了电缆的铺设（见图 2-3）。不久，菲尔德铺设的第一条电缆也修好了，从此，两条电报线让旧大陆欧洲和新大陆美洲的脉搏一同跳动。

早期跨洋电缆的信息传输速度非常慢，因为经过几千千米后，电信号的衰减很厉害。第一根电缆线大约是两分钟传一个字母，这样传递一个英文单词平均需要 10 分钟甚至更长的时间。第二根电缆线由于提高了铜导线的纯度，并且是一组电缆缠在一起，因此信息传输速度提高了 80 倍！

在随后的 100 多年里，人类将通信速度提高了 1 亿亿倍。① 今天大家在家里跨洋传输信息，几乎感觉不到任何延时。但是，如果要历数人类在建设通信设施上最伟大的壮举，依然要归功于菲尔德。50 年后，奥地利著名传记作家茨威格在《人类群星闪耀时》一书中，用了一整章的篇幅来记述这个历史性的事件。在他看来，这件事的意义并不亚于 1815 年滑铁卢战役或者 1453 年奥斯曼土耳其帝国攻陷君士坦丁堡对世界产生的影响。

新技术的碾轧性优势

近代通信让很多行业受益，当然也会让一些行业从此退出历史舞台。在欧洲和美国，由快马和马车承载的快递业务在电报出现后不久就消失了。在电报出现的前 10 年，电报网在美国东部城市中的覆盖率已经很可观了，但是穿越美洲大陆的信息传输依然靠快马，因为没

---

① 2017 年，由西班牙电信、微软和脸书共同铺设的跨大西洋海底光缆，信息传输速度高达每秒 160Tbps（太比特每秒），相当于每分钟能传 1.2×10^{15} 个字符，比 1858 年的第一根海底电缆提高了 1.2 亿亿倍。

有商人愿意出钱穿越几千千米的蛮荒之地，将电报线架设到西海岸。美国当时最著名的快马邮递公司是小马快递公司（Pony Express），它可以在20天内将信息从美国东海岸的纽约送到西海岸的旧金山，距离超过4 000千米。这个速度如果放在古代还是相当高的。

1860年，美国国会才授权给美国邮局每年6万美元的经费用于电报线的建设。在陆地上架设电报线显然要比在海里铺设电缆容易得多，也便宜得多。因此，第二年，也就是1861年，从美国的纽约到旧金山的电报线就架设完成了。从此，20天的通信时间被缩短为一瞬间，而小马快递等企业从此也退出了历史舞台。当时的美国人画了一幅油画（见图2-4），一个穿着红色制服的小马快递公司的快递员穿过正在架设的电报杆，暗示着两个不同时代技术的碰撞。

图2-4　小马快递公司的快递员与正在架设电报线路的工人相遇

当两个不同时代的信息传播技术开始竞争时，新技术常常有碾轧性的优势。就拿菲尔德铺设的第一条信息传播速度不是很快的海底电缆来说，在1858年它被发现损坏之前的两周，一共传送了732封电报。仅这700多封电报，就节省了超过5万英镑的费用，更不用说节省的时间了。

在受到新技术的碾轧后，聪明的商人会采用新技术或者转型。和小马快递同时代的快递公司还有美国快递公司（American Express）和威尔斯·法戈公司（Wells Fargo），它们为商业企业提供快递服务，特别是股票和有价证券的快递。这两家公司曾经合并为一家公司。但是，随着电报业务的发展和传统信息快递服务的衰落，这家合并后的公司果断地改变了商业模式，即改为给购买股票和证券的人提供贷款，后来分别发展成了美国著名的信用卡公司美国运通和美国最大的银行富国银行。这两家公司也许该庆幸当初电报业给它们带来的冲击，促使它们转型，这才有了今天的辉煌。

相比蒸汽机和火车，电报在全球的普及速度要快得多。1870年，英国到印度已经可以用电报通信了，这离莫尔斯实现华盛顿到巴尔的摩的电报通信仅仅过去了24年。1871年，电报进入中国上海的租界区。1872年，贯穿南太平洋的电缆将世界上最后一个有人居住的大陆澳大利亚和其他大陆连接起来。

1877年，电报进入中国。热衷洋务的丁日昌在中国台湾建设了第一条电报线。当时台湾还是蛮荒之地，因此这条电报线的建成象征意义要大于实际意义。两年后，即1879年，在时任北洋通商大臣兼直隶总督李鸿章的支持下，中国在天津、大沽和北塘之间架设了电报网，用于传递军事情报。第二年，也就是1880年，李鸿章在中国开办了电报总局。1881年开通了天津至上海的电报服务。电报可以算是洋务运动的主要成果之一，它在中国推广普及的速度比发明电报的美国还快。1885年，李鸿章在奏章中讲道："五年以来，创设沿江沿海各省电线，绵亘一万数千里，国家所费无多，巨款悉由商集。"[①] 当时正值中法战争，前线将帅报告军情、朝廷传达指示，都靠电报，非常方便。因此李鸿章认为，建设电报系统是一举三得：在国防方面，中国自古用兵，从未如此神速；在外交方面，出使大臣往来问答，朝发夕至，相隔万里好似同居庭院；在商务方面，有利于做生意。从此，中国使用了2 000年的"驿站 + 六百里加急"传递信息的时代一去不复返。

值得强调的是，中国人在编码技术方面对电报是有贡献的。当电报进入中国时，遇到了后来计算机进入中国时所遇到的同样的麻烦，就是汉字的编码问题。为了用电信号传送汉字，中国发明了用4位阿拉伯数字（或者3位罗马字母）对汉字进行编码的方法，这就是中文电报码。20世纪当邮局还提供电报服务时，在我们收到的电报上除了有翻译的电文之外，还有发送的4位数的电报码。这项经验，后来为中国人发明各种计算机键盘输入法提供了启发。

接下来，有一个问题我们必须回答，那就是为什么电报技术比其他技术在世界上普及得更快。实际上直到今天，通信技术和信息处理技术依然是各种新技术中普及最快的。这里面主要有三个原因。

---

① 参考：《光绪十一年八月十五日直隶总督李鸿章奏》，《洋务运动》（六），第369页。

第一，通信技术（包括电报）的投资相对较少，运营方便，容易在世界范围内进行基础建设。

第二，通信技术通常和一个国家具体的语言文化没有太大的关系，而是全世界通用的。这是今天科学家在研究信息处理时最基本的前提假设。因此，在美国和英国验证过的电报技术，就能直接拿到印度和中国使用。相比之下，源于欧洲的现代医学，在中国和印度的普及时间就非常漫长。

第三，信息网络的价值常常和它所延伸范围的平方成正比。也就是说，一张连接 100 个城市的电报网，可能比一张连接 10 个城市的电报网价值大百倍。这就促使运营现有通信网络的企业愿意出钱建设新的网络，实现原有网络的增值。

19 世纪下半叶，英国积极地在全世界铺设海底电缆，这使英国的通信网络价值按照平方关系增值。直到今天，世界上主要的互联网公司都是全球化的，因为各国局域性的同类企业很难和它们竞争。

• 本章小结 •

从电报产业改造、替代和升级现有产业的历史，我们可以看到每一次重大的信息技术革命改造商业和社会的模式。今天互联网对产业和社会的改造，不过是100多年前电报发展的翻版。这就是了解信息历史对理解当下的意义。

早期通信业的发展并没有得到什么信息理论的指导，因为根本不存在所谓理论。因此，一种努力，一种尝试，是否能成功，运气的成分非常大。我们介绍了那么多的成就，其实不过是大量尝试中成功的，并且产生结果后被后人记住的那些，而大量的失败几乎无人知晓。在诸多的失败中，最让人惋惜的是巴贝奇和埃达在计算机方面的尝试。

第三章

计算机的奠基者

在英格兰中部莱斯特郡的柯比–马洛里庄园，住着一对母女。1816年初那个多雨的季节，23岁的安妮·伊莎贝拉·米尔班克（昵称安妮贝拉）和丈夫分手，带着刚刚出生的女儿埃达回到了娘家。在开始的几个月里，她依然思念着丈夫，写了很多充满爱意的信件，并且她的母亲也希望女婿来庄园和女儿团聚，但是信寄出去后都如石沉大海。安妮贝拉一生追求自由的丈夫已经踏上了去欧洲大陆的旅程。家里的律师建议，他们还是离婚算了，安妮贝拉接受了律师的建议，从此她一个人抚养女儿长大。埃达从小就是一个天才，学什么东西都很快，安妮贝拉对此感到非常欣慰。但是埃达总在询问爸爸在哪里，这让安妮贝拉无法回答，她一直没有向女儿透露父亲的任何信息。

转眼8年过去了，一条让整个英国都感到悲伤的噩耗传来，也让安妮贝拉不得不告诉女儿父亲的故事。被誉为英国骄傲的大诗人拜伦在希腊病逝，而他正是女孩埃达的父亲。今天没有人知道8岁的埃达在得知她的身世之后是一种什么感觉，但是这个出身非同一般的女子，注定要过一种非同常人的生活，而且要做一番常人不敢想的事情。

世界上第一位程序员

埃达的故事要从她的父母讲起。诗人拜伦自不消说，他是整个18世纪和19世纪英国最伟大的诗人。他的代表作《唐璜》是史诗般的巨著，在英语诗歌中的地位，堪比《神曲》在意大利语、《浮士德》在德语中的地位。拜伦出身贵族，虽然从小腿脚就不好，却没有影响他长大之后成为女人圈中的明星。不过拜伦天性无拘无束，不擅理财，花钱又大手大脚，因此总是债台高筑。1815年，27岁的拜伦和22岁的安妮贝拉小姐结婚。他们之间有多少真爱很难说。安妮贝拉对拜伦的爱更像是女粉丝对诗人的爱，而后者可能更在意前者从其伯父那里继承的遗产，因为这可以帮助他度过财务危机。安妮贝拉出生在一个非常富有的家庭，从小受到非常良好的教育，但是她的兴趣爱好却是数学。这种情况虽然在英国上流社会的女子中并不多见，但并非绝无仅有。因为当时工业革命对社会的改变也让女子开始关注科技。拜伦好友雪莱的第二任妻子玛丽就是一个科技迷，她写了著名的小说《弗兰肯斯坦》，讲述了那个时代机器人的故事以及机器如果获得智慧可能对人类产生的冲击。

安妮贝拉婚后很快怀了孕，生下了埃达。也就是在这时，她和拜伦的婚姻走到了尽头。1816 年 1 月，拜伦和妻子一同过完结婚一周年纪念之后，便提出搬离他们伦敦皮卡迪利的豪宅，并建议妻子带着刚出生的女儿到娘家暂住。此时，拜伦再次陷入了财务危机。大量的诗作并没有给他带来财富，而每日巨大的花销让他负债累累。安妮贝拉认为丈夫疯了，她给他找来了医生，这也激怒了拜伦。在他们一同生活的一年里，安妮贝拉觉得拜伦依旧风流成性，而且和他的同父异母姐姐奥古斯塔·莉关系暧昧。婚姻走到这一步，已经很难挽回了，接下来发生的就是本章开头讲的那一幕，而拜伦则干脆离开了英国。他先是到了意大利，在那里结识了另一位大诗人雪莱。然后他来到了欧洲文明的起点希腊。当时希腊人正在反抗奥斯曼土耳其帝国的统治，争取独立。对于诗人拜伦来讲，希腊是欧洲文明的发源地，他对那片土地的感情犹如游子对母亲的感情。于是他毅然投身到希腊民族解放运动中，并且成为军队统帅之一。每日繁重的工作和在各地的奔波让拜伦一病不起。1824 年 4 月 19 日，拜伦病逝于希腊军营。希腊为这位伟大的诗人举行了国葬，而英国得知这个消息，也是举国哀悼。

生前，拜伦并没有忘记他唯一在世的女儿埃达。虽然他对孩子的母亲并没有太多感情，但是对埃达却时时刻刻都在思念，希望得到她的消息。拜伦讲：“等她长到这么大，我才意识到原来自己对她一往情深，也对她的未来有种种设想。只不过即便我现在说出，别人也不会相信，因此，我最好还是把它们藏在心里……这个女孩有想象力吗？”[1] 或许正是因为拜伦没有机会把自己对埃达的设想付诸实践，

① Byron to Augusta Leigh. Byron’s letters and journals，Vol 7，1823-10-12.

埃达才在母亲的关照下走上了一条非同寻常的道路。

安妮贝拉在埃达很小的时候就教她数学，这在当时英国上流社会的女子教育中是非常罕见的，而埃达无论学什么数学知识几乎都是一学就会。同时，阿埃继承了父亲的想象力。12 岁的时候，她就对飞行器着迷，那时凯利爵士还没有试飞他的载人滑翔机。为了研究飞行，她对鸟类的身体构造产生了兴趣，但又不忍心解剖鸟类，便让母亲找来了一本鸟类解剖图解。在埃达的一生中，她一直保持着对数学和自然科学的极大热情。

1833 年，18 岁的埃达正式进入英国上流的社交圈。在一个个晚会上，埃达见到了英国国王、王后，甚至还有世界外交史上最富传奇色彩的塔列朗[①]。但是，改变了埃达一生命运的则是在一次沙龙上她见到了发明差分机的科学家巴贝奇，并且见到了被她母亲称为“能思考的机器”的差分机。

埃达比大部分大学毕业生（当时只有男性可以上大学）都有着更高的数学和机械修养。当大家还只是惊讶于这种机械能够算题时，埃达已经琢磨出了它大致的原理，并且对此着了迷。她后来给朋友写信讲，那是所有机械中的珍宝，并且流露出对那台机器的渴望。

巴贝奇的科学家气质也吸引着年轻的埃达。巴贝奇当时 41 岁，举止沉稳，轮廓分明的脸上散发出机智和魅力。埃达希望借助一个高智商的头脑，来实现当时女性在科学上难以实现的梦想，而眼前这位男子，以及他所从事的事业，正是指引她在黑暗中前行的明灯。

---

① 夏尔·莫里斯·塔列朗是法国大革命时期的政治人物。

此时的巴贝奇，已经在计算机研究领域花了近 20 年的时间。前十年他是成功的，但是接下来的十年他遇到了瓶颈，而他的想法则又远远超出了当时他正在研制的那台机器。长期以来，他都是在孤军奋战，他需要一个高智商的助手。让他没有想到的是，这位顶着英国最有名的姓氏，后来成为洛夫莱斯伯爵夫人[①]的年轻女子，就是他寻找多年的合作者。

从那一刻起，两个人一同开始了在信息发展史上伟大而悲壮的“奥德赛”[②]。

埃达·洛夫莱斯（Augusta Ada King, Countess of Lovelace）
1815年12月10日—1852年11月27日

她是拜伦之女，是奥古斯塔·埃达·金，是洛夫莱斯伯爵夫人，但更值得被铭记的是，她是一位伟大的数学家、计算机程序的创始人，是写出人类第一份“程序设计流程图”的第一位程序员。
遗憾的是，她与父亲拜伦一样英年早逝，但是她终生美丽。

巴贝奇发明小型差分计算机

1792 年，巴贝奇出生于伦敦一个富有的银行家家庭，18 岁进入著名的剑桥大学三一学院，成为牛顿的校友。后来他担任了牛顿曾经

① 埃达嫁给了威廉·金（William King）。婚后不久，金被授予伯爵封号。
② 这是借用荷马史诗《奥德赛》的故事来表达埃达和巴贝奇在信息发展之路上的伟大和艰辛。《奥德赛》讲述了俄底修斯的 10 年海上历险，突出地表现了俄底修斯的机智和勇敢。——编者注

担任的卢卡斯数学教授[①]职务。在进入大学之前，他就显示出了极高的数学天分。进入大学后，巴贝奇发现，当时英国人普遍接受的牛顿建立在运动基础之上的微积分，不如莱布尼茨基于符号处理的微积分便于理解传播。为了推广已经被欧洲大陆普遍接受的莱布尼茨的微积分，他和其他人一同创办了英国的（数学）分析学会。不过巴贝奇并不是一个安分的学生，他一方面显示出超凡的智力，另一方面又不按照要求完成学业，为此他不得不转了一个学院继续学业。在学校里，他还对很多超自然的现象感兴趣。

如果不是赶上工业革命，巴贝奇或许会寻找某一个传统的数学领域或者自然哲学领域做一辈子研究，并且留下一个巴贝奇定律或者巴贝奇定理。但是，工业革命的大背景让他把毕生的精力和全部的金钱都投入研究能够处理信息的机械中。这也不奇怪，因为工业革命为信息处理提供了思想上的依据、技术上的条件和广阔的市场。

工业革命是人类历史上最伟大的事件。它不仅第一次让人类从此进入可持续发展的时代，也改变了人们的思想。人类从相信神，到今天开始变得自信起来，相信这个世界是确定的、有规律的，而自己能够发现世界上所有的规律。早在牛顿时代，著名物理学家玻意耳在总结牛顿等人的科学成就之后，就提出了机械论，这也被称为机械思维。玻意耳等人（包括牛顿、哈雷等）认为，世间万物的一切规律都可以用机械运动的规律来描述，包括蒸汽机和火车在内的工业革命中

① 卢卡斯数学教授席位（Lucasian Chair of Mathematics）是英国剑桥大学的一个荣誉职位，授予对象为数学及物理相关的研究者，同一时间只授予一人，此席位的拥有者被称为“卢卡斯教授”（Lucasian Professor）。——编者注

那些最重要的发明，都受益于机械思维。人们热衷于用机械的方法解决各种问题，从精密的航海导航，到能够奏乐的八音盒，再到能织出各种图案的纺织机。

既然能想到的所有规律都可以用运动规律来描述，那么就很容易想到让具有特殊结构的齿轮组运动来完成计算，这便是设计机械计算机的思想基础。这种想法早在 17 世纪就有人尝试过。法国数学家帕斯卡发明了一种手摇计算器——虽然有时人们将它称为最早的机械计算机，但实际上它和我们今天理解的计算机概念没有太多的相似之处，称之为计算器更恰当（见图 3-1）。帕斯卡计算器从外观上看有上下两排旋钮，每个旋钮上都刻着 0~9 十个数字。在做加减法时，只要将参加运算的两个数字分别拨到相应的位置，然后转动手柄，计算器里的一组组齿轮就会转动，完成计算。

图 3-1　早期帕斯卡计算器

帕斯卡计算器最初只能做加法，后来经过改进可以做减法和乘法，但做不了除法。在帕斯卡之后，莱布尼茨改进了计算器（见图 3–2）。他发明了一种以他的名字命名的转轮（莱布尼茨轮），方便实现四则运算中的进位和借位。到了 19 世纪初，经过近两个世纪的改进，机械计算器已经能够完成四则运算，但是计算的速度很慢，精度也不够高，而且设备造价昂贵。不过，这种计算器更大的缺陷在于，那些复杂的运算，比如对数运算和三角函数运算都做不了。

图 3–2　莱布尼茨计算器

19 世纪机械工业的发展需要进行大量的复杂计算，比如三角函数的计算、指数和对数的计算等。在微积分出现之前，完成这些函数的计算几乎不可能。18 世纪之后，欧洲数学家使用微积分，找到了很多计算上述函数的近似方法。不过这些方法的计算量极大，需要很长的时间，而且当时除了数学家，一般人是完成不了那些计算的。为了便于工程师在工程中和设计时完成各种计算，数学家设计了数学用表，这样工程师可以从用表中直接查出计算的结果。

不过，那个时代的数学用表错误百出，给生产和科学研究带来了很多麻烦。而这个问题很难避免，因为手算很难保证完全不出错。如果很多数学家分别独立计算，还可以比对结果发现错误。但是巴贝奇发现，那些不同版本的数学用表都是抄来抄去的，而犯的错也都是一样的。因此，巴贝奇就想设计一种机械，能够完成微积分的计算，然后用它来计算各种函数值，得到一份可靠的数学用表。当时他只有22岁。

在随后的10年里，巴贝奇造出来一台有6位精度（巴贝奇最初的目标是达到8位精度）的小型差分计算机①。随后巴贝奇用它算出了好几种函数表，用于解决航海、机械和天文方面的计算问题。值得指出的是，巴贝奇的这次成功受益于工业革命的成就——当时机械加工的精度比瓦特时代已经高出了很多，这让巴贝奇能够加工出各种尺寸独特的齿轮。但是，当时并没有20世纪的精密加工技术，制造小批量特制齿轮和机械部件的成本高、难度大，这给巴贝奇后来的工作带来了诸多不便。

不过，首次成功还是让巴贝奇获得了英国政府的资助，用以建造一台精度高达20位的计算机。几年后，他又获得了剑桥大学卢卡斯数学教授的职位，这让他有了稳定的收入。在此之前，他一直在花自己继承的10万英镑的遗产。胜利女神似乎正在向他招手，但是在接下来的时间里，他在计算机研究方面一筹莫展。

① 由于计算机并不能计算连续变量的函数，只能用离散的变量来近似，因此微积分中连续变量积分的计算变成了离散变量差分的计算。

从表面上看，巴贝奇遇到的困难是因为那台差分机太复杂了，里面有包括上万个齿轮的2.5万个零件，当时的加工水平根本无法制造。但更本质的原因是，巴贝奇并不真正理解计算的原理。他不懂得对于复杂的计算来讲，不是要把机器做得更复杂，而是要用简单的计算单元来实现复杂的计算。当然，在那个年代没有人了解这些。作为现代计算机基础理论的布尔代数要再等十几年才被提出来，而且要再过近一个世纪才会被应用到计算技术中。

查尔斯·巴贝奇（Charles Babbage）
1792—1871年

1843年，一位英国数学家提出了分析机原理，这个构思将在103年后由后人付诸实践，并有了一个为大家熟知的名字——计算机。
很遗憾，查尔斯·巴贝奇终其一生也没能实现造出分析机的愿望，但他依旧是当之无愧的计算机先驱。直到今天，许多计算机书籍扉页里仍然登载着他的照片，以表纪念。

用卡片记录指令和思想

在支持了巴贝奇10年之后，英国政府对那个永远造不出来的机器已经失去了兴趣，只好为已投入的1.7万英镑经费自认倒霉。而知识界对此也普遍不看好，认为那台机器就算造出来也不会有什么作用。

巴贝奇从来就不是一个会轻易放弃梦想的人。在失去政府的资助后，巴贝奇仍在继续工作，而且有了一个更庞大的计划——制造一台能够完成一系列计算而不是单一计算，甚至具有存储功能的机器，巴贝奇称它为分析机。他的这一灵感来自法国人约瑟夫·马里耶·雅卡尔（Joseph Marie Jacquard）在 1804 年发明的雅卡尔提花机。在发明提花纺织机之前，要想织出漂亮的布匹，就需要工匠站在纺织机后面用手控制各种颜色的丝线。雅卡尔发明了一种用打孔卡片控制的纺织机，纺织机可以根据预先设置好的“程序”（虽然当时还没有“程序”这个概念）移动丝线，织出漂亮的布匹。雅卡尔并不知道他的这项发明在信息史上具有重大意义。因为这是第一次把信息通过一个机器能够识别的载体记录下来，再由这个信息来控制机器的运转。多年以后，IBM 公司发明了用于统计的制表机，其原理其实和雅卡尔提花机差不多。

巴贝奇在见到雅卡尔提花机后，马上就想到了计算也可以由记录在卡片上的信息控制。这样一来，计算机不仅能完成 3+5 这样的数值运算，而且能够完成 $X+Y$ 这样变量之间的运算，而变量 X 和 Y 的值，既可以由卡片输入进去，也可以是前一次运算的结果。这其实就是最原始的程序和循环的概念。不仅如此，巴贝奇想象的计算机还应该具有逻辑判断的功能，比如一个变量是否大于 3，然后根据判断的结果，决定走哪条路径继续计算。这其实就是今天计算机程序设计中分支的概念。由于当时没有现成的词语描述他的想法，所以他的手稿今天读起来非常难以理解。比如他用“货仓”（store）表示存储单元，用“作坊”（mill）表示计算单元。但是在这些别扭用词的背后，却闪烁着超越时代的思想光辉。按照巴贝奇的设想，在这台机器中，数据是流动的，它们从卡片中流入“作坊”进行计算，然后再流入“货仓”。这其实就是今天我们所说的数据流或者信息流的概念。

埃达的加入让巴贝奇终于有了一个可以对话和讨论问题的人。她很快从一个助手变为一个思想的来源，并且为他们将要建造的这台机器赋予了无限的想象空间。这种身份的转变，在很大程度上要归功于埃达写的一份报告。

1840 年，在失去英国政府的支持后，巴贝奇和埃达开始寻求欧洲其他国家的支持，毕竟实现如此庞大的计划实在是太花钱了。巴贝奇把目光投向了意大利。对这个曾经出现了数学家阿基米德的国度[①]，巴贝奇充满了希望。当时意大利负责制定国家科学报告的路易吉·梅纳布雷亚（Luigi Menabrea）在看了巴贝奇的设计图纸后兴奋不已，想将它变成一份类似于“欧洲分析机报告”的建议书，推荐给欧洲学术界。巴贝奇并不懂意大利语，这份报告的翻译工作就由埃达来完成。埃达在翻译这份报告时加入了很多自己的想法，这些想法实际上比报告本身的内容更有价值。[②]或许是埃达觉得自己的想法还不够成熟，或许是其他原因，三年后她才将自己翻译的报告连同她加进去的几倍长的内容拿给巴贝奇看，巴贝奇兴奋不已。

埃达提出了今天程序设计中循环和递归思想的雏形。当时数学家都在为无穷级数的展开和求和发愁。如果有一种能够实现自动循环计算的机器，那么那些令人烦恼而又枯燥无比的计算将迎刃而解。为了证明这一点，埃达没日没夜地工作，她试图设计一种让机器自动算题的方法，里面包括一些步骤或者流程以及具体的运算。那些流程和运

---

① 阿基米德是希腊科学家，但是他主要的生活地点西西里岛叙拉古城，位于当时的意大利。

② Sketch of the Analytical Engine Invented by Charles Babbage, Ada Lovelace, in *Scientific Memoirs*, Vol 3 (1842).

算结合在一起，其实就是我们今天计算机程序设计的思想。

梅纳布雷亚虽然喜欢巴贝奇的想法，但他当时还只是一个给政府做顾问的普通数学家，不是后来的意大利首相[①]，因此他无法给予对方直接的支持。这样一来，巴贝奇和埃达还得自己干。他们没有外来的经费，甚至没有助手。这一年巴贝奇已经 51 岁了，而埃达只有 27 岁。不过他们的关系却有点儿像今天创业公司的 CTO（首席技术官）和 CEO（首席执行官）的关系，后者更多地在控制全局。这可能是因为埃达更具想象力，而且更善于把事情讲清楚。埃达有一次不无得意地对巴贝奇讲："我觉得你的预见性不及我的一半。我不认为我父亲是诗人和我要成为分析师（相当于今天所说的计算机科学家）有什么矛盾之处。"[②]

事实上，埃达正是从她的父亲那里继承了诗人所特有的想象力。比如埃达已经意识到，这个由卡片控制的机器不仅能计算，还能操作（operate）其他东西，比如操控语言、谱写音乐。埃达甚至预测了"计算机科学"会成为一门独立的学科。她认为，"那是一门独立的学科，自有其抽象的真理和价值……独立于我们那些借助逻辑推理进行研究的课题"。今天，如果按照《美国新闻与世界报道》对学科的分类，计算机科学在大学中研究者人数是仅次于生命科学的第二大"科

① 首相，一般指的是王国的首席文官，意大利在 1946 年废黜国王后，就不再有首相了。现在的意大利政体其实是内阁制，总统是国家的象征，而政府的首脑则是总理，总理的行政权力比较大。——编者注

② Sketch of the Analytical Engine Invented by Charles Babbage，in Charles Babbage and His Calculating Engines by Philip Morrison.

学类”学科，但这是 100 年之后的事情，埃达没有机会看到这一天的到来。

为了制造出这种能够操作其他东西的分析机，埃达不仅投入了后半生全部的精力，甚至变卖了自己的珠宝。但是巴贝奇的分析机始终没有制造成功，甚至离成功还差得很远。不过，埃达的想象力确实超人，她假定能够设计发明出一种操作其他东西的计算机，然后设计了在计算机上能够进行循环计算的流程，这其实就是今天在虚拟机上开发程序的概念。埃达因此被誉为世界上第一位程序员。1981 年，美国国防部开发出了一种新的高级程序语言，并用埃达的名字 ADA 命名，以此纪念这位计算机科学的先驱。

今天我们回过头来看巴贝奇和埃达设计的分析机，它和我们使用的真正的计算机有一些相似之处，即有了硬件和软件之分。在硬件上，它除了有运算单元，还有寄存器；在软件上，除了能做直接的数学运算，还可以根据对数值大小的判断，决定采用不同的计算流程，并且允许在计算时采用“循环”和迭代的方式分步骤完成。不过这台分析机和巴贝奇的差分机一样，实际上也没有制造完成。

悲剧英雄的错选

1852 年，身患子宫癌的埃达不幸去世，年仅 37 岁，令人十分惋惜。已经 60 岁的巴贝奇痛失知己和合作者，余生他不得不自己解决所有问题。事实上，在埃达去世前几年，或许是因为看到他们的计划太过宏伟，预感到有生之年没有实现的可能，巴贝奇又回到了最初的想法，制造一台精度极高的差分机，世称巴贝奇差分机二号。直到 1871

年巴贝奇去世，他只完成了这台庞大机器的 1/6。所幸的是，他和埃达留下了 5 万张图纸以及大量的设计文档。100 多年后，人们根据他们的图纸制作了这台差分机，证明当初他们的想法是正确的。但是，巴贝奇在 1871 年去世时，不仅留下了一堆债务，而且失去了所有荣誉。大家觉得他是一个失败者，甚至是一个骗子。

巴贝奇失败的原因是多方面的。硅谷计算机历史博物馆的负责人莱恩·舒斯特克（Len Shustek）认为，巴贝奇的失败在很大程度上是管理的问题。他总是在设计发明的半路又产生了新想法；他在进行工程项目时不知道做减法；此外，在获得英国政府资助后，他并没有集中精力完成一台当时急需的、能够进行高精度科学计算的机器。当时无论是高精度的航海导航、天文学计算还是工程计算，都需要这样一台计算机。巴贝奇和埃达看得太远，他们对分析机的设想超出了所处时代至少半个世纪。尽管巴贝奇和埃达都很聪明，但在当时其他所有条件都不具备的情况下，完全没有实现他们设想的可能性。

假使巴贝奇像舒斯特克所说的，集中精力造一台专用的处理数据的计算机，是否有可能成功呢？历史不能假设，但是应该讲这种成功的可能性要大得多。就在巴贝奇去世后 13 年，即 1884 年，IBM 公司的前身计算、制表和记录公司（Computing-Tabulating-Recording Company）发明了利用卡片进行统计的制表机，获得了巨大成功。它让本来需要 10 年才能做完的人口统计工作，只需要几个月就能完成。制表机和巴贝奇所设计的分析机一样，都是受到雅卡尔提花机的启发，它利用卡片控制简单的计算和统计，想法和分析机如出一辙。所不同的是，这种机器只是为特定的统计任务而设计的，本身就简单了许多。

当然，巴贝奇和埃达失败最根本的原因是选错了技术路线，甚至可以讲是完全搞反了。他们为了实现复杂的计算功能，就把计算机搞得越来越复杂，甚至复杂到难以做出来。因为当时全世界的通常做法就是如此。而用简单部件实现模块，完成复杂功能，是 19 世纪末才出现的设计思想。像莫尔斯那样能够想到把复杂的事情用简单的办法来实现，在那个年代实属异类。具体到处理信息这件事情上，最有力的化繁为简的工具是布尔代数，但是当时它才刚刚被提出来，还没有多少人了解其用途。巴贝奇即使有机会了解，也想不出它和计算机的关系。在巴贝奇的时代，人们因为使用了几千年十进制计算，已经习惯成自然，根本不会想到机器在处理信息时需要用更为简单的二进制。所有这一切，都决定了巴贝奇和埃达必将是悲剧英雄。

本章小结

从巴贝奇研制计算机的失败过程中可以看出，信息处理是需要理论指导的。在信息史的自发时代，人类很难制造出具有通用性的处理信息的机器。

在巴贝奇去世后大约 70 年，即 20 世纪 30 年代末，德国计算机科学家和机械师楚泽（Konrad Zuse）用机械实现了制造人类第一台可编程的计算机 Z-1。和巴贝奇不同的是，楚泽了解布尔的理论，知道应该用简单的计算搭建起实现复杂计算的模块，再用模块搭建通用的计算机。

第四章

来自失聪家庭的声学家

历史的延续常常是由那些伟大人物的谢幕和登场来衔接的。1642年，当意大利最伟大的科学家伽利略走完了他传奇的一生时，在英国有一位早产儿呱呱坠地，他就是后来带领人类进入科学时代的牛顿。[①] 同样，1871年当巴贝奇爵士在英国悄无声息地谢幕时，一位苏格兰人也默默地从加拿大来到了美国波士顿，他在那里开始了改变历史的伟大事业。这个人就是大名鼎鼎的亚历山大·格雷厄姆·贝尔。虽然当时他还只是聋哑学校的一名十分普通的老师，但是他后来开启了人类的电话时代，并且建立了世界上最了不起的信息研究中

① 按照儒略历，牛顿诞生的时候正是那一年的圣诞节，但是如果按照公历，他的出生日期则是第二年（1643年）的1月4日。

心——贝尔实验室，就连信息论的创始人香农都是从那里走出来的。

苏格兰的聋哑人教师

1847 年，贝尔出生于苏格兰的爱丁堡，并在那里接受初等教育。在近代科学和工业史上，有许多杰出的人才来自苏格兰，这要感谢一个世纪前在苏格兰兴起的启蒙运动。这场启蒙运动带来了人类文明的巨大进步。以至西方人讲，除了古希腊，没有哪个地区像苏格兰这样，人口如此之少，对世界的贡献却如此之大。我们不妨列出一份从那里走出来的、影响人类至今的伟人名单——思想家休谟和哈奇森、经济学鼻祖亚当·斯密、发明家瓦特、科学家麦克斯韦、开尔文勋爵和“地质学之父”詹姆斯·哈顿，当然还应该列上这位贝尔先生。在这样的环境里，苏格兰是整个英国，乃至全世界最崇尚技术和工程的地区。当时，中上阶层家庭的年轻人往往以研究科学技术和发明创造为荣，而大学教授的则是实用技术，而非像牛津和剑桥大学那样把很多学时都用来教授拉丁文、古希腊文和神学。在这样的大环境下，贝尔从小就开始了发明创造，并且后来在爱丁堡大学学习和掌握了很多实用的科学知识。

贝尔的父亲老贝尔是一位语音学教授。在贝尔 12 岁时，他的母亲开始听力下降，最终不幸成为聋哑人。为了便于和母亲交流，贝尔尝试着直接在母亲的额头处发音，并试图控制音调，以便能够让她听清楚自己讲的话。正是因为母亲的失聪，贝尔开始研究声学，在研究过程中，逐渐积累起来的声学知识帮助他后来发明了电话。

1870 年，贝尔随着全家一同移民加拿大，在那里他们建造了自己的农场和作坊，而一直在研究声学的贝尔则建造了自己的实验室，并进行了很多次用电传输声音和信息的实验。

当时电报已经开始普及，因此，很多发明家埋头研究用电传输信息的技术仅仅是为了改进电报，以便提高传递信息的效率。比如，爱迪生试图通过不同的载波来调制电报信号，让一条电报线能够同时传递多份电报。贝尔（和电话的另一名发明人格雷）一开始做的很多研究工作也是围绕这个中心展开的，其原理其实并不复杂。首先，它通过某种方式，让电报线里的电流（也可以理解成电报线两端的电压）按照一定的频率波动。其次，将莫尔斯电报信号加载在波动的电流中，这种波动就被称为载波。当时物理学家已经发现频率相差较大的两种波在一个载体（电线）中传播，是不会相互干扰的，人们利用这个原理就可以让一根电报线来传输多份电报。今天在无线电通信中，根据不同频率传输不同的信号，其基本原理和 100 多年前的这种电报差不多。

亚历山大 · 格雷厄姆 · 贝尔（Alexander Graham Bell）
1847年3月3日—1922年8月2日

让声音在同一时刻于世界的另一端响起——也许是我们早已习惯了这件事情，才时常忘了这是多么的不可思议！
继承了祖辈衣钵的贝尔，一生都致力于聋哑人的教育与声音的研究。他创建了贝尔电话公司，是世界上第一台可用的电话机专利权的拥有者，同时也是美国著名女作家、教育家、慈善家、社会活动家海伦 · 凯勒一生的挚友。

不过，虽然贝尔和爱迪生等发明家研究的技术都大同小异，但是贝尔除了想改进电报，还希望用这种技术来帮助聋哑人恢复听力。今天看来，这个想法远没有贝尔所想象的那样容易实现。不过贝尔通过这些研究工作发现，声音的振动可以改变电路。于是他试图用这种方法来传递音乐，但是没有取得成功。

不过，他和父亲在帮助聋哑人恢复听力方面所取得的成就还是得到了社会的广泛认可。波士顿特地邀请他们来帮助培训聋哑学校的教师，于是，就有了我们最初看到的这一幕。1871 年，贝尔和父亲来到了美国波士顿。

在波士顿培养聋哑人学校教师的过程中，贝尔发现那里有很多聋哑人需要帮助，包括他所结识的一位后来成为他太太的失聪女士。一年后，他和父亲一起在美国开设了一所聋哑人学校（见图 4–1），吸引了一大批聋哑人来上学，这其中就包括后来美国著名的聋哑女作家海伦·凯勒（Helen Keller）。海伦·凯勒回忆，贝尔把自己一生的精力都用来帮助聋哑人。而正是这种善意的初衷，引导他转入了一个全新的研究领域——用电来传输声音。贝尔把这种通信系统叫作语音电报，因为那时还没有“电话”这个词。但这种语音电报和我们所理解的传递文字的电报其实是两回事。

在当时，用电传输语音是一个崭新的领域，并没有得到发明家的广泛关注，因为没有多少人觉得它很有必要。甚至在贝尔发明电话之后，英国无线电先驱、后来担任英国邮政总局首席电气工程师的威廉·亨利·普利斯（William Henry Preece）依然认为这个东西没有什么用处，并且一直把精力花在改进电报上。他常常对人讲：“我的办公室里就有一部电话，不过更多的是用来展示。如果想发条信息，我可以使用发报机，或者派一个男童跑一趟腿。”

图 4-1 贝尔为波士顿的聋哑学校教师提供指导

正是因为欧美的发明家把过多的注意力都放在了进一步改进电报传输文字信息上，让原本对电学不是很精通的贝尔成为第一个发明实用电话的人。当然，这个过程注定不会是一帆风顺的。

“华生先生，快来这里，我需要你帮忙……”

移居波士顿以后，贝尔才发现那里有着一种无与伦比的发明创造的氛围。波士顿不仅有历史悠久的哈佛大学，还有美国最著名的麻省理工学院，并且有着良好的商业环境和坚实的工业基础。这里的科学家和发明家热衷于各种各样的科研项目和发明创造，并常常举办各种科研论坛，发布和展示自己的发明创造和科研成果。这种浓郁的科研氛围有点儿像今天的硅谷。如果你不发明点儿东西，都觉得不好意思待下去。在这里，贝尔还被波士顿大学聘为生理声学和语言学教授，除了教授聋哑学生，白天还要到大学讲课。因此，他只有晚上有时间在他那个并不宽敞的公寓里进行实验，经常工作到凌晨。除了是个夜猫子，贝尔还有发明家特有的两个习惯：一是认真记录每一天的实验，二是把用于记录的笔记本锁起来。为了保证笔记本的安全，他定制了一张特殊的工作台，有一个非常安全的藏笔记本的地方。

长期夜以继日的工作很快就让贝尔的身体垮了下来，当时他才 25 岁。几经权衡后，贝尔决定放弃教授聋哑学生这份教师工作，集中精力搞发明。贝尔的这个决定，让他失去了大部分的收入，不过他依然留下了两名学生，一个是 6 岁的男孩乔吉 · 桑德尔（Georgie Sander）和后来成为他太太的女学生玛贝尔 · 哈伯德（Mabel Hubbard）。这两名学生对贝尔发明电话都发挥了非常重要的作用。桑德尔的父亲老桑德尔是一位富裕的商人，他为贝尔提供了实验室，并安排自己的孩子和贝尔一同工作，以便他向贝尔学习。作为交换，老桑德尔还为贝尔提供免费的食宿，让贝尔能够专心研究电声学。哈伯德小姐在给贝尔当学生时成为他的挚爱，她的父亲加德纳 · 格林 · 哈伯德（Gardiner Greene Hubbard）先生是美国有名的律师和实业家，他很早就涉足电报行业，并且创立了电报汇款公司西联。老哈伯德是贝尔一生的朋友和赞助者，后来和贝尔一道创立了贝尔电话公司，即今天 AT&T 公司（美国电话电报公司）的前身。

有了基本的生活保障，从 1874 年开始，贝尔成为一名全职的发明家。和爱迪生等人一样，此时的贝尔依然把很多心思花在了研究如何改进电报，提高信息传输效率上。不过，贝尔这时预感到电流的波动可以产生声音的波动，于是开始设想让不同振动频率的电流来驱动（口风琴）不同的簧片，这样就能发出不同的声音。由于贝尔对电学不是很精通，所以也就很难制造出他所想象的这种机械装置。于是谦卑的贝尔跑去向电磁学泰斗亨利教授请教，让老科学家为自己的科研方向把把脉。亨利听了贝尔的想法后，鼓励他说："年轻人，大胆地去干吧，虽然你不会制造机械，也缺乏相应的设备，但是只要你努力想办法，这些难题也是可以得到解决的。"①

在获得亨利教授的大力鼓励后，回到波士顿的贝尔非常幸运地遇上了托马斯·华生。华生这时候还只是一个电器店的电器和机械工程师，后来成为贝尔电话的共同发明人，也是贝尔一生的合作者。贝尔和华生早期的实验都极为不顺利，原因是他们在无意中用了十分复杂的方法来解决同样十分复杂的问题。贝尔一直试图用多个簧片来传输和接收不同频率的声音，但是这么复杂的装置很难制作。贝尔和华生花了足足一年的时间来研究这种装置，却没有获得什么进展。直至 1875 年 6 月 2 日，华生无意间在发射端用一根芦苇拨动簧片，贝尔在金属线的接收端听到了芦苇拨动簧片的声音。这时他们才突然发现用电线传输声音其实只需要一个簧片就可以做到，而不是多个簧片。

这次看似不经意的偶然发现，其实际意义远比贝尔想象的更加重大，它蕴含了贝尔和华生一生都没能理解的一个科学规律，那就是一根导线能够传输的信号会有一定的频率范围宽度，这个宽度后来被

---

① Robert V. Bruce.*Alexander Graham Bell and the Conquest of Solitude*，Cornell University Press; 1st Edition，1990.

人们称为频带宽度或者带宽。只要我们传输的信号频率范围不超过这个带宽，那么一根导线就完全可以完成信息的传输任务。由于人说话的语音频率范围并不大，因此只使用一根导线传输信息就足够了。当然，如果要传输频率范围极宽的信号，比如高清晰的视频信号，那么一根导线就不够了。比如，如果我们把今天的 HDMI（高清多媒体接口）导线切开，就会发现里面有很多组的信号线。人类真正理性地认识到这个科学规律，是在香农提出信息论之后。

在这次意外发现的基础上，贝尔和华生成功地设计出了一种电声系统，它可以传输模糊的声音，但不能传输清晰的语音。

所幸的是，一项发明如果方向走对了，剩下的问题就可以靠勤奋来弥补，通常只要你实验做得足够充分，在某一个时间点就会突然成功。接下来的 9 个月，贝尔和华生天天泡在实验室里。1876 年 3 月 10 日，贝尔有事情招呼华生，他对着麦克风（当时贝尔称这个装置为喉舌）喊道："华生先生，快来这里，我需要你帮忙……"贝尔这样的呼唤显然不是第一次，过去从来没有成功过，但这一次，华生来了。这让贝尔既惊讶又高兴，华生讲，他从接收装置里听到贝尔在喊他，而且这一次能够很清晰地听到贝尔所说的话。贝尔有点儿不相信，请他复述一遍。华生讲："你说，'华生先生，快来这里，我需要你帮忙……'"这时贝尔才第一次感到成功离他们是那么近。

为了确保通话系统能够稳定工作，贝尔和华生对调了位置，再次进行实验。华生拿起一本书随便读了几句，在另一端的贝尔很快就听到了华生的声音。虽然音量比较高，读音听起来还是有点儿含糊不清，不过这比以前的实验结果已经有了一个巨大的飞跃。

贝尔在工作日志中对这件事的细节有着非常详细的记载，这本日志至今依然完好地保存在美国国会图书馆。它的影印件可以在美国国会图书馆的网站中查到（见图 4–2）。这份历史文献证实了 1876 年 3 月 10 日可以算作人类第一次实现远距离语音通信的日子。但是从贝尔的记录中人们也可以看出，这时其实离发明实用电话依然有一段相当长的距离。传记作家常常喜欢渲染一项重大发明的戏剧性结果，但发明的过程其实是极其漫长而连续的。在这个过程中会有很多的里程碑，很多发明家往往只走到了某一个里程碑就停住了前进的脚步，但是历史只会记住走到最后的人，而贝尔和华生恰恰是走到最后的这样两个人。

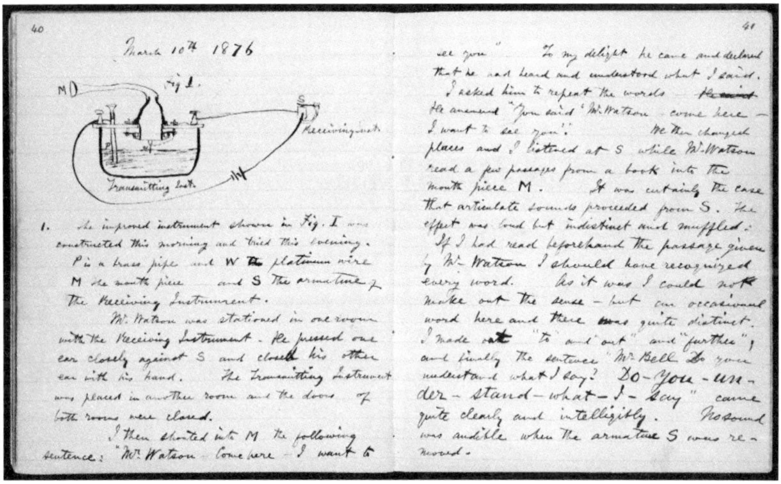
40

March 10th 1876

Fig. 1.

M

S

Receiving Inst.

Transmitting Inst.

1. The improved instrument shown in Fig. I was constructed this morning and tried this evening.
P is a brass pipe and W the platinum wire M the mouth piece and S the armature of the Receiving Instrument.
Mr. Watson was stationed in one room with the Receiving Instrument. He pressed one ear closely against S and closed his other ear with his hand. The Transmitting Instrument was placed in another room and the doors of both rooms were closed.
I then shouted into M the following sentence: "Mr. Watson — Come here — I want to

41

see you." To my delight he came and declared that he had heard and understood what I said.
I asked him to repeat the words. He answered "You said 'Mr. Watson — come here — I want to see you.'" We then changed places and I listened at S while Mr. Watson read a few passages from a book into the mouth piece M. It was certainly the case that articulate sounds proceeded from S. The effect was loud but indistinct and muffled.
If I had read beforehand the passage given by Mr. Watson I should have recognized every word. As it was I could not make out the sense — but an occasional word here and there was quite distinct. I made out "to" and "out" and "further"; and finally the sentence "Mr. Bell Do you understand what I say? Do-you-un-der-stand-what-I-say" came quite clearly and intelligibly. No sound was audible when the armature S was removed.

图 4–2　贝尔在 1876 年 3 月 10 日的工作日记

在接下来的近半年里，贝尔和华生继续进行各种各样的实验，对电话进行不断的改进。到了夏天，他们觉得这时的电话系统已经可以尝试着进行远距离语音通话了。由于当时没有足够长的电话线来做实验，贝尔于是跑到了电报局，用电报线向4英里（约6.5千米）外打了个电话，在4英里外的华生能听到微弱的声音。第二天晚上，贝尔第一次向大众展示了他发明的电话。他尽可能地拉了一根足够长的电话线，并穿过一条隧道，然后请客人听另一头传来的清晰的读书声和唱歌声，所有人听了后都大为吃惊。在1876年8月10日这一天，贝尔在加拿大两个小城之间实现了相距8英里（约13千米）的语音通话，这是世界上第一次实现城际之间的长途通话。它证明通过电，至少可以单方向让语音传到另一个城市。

两个月后，贝尔和华生在波士顿和坎布里奇[①]第一次实现了双向通话，至此实用电话才算真正被发明出来。

托马斯·奥古斯都·沃森（Thomas Augustus Watson）
1854年1月18日—1934年12月13日

世界上的第一通电话，说的是什么内容呢？这个问题恐怕就要问托马斯·奥古斯都·沃森（文中的华生）了。
华生是亚历山大·格雷厄姆·贝尔的助手，更是载入人类史册的发明电话的第一位见证者。“华生先生，快来这里，我需要你帮忙……”简简单单的一句话，却是照亮后世的一束光。

谁最先发明了电话

对于信息传输来讲，电话的应用市场远比电报广泛。电报并不

① 坎布里奇是波士顿北边的一个小城，哈佛大学和著名的麻省理工学院就坐落在那里，与波士顿仅仅隔着一条查尔斯河。

是人与人之间的即时通信，直到21世纪初各国陆续停止电报业务时，它也没有普及家庭，甚至没有普及一般的企业。除非有急事，一般老百姓很少会去邮局发电报。但是电话却不同，它很容易普及家庭。电话的出现，使人类的远程信息传输量剧增。此外，电报之所以不能实现即时的交互通信，是因为发报和译报的复杂性决定了电报需要专业人员来操作，无法比肩即时通信的便捷。但电话很简单，拿起来就可以讲，而且两个人一来一往可以极为充分地交流信息。虽然在贝尔没有向公众展示他的电话之前，这项发明并不被重视，但是当大家真的看到这个神奇的电话机将改变世界时，围绕它的发明权之争便在所难免地爆发了。

世界上的绝大多数重大发明和发现都是水到渠成的结果，通常在同一时间有好几个人独自做出了实质性的贡献，以至谁最早发明某些技术或者发现某个规律会存在争议。电话的发明也是如此。在贝尔（和华生）发明电话后的18年间，他的公司经历了587次围绕电话发明权的诉讼，其中有5项官司一直打到了美国最高法院，但是没有一次诉讼能够否定贝尔电话专利的优先权。在这些发明权的诉讼中，最为著名的当属意大利人安东尼奥·梅乌奇（Antonio Meucci）以及美国人伊莱沙·格雷（Elisha Gray）对贝尔专利提出的挑战。

如果仅仅是单纯地看发明时间，在贝尔之前梅乌奇和德国发明家约翰·菲利普·赖斯（Johann Philipp Reis）都发明过用电流传递声音的技术，但是那些技术不仅传输声音的效果极差，实际上根本无法正常用于两地长距离通话，和后来大家使用的电话没有任何关系。虽然美国国会在2002年曾经认定电话技术的发明人是意大利人梅乌奇，但是美国民间并没有把它当回事，而更倾向于认为此举是为了讨好意大利。与此同时，加拿大官方则郑重声明，贝尔是电话技术的发明人，因为梅乌奇的发明既不管用，也没有申请过专利技术。

在和贝尔争夺电话技术发明权的所有人中，一度让贝尔很头疼的人是格雷，因为他的发明和贝尔的电话技术确实有不少相似之处。后来他和贝尔就电话的关键技术打了一场旷日持久的官司。

这件事要从 1875 年说起。那一年，贝尔在研制声学电报时发明了一项用电传输声音振动的新技术。为了获得英国的专利权，贝尔指示自己的专利律师暂时不要向美国专利局提出申请，因为当时英国只会向那些从未在其他地方获得专利的发明授予英国专利权。因此，贝尔耽误了一些在美国申请专利的时间。不过，由于贝尔同意和赞助他做科学研究的老哈伯德以及老桑德尔分享电话发明研究成果在美国的利润，老哈伯德在没有通知贝尔的情况下，向美国专利局提交了电话发明专利申请。而就在他跨入专利局大门的几个小时后，格雷也提交了自己的电话专利申请。格雷和贝尔的官司一直打到了美国最高法院，大法官最终裁定贝尔为电话的发明者。很多人都觉得，贝尔赢得官司的原因只是因为他们的专利提前提交了几个小时，但如果真是这样，官司就不需要打到最高法院了。事实上，比早几个小时提交专利更客观的原因是贝尔的实验室日志和各种来往信件证明他的发明是他和华生长期独立研究的结果。更重要的是，在与格雷和另一名提起诉讼的发明家阿莫斯·多比尔（Amos Dolbear）的私人信件中，格雷和多比尔都承认了贝尔先前所做的电话发明和研究工作。但是，现在这两个人站出来要求享有电话技术的发明权，最高法院认为这是缺乏事实依据的，也是站不住脚的。

更需要指出的是，贝尔和格雷所争夺的是电话要用到的一项技术的发明权。涉及电话的技术其实有很多，仅仅有了通过电传输语音信息的技术，和发明电话还有相当大的距离。贝尔的过人之处就在于他走完了电话发明的全部过程，而其他人的研究发明最多只能算是搭建了一些效果不算太好的实验装置而已。贝尔的电话专利是在 1876 年 3 月 3 日，即他 29 岁生日那天被批准的，而这项技术被证明能够用于通话，是我们前面提到的贝尔用麦克风呼唤华生的时候（1876 年 3 月 10 日）。至于电话被证明能够用于双向通话，已经是半年之后的事情了。

媒体往往出于吸引读者的目的喜欢寻找某项技术最早的发明人，而且不少读者出于猎奇的目的也常常喜欢挖掘那些所谓的真相，特别是那些能够否定社会普遍认同结论的新说法。但是科学史家并不觉得这种事情有多么重要，因为在很多时候，某项技术的第一个发明人往往是找不到的。这里面有以下三个原因。

第一，任何一项技术永远都可以追溯更早的发明人。这就如同电话的发明，虽然全世界绝大多数人公认发明的荣誉应该授予贝尔和他的合作者华生，但是总能找到更早的人，比如梅乌奇，至于有没有人在梅乌奇之前发明了和电话相关的技术，或者提出了相应的想法，如果深挖也许还是能找到。

第二，也是更重要的原因，那些不断回溯找到的相关发明和我们最终的使用通常是无关的，对后面的发明也没有什么启发。我在拙作《全球科技通史》中列举了很多这样的例子，比如青霉素的发明可以追溯到唐朝的裁缝，但是这和今天使用的抗生素并无相关性。

第三，一个实物（比如电话），或者一个实用方法［比如 CDMA（码分多址）通信］的发明通常要用到很多项科学技术，但是，在多数情况下，其中一项关键技术的发明，和这个实物或者方法的发明是两回事。因此，我们不能把后者和前者等同起来，这是很多人常会犯的一个错误。比如 3G（第三代移动通信技术）使用了 CDMA 技术。虽然这项技术可以追溯到二战时演员海迪·拉马尔的一项专利，但是它和整个 3G 是两回事。这项通信技术最初是由高通公司等机构在 20 世纪 90 年代发明的。虽然两者在时间上前后相差大约半个世纪，但是两项不同的技术是不具可比性的。

基于上述原因，我们把电话装置和这种通信系统的发明权给予贝尔是十分公允的。正如绝大多数发明的荣誉都是授予了最后一个发明者一样，贝尔就是电话的最后发明人。在此之后的电话技术进步只能算是改进，电话发明这件事到贝尔就结束了。

在科技史上，大家把一个人和一项发明联系在一起，除了他提出了原创性的设计，通常还因为他解决了从技术诞生到大家受益之间的诸多技术难题，让广大受益者从感情上愿意把他和发明关联起来。贝尔就是这样的人。虽然 1876 年底他和华生在向大家演示了能够双向通话的电话，让大家能够使用并且接受这种新的通信方式，但是接下来他们还有很多的研究工作要做。

当时，大家对于电话普遍存在的一个疑虑就是它到底能把信息传送多远，语音到底能有多么清晰。在那个年代，电报已经能够将信息发送到全球的任意一个角落，而电话只能将语音传送几十千米，且一些易混淆的语音可能误传。传输距离和准确率，其实是通信技术两个硬核指标，电话如果不能在这两个指标上达到电报的水准，公众就会对它的应用范围和效果存有疑虑。实际上在电话刚出现的年代，包括马克·吐温在内的许多名人都觉得这是一种骗术。当然，马克·吐温也因此失去了他一生最有可能获利的投资机会。

在贝尔和华生第一次实现双向通话的一年后，他们基本上解决了电话传输语音的清晰度问题，并且在波士顿铺设了一些电话线路。之后，记者开始用电话给《波士顿环球报》发送新闻消息，公众这才开始相信电话并非骗人的幻术。又经过了一年的改进，到了 1878 年，贝尔和华生分别在波士顿和 200 英里（约 322 千米）之外的纽约进行了首次长途电话实验。贝尔和华生在两地观众的众目睽睽之下进行了交谈，为了渲染现场的演示效果，贝尔本来安排了一名歌手对着麦克风唱歌，然后将歌声通过电话传到华生的所在地纽约。但是这位歌手是第一次听到电话听筒里传出来的声音，居然吓得失声了，贝尔只好让远在纽约的华生代替歌手演唱。华生此前从未在公众场合表演过，这次他鼓足勇气唱了一首歌。他那不在调上的演唱逗得两边现场的听众哈哈大笑。这次公开实验是对电话普及应用的一次很好的宣传，不仅让公众相信电话能够成为他们的远程通信工具，而且打消了很多人对于那个时代信息安全的顾虑。当时《纽约时报》曾经这样说，“如果装了电话，无论门窗关得多紧，你说的每一句话都有可能被人偷听”。正是贝尔和华生的公开演示，让大家明白了电话是怎么一回事，它能做什么，不能做什么，从而消弭了人们对于电话不必要的担心。

然而，将电话普及成为统治世界上百年的通信工具，还有很多的事情要做，而其中绝大部分事情是在贝尔的时代完成的。

由电话到现代通信

电话是信息史上第一种能够实现大量用户同时进行点对点双向通信的技术。在学术界，关于通信的分类，根据信息的传输方式可以分为 4 种，即：

- 单点到多点的单向通信；
- 单点到多点的双向通信；
- 多点到多点的单向通信；
- 多点到多点的双向通信。

从信息传输的角度来讲，第 4 种最为便利，但需要解决的技术问题更多，需要投入的资金也更多。从 1877 年开始，贝尔的电话研究工作和商业推广就同步进行。这首先要感谢他商业上的两个合伙人，也就是他两个学生的父亲老哈伯德以及老桑德尔。在贝尔的时代并没有风险投资基金，要想从零开始做一门生意，只能靠个人关系找天使投资人。所幸的是贝尔有这样两个对电话技术感兴趣的投资人。这一年，贝尔在波士顿架设了第一条商用电话线路。一名住在波士顿北郊萨默维尔的工厂主查尔斯 · 威廉斯要和他在波士顿的工厂进行通话，他使用了贝尔提供的电话服务，成为全世界第一个电话用户（见图 4–3）。随后，记者开始用电话向各地报刊发送新闻消息。从发展过程可以看到，电报和电话最初的使用者都是企业家和记者。前者希望更快、更方便地获得和发送信息，后者则非常看重信息的时效性。信息时代一旦开始，信息的价值就和它的时效性密切相关，而且总有一些人愿意付费来获得这种时效性。

威廉斯最初使用的电话就是单点对单点的通信，两个点之间只

图 4-3
美国架设第一条商业电话线的房子（威廉斯在萨默维尔的住宅）

要有一条电话线就可以实现通信。但是，如果真要实现多点到多点通信，就不能采用这样的方法了，因为线路数量和电话机数量的平方大致是成正比关系。[①] 比如，实现 10 门电话机之间的通信需要大约 50 条连线，而要架设一个有 100 门电话机的通信网络，就需要大约 5 000 条连线了。当这个网络增加到 1 000 门电话机时，就需要大约 50 万条连线。不过，早期大部分电话的使用者都是商人和记者，他们使用电话的主要目的是和公司、报社随时保持联系，而不是彼此互相通话。因此，贝尔等人也没有注意到这种点对点直接连线的方式并不适合电话网络的发展。

1878 年，一位叫作乔治 · W. 科伊（George W. Coy）的美国人在听了贝尔的报告后受到启发，发明了电话交换机。从此，终端用户使用的电话机，不再是直接连到对方的电话上，而是先连接到交换

① 网络连接数量 $=[\frac{(\text{节点数}-1)^2}{2}]$。

机上，再由交换机连到其他电话上。这样一来，即使不用那么多的长途通信线路，也可以实现所有电话之间的通话。交换机的原理被用于今天所有点对点的信息传输系统，比如互联网的路由器、卫星电视系统的通信卫星、移动通信的基站等，交换机都扮演着重要的角色。

科伊随后研制出了第一台交换机并获得了专利。他把自己的交换机放在纽黑文，为当地人提供电话服务。有了交换机就需要有接线员，由于一开始使用电话的用户不多，科伊自己承担了接线员的工作。从交换机连出去的线路对应哪个用户是固定的，为了保证不接错电话，科伊在交换机每个电路的插孔处做了一个编号，然后按用户姓名做了一个名字和编号的对应表。每次接到电话呼叫时，通过查表，就能知道该接通哪条电话线。

科伊的这种做法实际上涉及现代通信的一个基本问题，就是传输目标的物理地址和我们便于记忆的逻辑地址之间的一一对应。交换机某个插线孔后面的那条电线，是某个电话要连通的物理地址，而对应的用户则是一个虚拟地址。在通信时，信息发送者的目的是把信息传到接收人（逻辑地址）那里，而通信系统只能识别通信系统的物理地址，因此就需要建立物理地址与逻辑地址的对应关系。

随着科伊业务范围的不断扩大，连入交换机的电话用户增加到了好几百户，他只得雇一名专职接线员来为大家服务。当然这时要记住几百个人的名字和交换机面板上的插孔是如何对应的，几乎是一件不可能的事情，接错线的情况时有发生。这时就需要发明一种能够更好地将电话的物理地址和逻辑地址一一对应起来的技术方法，电话号码和电话本就应运而生了。

电话号码的发明是一次公共卫生事件导致的直接结果。1879 年，波士顿周围暴发了流行病。接线员一旦生病，就需要有人临时替班，但是替班的人常常找不到用户对应的接线孔位置。位于波士顿洛厄尔市一位叫摩西·格里利·帕克（Moses Greeley Parker）的医生，是电话最早的使用者之一，也是当地电话业务的投资人。他为了避免替班的人接错线，就给每部电话配了一个号码，这样以后打电话的人不用说找谁，只需要讲要接通哪个号码就可以了。这个号码就直接写到交换机的面板上，于是接线员的工作就变得非常简单，接错线的情况就很少发生了。帕克的这项改进，其实就是在交换机上将逻辑地址和物理地址统一起来。不过在整个通信系统中，逻辑地址和物理地址之间的对应关系并不能因此被省去，而只是把统一对应关系的工作交给了打电话的人。

一开始，大家担心记不住这些 4~5 位的电话号码（当时的电话较少，只需要四五位数字就足够了），但是很快发现这种担心实在没有必要。在手机问世之前，用电话的人总能记得住几十个常用的电话号码。当然，谁也不可能记住所有的电话号码，于是电话公司就把一个地区的所有电话号码汇总到一起，印成一本厚厚的黄页[①]，送给安装电话的用户。随着互联网的兴起，人们逐渐改变了从黄页上查找电话号码的习惯，纸质的黄页也逐渐消失。不过，类似黄页的生意并没有

① 在美国，商业电话号码簿采用黄色纸张印刷，被称为黄页，而个人电话号码簿采用白色纸张印刷，被称为白页。

消失，它变成了今天互联网上的搜索引擎。

发明了电话号码之后，电话机也要随之改变。早期的电话并不需要拨号，也就没有拨号盘。大家打电话时，只需要拿起话筒直接对着接线员呼叫对方的姓名就可以。有了电话号码之后，大家一开始是呼叫对方的号码，但是这样显然不方便。于是，人们发明了转盘式的电话机。这种电话机上面有一个圆形转盘，每次把手指伸进对应的数字，然后拨到头。每个数字对应一个不同的脉冲，当不同的脉冲传到交换机时，就会通过相应的继电器接通不同的线路，这样就可以直接连通对方的电话了。今天这种转盘式电话已经不常见了，不过大家在电影里还能看到它们。

当然，不仅和电话相关的配套技术要发展，电话本身的核心技术也需要不断进步。在看到电话巨大的商业潜力之后，很多发明家都开始纷纷致力于电话技术的不断改进，语音质量，特别是长途电话的语音质量得以不断提高。在这些积极参与改进电话技术的发明家中，就有大名鼎鼎的科学家爱迪生。但是，他并不打算参与电话服务的市场竞争，而是把技术卖给了贝尔。

由此可见，电话的成功是很多项技术综合作用的结果，而不是单靠某一项技术的突破就能完全实现的，更不是哪一次偶然的通话成功所导致的。

当然，电话的普及除了需要在很多配套技术上做好准备，还需要大量的投资和工程建设，特别是架设长途电话线路。1885 年，在老哈伯德的帮助下，贝尔在自己的电话公司（贝尔电话公司）里成立了一个专门从事长途业务的子公司——美国电话电报公司（American

Telephone & Telegraph Company），即后来著名的 AT&T 公司[①]，这家公司的总经理并非贝尔本人，而是老哈伯德。随后，在老哈伯德的帮助下，AT&T 公司找到了大量的私人投资，逐渐完成了全美电话网的建设。1892 年，AT&T 公司开通了从美国东部到美国中部芝加哥地区的长途电话业务，从此用一张巨大的电话网将当时美国最大的两个工业区，即以纽约为中心的东北部工业区和以芝加哥为中心的五大湖工业区，紧密地联系在了一起。当时从纽约到芝加哥的通话费是 2 美元一分钟，而当时 1 美元的购买力超过了今天的 100 美元。因此，电话的这个价格并不比电报便宜，但是它的优势是比电报更方便。

1895 年，无论是对贝尔电话公司还是对美国电信业来讲，都是一个具有关键意义的年份。这一年贝尔电话技术的专利到期，一夜之间，美国冒出了 6 000 多家电话公司。一方面，这使得电话技术在美国得到了迅速普及。在接下来的十几年里，美国的电话装机数量从 200 万户猛增到了 3 000 万户。另一方面，剧烈的市场竞争使得整个行业面临着无钱可赚的不利局面。而贝尔电话公司将一如既往地成为电信行业的主导者，还是成为六千分之一的竞争者，却是未知，这就到了考验贝尔及其公司管理者智慧的时候了。贝尔应该感到庆幸的是，他在早几年收购了爱迪生关于电话的一些技术，这让他们的长途电话业务能够做到语音更清晰，具有更加明显的市场竞争优势。进入新世纪之后，贝尔开始学习爱迪生，也办起了研究所，这就是后来贝尔实验室的前身。

---

① 后来 AT&T 公司成为所有贝尔公司的母公司。

当然，公司之所以能够成功地度过10年恶性竞争的艰难时期，其强大的管理团队发挥了巨大作用。当时贝尔长期的合作伙伴老哈伯德年事已高，已经退休好几年，不过他在退休前做了两个非常明智的安排。

首先，他将董事长一职交给了新的投资人威廉·福布斯，即著名的福布斯家族第二代掌门人、铁路大王的儿子。福布斯的加入为贝尔电话公司带来了雄厚的资金。其次，老哈伯德将管理权交给了他观察和培养了很多年的西奥多·牛顿·韦尔（Theodore Newton Vail）。这个韦尔是和莫尔斯一同发明电报的那个韦尔的堂弟。韦尔两度出任AT&T公司总裁，他坚信电话服务就像供水、供电、邮政服务一样，是一种社会资源型服务，全世界范围内最好只由一家公司提供。

事实上，1895年电信市场的突然开放，极大地促进了电话技术的普及，而AT&T公司迅速将大量的电信资源集中在一起，从而有效避免了过度的恶性竞争。即便韦尔不再担任AT&T公司总裁后，也没有放下电话业务，而是跑到南美洲去建立电话王国。通过不断地并购、整合，韦尔将贝尔电话公司和后来的AT&T公司变成了电信行业的垄断型企业。当然韦尔的这种疯狂并购行为让AT&T公司成为美国司法部眼中的反垄断对象。最终，在1913年，美国政府和AT&T公司双方达成金斯堡协议①，AT&T公司开始收敛它的商业扩张行为。但这时AT&T公司在世界电信产业的地位已经变得十分稳

① 金斯堡协议规定，AT&T公司将允许任何地方性电话公司无条件接入AT&T公司长途电话网络。——编者注

固，它已经是美国、加拿大、南美洲、日本以及欧洲很多国家最主要的电话公司。

1914 年，AT&T 公司建成了首条横跨美洲大陆的电话线路，将东海岸的纽约和西海岸的旧金山紧密地连在了一起。这条线路长达 3 000 多英里（约 5 000 千米），用了 13 000 多根电线杆。

1915 年，这条线路第一次开通时，68 岁高龄的贝尔和 61 岁的华生分别坐在纽约和旧金山的电话机旁，实现了人类第一次横跨美洲的通话（见图 4-4）。当时的总统托马斯·伍德罗·威尔逊和两个城市的市长，连同上百名嘉宾共同见证了这一伟大的历史时刻。华生在 1881 年退出了贝尔电话公司和通信行业，继续从事他所喜欢的机械工作，并且靠自己的专利收入办起了一家造船厂。这家工厂逐渐成长

图 4-4　1915 年，亚历山大·格雷厄姆·贝尔即将从纽约致电旧金山

成为北美最大的造船厂之一，也是二战时美国主要的造船公司之一。虽然华生远离了通信行业，但是，在这样历史性的时刻，大家依然想到了他，请他来和贝尔一起开启这一次历史性的通话。39 年前，当贝尔和华生在波士顿的实验室里第一次实现了含糊不清的通话时，他们还是风华正茂的青年。随后，也是他俩成功地实现了波士顿到坎布里奇、波士顿到纽约的两次历史性通话。1915 年，他们即将步入古稀之年，而曾经的合作伙伴老哈伯德、福布斯等人已经作古多年。这些人用近乎一生的时间，实现了全世界人与人之间即时传递信息的伟业。后来 AT&T 公司在纪念贝尔的同时，也没有忘记华生的贡献，其语音识别系统便是用华生的名字来命名的。

相比贝尔和华生，知道老哈伯德、福布斯和韦尔的人就要少很多。这不仅是因为他们一直站在幕后，更是因为美国从来不缺少商人，而民众对科学家和发明家更加敬仰。在电话发明后的半个世纪里，大量的科学家和工程师为电话技术的发展和普及做出了卓越贡献，除了贝尔、华生、爱迪生、科伊和帕克这些我们说得上名字的人，更多的人并不为人所知。但如果没有他们的默默奉献和付出，就没有电话在全球的普及。

相比电报，电话有许多便利之处。从信息传输本身来讲，我们更喜欢用传输速率、单位能量传递信息的效率以及通信成本等指标来定量衡量不同信息技术的差异。在传输速率上，电话比电报高出了两个数量级。在 19 世纪末，长途电话的信息传输速率大致相当于今天的每秒上万比特，虽然当时的电话还不是今天的数字电话。此前，电话机的能耗也比电报机要低很多，这还不算邮差跑来跑去送电报所花费的能量。

在信息传输成本方面，无论是电报还是电话，其主要成本都在架设线路上。由于电话的用户数量比电报的用户数量要高出好几个数量级，因此传输一条信息的平均成本要低得多。不仅如此，电话通信成本的下降速度也比电报要快很多。1915 年，纽约到旧金山的长途电话刚刚开通时，每分钟的电话费高达 7 美元，大致相当于现在的 1 000 美元，而到了 2000 年，这个价格已经降到了每分钟 10 美分以下。而电报则在它结束服务之前，价格几乎没有什么变化。虽然考虑到通货膨胀的因素，电报的实际价格还是在下降，但是降幅远不如电话那样明显。在信息行业，衡量一项技术是否有广阔的市场前景有一个简单而准确的指标，就是成本的下降速度。具体到电报和电话这两项通信技术，除去特殊的应用场合，电话几乎在各个方面完胜，而电报再次出彩要等到短信这种通信方式的出现。

电话大大地缩短了人们之间的距离，也有效地改变了人们的生活方式。到了 20 世纪初，世界上除南极之外的各大洲都有了四通八达的电话网。原本要几天甚至几个月才能传递出去的信息，瞬间便可以通过电话通知对方；原本必须见面才能解决的问题，很多都可以通过电话解决了。这一方面让全世界诞生了一个巨大的新产业——电信产业，另一方面又带来了巨大的社会效益。今天，全球电信产业（不包含互联网）的规模已经接近 4 万亿美元（包括电信设备和电信服务两部分），[①] 几乎相当于德国的 GDP（国内生产总值）。

① 数据来源：Telecommunications Industry Association。

不仅如此，电话还让很多相距遥远的城市紧密地联系在了一起，让政府管理更加高效，让商业行为更加顺畅。通常，在通信领域每投入一元，至少可以带来两元以上其他产业的收入，而且，越是在经济落后的地区，电信产业对其他产业的促进作用越明显。因此，今天我们中国将 5G 作为引领未来产业的核心，是很有战略眼光的。

• 本章小结 •

贝尔发明电话对于世界的意义，我们无论如何形容都不过分。但是贝尔成功的原因过去鲜有人进行系统的分析和研究，大家通常只是把成功归结于贝尔的勤奋努力、运气和特殊的经历（周围都是聋哑人），然而，有 4 个不可或缺的因素常常被人们忽略。

第一，虽然贝尔一开始也是聚焦于改进电报，但是他很快将焦点转到了传输语音的技术研究领域。

第二，贝尔和华生在无意中找到了用简单方式解决复杂问题的方法。如果贝尔一直坚持用很多组不同的簧片构成发声器来合成不同频率的声音，那将是一个复杂的且不可能完成的任务。

第三，贝尔发明的不仅仅是一项技术，而是一套系统。同时代和他竞争电话发明专利的人，在工作的深度和广度上都是无法和他的研究成果相提并论的。

第四，贝尔背后雄厚的资本力量和职业经理人的作用常常被人们有意或者无意地忽视。贝尔的名字总是和 AT&T 这家伟大的公司联系在一起，然而，后者的经营更多地要感谢老哈伯德、福布斯和韦尔等人的付出和努力。

在 19 世纪末，电话的诞生让世界发生了翻天覆地的改变。不过，电话依然有一个非常重要的问题没有解决，那就是在电线连不到的地方，它也无能为力。而解决这个问题，就需要另一项关键技术了。

第五章

无线电通信的冰与火

1901 年 12 月 12 日，一位 27 岁的意大利人，在加拿大纽芬兰的信号山顶放飞了一个巨大的风筝（见图 5-1）。与其他风筝不同的是，这个面积超过 4 平方米的大风筝后面拖了一条长长的尾巴。冬天，信号山上的风非常大，风筝很快就在大风的作用下升到了高空。这时，年轻人将风筝长长尾巴的另一端接到了一个装置上，似乎在接收什么信号。从这一年的 8 月起，他就在这里搭建实验设备，做了许多次实验，希望能从天空收到一些信号。但是，年轻人的每一次尝试都因为不同的原因而以失败告终。在每一次的失败后，这位年轻人就改变一次接收装置和实验方法。12 月 12 日是他开始新一轮实验的第二天，根据他和远方助手的约定，他们在每天下午到傍晚一个三小时的时间

图 5-1　马可尼和他的助手在放风筝

窗内进行信号的发送和接收实验。

现在，又到了双方约定的时间，年轻人开始工作。和以往几次实验不同的是，这一次他的运气比较好，收到了三个连续的“嘀”声信号。这是莫尔斯电码中字母 S 的电码。为了确认这不是噪声，字母 S 一组连发三次。年轻人在收到这个短促的信号后喜出望外，因为这些莫尔斯电码来自遥远的英国，在空中传播了 3 500 千米后，才被加拿大这一端大风筝后面拖着的长达 150 米的天线接收到。这是人类第一次实现跨洋无线电通信。

新旧大陆的第三次握手

两天后（12 月 14 日），这位年轻人发布了一条不长的新闻公告，简短地讲述了他这一次实验成功的经过。第二天，即 12 月 15 日，虽然是星期天，北美的各大报纸还是马上报道了这一伟大的成就。

《纽约时报》将这则消息放在了头版，称之为“近代最精彩的科学发展”，并且全面介绍了这位来自意大利的名叫古列尔莫·马可尼的青年。为了保证报道的全面性和客观性，《纽约时报》请了两位权威人士对这件事进行评述。一位是以发明交流输电而闻名的尼古拉·特斯拉，他在此前曾经暗示过用大地和大气作为电路来发送电报的可能性。另一位就是当时最权威的科技记者和编辑托马斯·康默福德·马丁（Thomas Commerford Martin），他是《电气世界》的编辑，曾经为特斯拉写过传记和很多报道。特斯拉对于这次实验的评论有点儿吃不到葡萄就说葡萄酸的味道，他说，远程电力的传输远比信号传输更有实际意义。而马丁的看法与特斯拉完全不同，对于马可尼的成功实验，他毫不吝惜自己的溢美之词，高度评价了马可尼在无线电通信领域的成就，并且热情地称赞马可尼是年青一代科技英才的杰出代表。

在接下来的近一个月时间里，跨大西洋的无线电通信成为北美乃至全世界热议的话题。不过，在大家为此兴奋的同时，也有一些人怀疑这次实验的可信度。当时人们认为无线电波是像光一样直线传播的，而地球是圆的，那么从英国发射出的无线电波难道不应该是斜着射向空中吗？怎么会沿着一条曲线传输到了大西洋对面的加拿大？马可尼和他的助手会不会搞错了？今天，我们知道大气层中的肯涅利—亥维赛电离层会把地球上发送的无线电波反射回来，但是当时的人们并不清楚这个现象，因此出现这种质疑是很正常的。

面对人们的这些质疑，马丁觉得应该站出来支持一下这个年轻人。为此，他准备在第二年1月13日美国电气工程师学会①的年度晚宴上，安排这位年轻人作为嘉宾出场。他请当时著名的电气发明家和企业家伊莱休·汤姆森（Elihu Thomson）来支持这一决定，后者爽快地答应了。汤姆森是三相交流电的发明人（特斯拉发明的是四相交流电），也是著名的汤姆森-休斯敦电气公司（Thomson-Houston Electric Company）的创始人，在美国电气行业享有崇高的威望。也正是他的大力支持，让这次活动成为新世纪（20世纪）开始的一次盛会。

晚宴在纽约著名的华尔道夫饭店举行，饭店的大厅和走廊里挤满了来自学术界和工业界的名流。为了让大家对这项无线电通信发明产生更直观的感受，马丁还特意在大厅内做了一个模型，用两组闪烁的灯泡代表这次实验的发射和接收地点——英国的波尔杜和加拿大的圣约翰（信号山所在的城市）。长期居住在这家华尔道夫饭店的特斯拉也接到了晚宴邀请，但是他选择了不出席。

在晚宴上，操着标准英国腔英语的意大利人马可尼无疑是众星捧月式的人物。他向与会者介绍了这次实验的各种细节，并且向大众展示了未来信息传播的发展方向——用无线电波传输信息，将比海底电缆更便捷、更便宜。在马可尼之后，汤姆森和另一位科学家、哥伦比亚大学教授迈克尔·浦品②发表了他们对无线电通信技术的看法和评论。他们一致相信马可尼实验结果的可行性。浦品还特地从电磁学、

① AIEE，今天IEEE（电气和电子工程师协会）的前身。

② 浦品，加感线圈的发明人，NASA（美国航空航天局）前身NACA（美国国家航空咨询委员会）的创始人之一。

数学和工程学理论等方面为马可尼的这次实验提供了科学依据。在马丁的努力和汤姆森、浦品等人的帮助下，这次盛会确立了马可尼在美国公众心目中发明家的地位和声誉。

古列尔莫·马可尼（Guglielmo Marconi）
1874年4月25日—1937年7月20日

1937年7月的某一天，英国所有的无线电话与无线电报都停止工作两分钟，这次静默不是技术的故障，而是众人对已逝“无线电之父”马可尼的致敬。
马可尼是无线电工程师、企业家、实用无线电报通信的创始人，曾在1909年获得了诺贝尔物理学奖。尽管发明无线电的专利在1943年被宣布无效，但他为无线电事业做出的贡献却永远刻在了历史的记忆中。

马可尼当然也没有辜负这几位伯乐对他寄予的厚望，后来事实证明，他是一位认真严肃的科学家和非常务实的发明家。面对怀疑者的种种挑战，马可尼并不因为自己的实验有马丁和汤姆森等权威人士的背书就扬扬得意。为了向众人证实无线电通信的可行性，他认真准备了一次更公开、更详细的实验。

1902 年 2 月，费城号轮船载着马可尼的团队和设备从英国出发，一路记录着来自英国波尔杜基站的信号。马可尼为此专门发明了一种信号自动记录仪器，它可以直接将信号画在黏性胶带上。在越洋旅行期间，马可尼还邀请船长和大副一同来收听无线电信号。这次测试不仅有很多的现场见证者，而且在方方面面都要比两个月前的实验严谨得多，实验数据的记录也详尽得多。在这次全程实验中，大家还发现了无线电波一些新的特性，比如无线电信号在夜间传输的距离要比白天远得多。但即使是在白天，无线电信号也能传送 1 000 千米以上。虽然依然有不少人质疑马可尼在 1901 年 12 月 12 日所进行的那次实验，但是多数科学家都认可了马可尼关于能够用无线电进行远距离通信的想法。至于为什么无线电波能拐弯，为什么信号晚上比白天传得远，当时的科学家设想了各种可能的解释。其中爱尔兰科学家肯涅利和英国科学家亥维赛关于大气中电离层的模型最合情合理。后来英国科学家阿普尔顿证实了他们的假说，并因此获得了诺贝尔奖，当然这是后话了。

今天我们把 1901 年 12 月 12 日看成信息史上一个重要的节点性时刻。马可尼这次简单的实验，也被看成人类文明史上，欧亚旧大陆和美洲新大陆第三次具有历史意义的握手，它标志着人类进入了无线电通信时代。

在此之前，第一次握手发生在 1492 年。当时哥伦布率领圣玛丽亚号、平塔号和尼尼亚号的 90 名船员来到了新大陆，新旧大陆在物质上的交流从此展开。第二次握手则是 1858 年菲尔德用电报电缆将新旧大陆联结成为一个整体，两个大陆从此开始了实时的信息交换。不过那一次握手依然有赖于实物——电缆。和前两次不同的是，第三次握手完全是信息的沟通，没有物质媒介，连接相距几千千米新旧大陆的是看不见、摸不着的无线电波——某些特定频率的电磁波。

为什么无线电波能够传输信息？它是如何产生的、如何被人们发现的，又是如何被接收的？这就要从半个世纪前英国物理学家麦克斯韦博士对电磁波存在的预言说起了。

电磁波的本质到底是什么

一般认为，詹姆斯·克拉克·麦克斯韦（James Clerk Maxwell）是人类历史上仅次于牛顿和爱因斯坦的物理学家。麦克斯韦之于电学的巨大贡献，堪比牛顿之于力学。爱因斯坦称赞麦克斯韦对物理学做出了“自牛顿时代以来的一次最深刻、最富有成效的变革”。而爱因斯坦一生所做的事情，其实就在于将牛顿和麦克斯韦的理论统一起来——著名的相对论最初是为了弥合牛顿理论和麦克斯韦理论的矛盾之处；而统一场论，就是要把牛顿描述的引力场和麦克斯韦描述的电磁场统一起来。

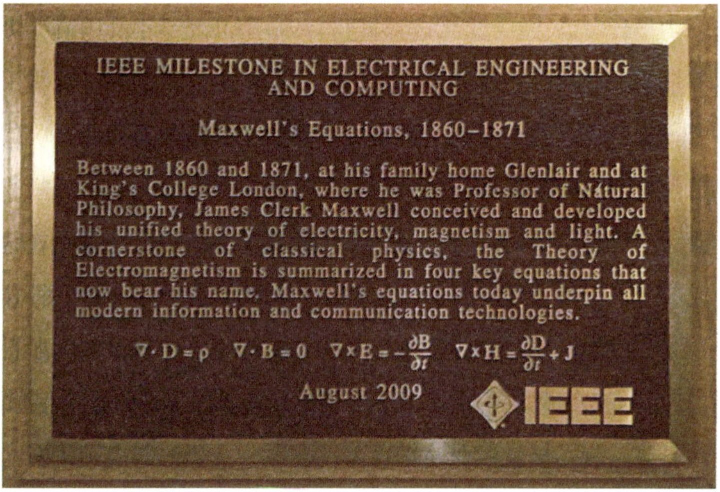

图 5-2　2009 年，IEEE 为了纪念麦克斯韦发现电磁波的方程而竖立的纪念牌

麦克斯韦最让人赞叹的地方在于，他从数学出发，将电、磁和光的各种特性统一起来。在此之前，虽然汉斯·奥斯特、约瑟夫·亨利

和法拉第等人发现了电磁感应现象，并且总结出了关于电磁学的很多规律，但是没有人能够找到电和磁的共同本质。麦克斯韦在他著名的《电磁场的动力学理论》一文中，用 4 个简单的公式，即著名的麦克斯韦方程组[①]，描述了电、磁、光相互作用、相互转化的规律。根据他的理论，世界上存在这样一种电磁波——它以光速传递。这种电磁波既包括我们常说的无线电波，也包括各种光波。

麦克斯韦对于电磁波的预言完全是从数学出发，当时并没有任何实验结果可作为有效支撑，因此并没有引起当时电磁学家的充分重视。当时人们对电磁学的研究都集中在如何用电磁感应发电或者驱动机械，仅仅是把电看成一种新的能源形式，而不是信息的载体。特斯拉就是这些人中的代表，虽然他在电磁学方面做出了很多贡献，但在他的大脑深处，电就是一种能量。这也难怪，因为当时正处在第二次工业革命的前夜，世界上需要一种方便的、能够取代蒸汽的动力来源。

人类在电磁学领域的重大突破来自一个新崛起的国家。1871 年，德意志帝国诞生了。为了全面赶超英国的科学技术水平，德国政府大大加强了在基础科学研究方面人力、物力的投入。随后柏林大学设立了一个被称为柏林大奖（Berlin Prize）的奖项，每年奖励一个基础科学研究的成果，证实麦克斯韦所预言的电磁波便是柏林大学 1878 年设定的获奖难题。当时，欧洲主流物理学界还固守着牛顿的传统物理学观念，认为电磁现象体现为一种力，而且仅存在于物质的内部。大多数科学家对于麦克斯韦理论所预言的能够传到远方的电磁波觉得难

① 麦克斯韦方程组的说法是后世物理学家提出的。

以理解，只有极少数科学家能够意识到麦克斯韦理论的意义。柏林大学的赫尔曼·冯·亥姆霍兹（Hermann von Helmholtz）教授便是其中为数不多的物理学家之一，也正是他将这个题目的研究设立为柏林大奖。亥姆霍兹有一位叫海因里希·鲁道夫·赫兹（Heinrich Rudolf Hertz）的学生，他在老师的影响下，对电磁学进行了十分深入的研究，并且有兴趣证实麦克斯韦理论。

赫兹设计出了一套能够检测看不见、摸不着的电磁波的装置，这其实是一种特殊的天线，被称为赫兹环（见图 5-3）。1887 年 11 月，赫兹用一种电火花装置产生电磁波，同时用赫兹环接收到了电磁波，从而证实了麦克斯韦关于电磁波的预言。赫兹公布了这一消息后，科学界为之轰动，于是很多物理学家开始研究电磁波，试图搞清楚它到底是什么。[①]

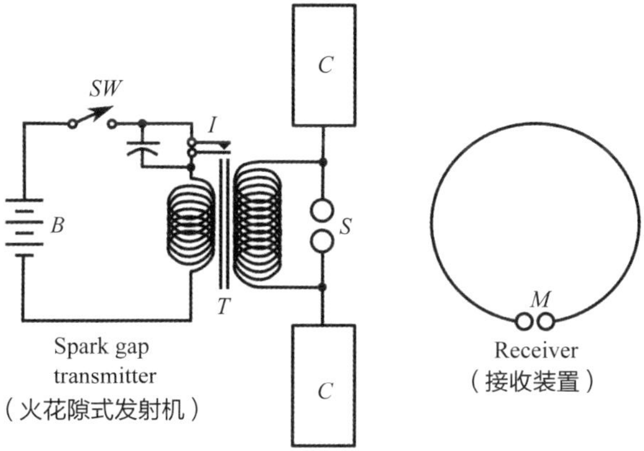

图 5-3　赫兹证明电磁波存在的试验装置，右边的圆环为赫兹环

① David Cahan. *Hermann Von Helmholtz and the Foundations of Nineteenth-Century Science*. University of California Press，1993.

赫兹在随后的几年里经常向公众做展示电磁波的实验。1889年，一位来自美国的客人在看了赫兹的展示后大受启发，他就是以发明交流输电而出名的发明家特斯拉。

特斯拉当时正处在寻找新的研究课题的时间节点上。一年前他把自己发明的交流发电机的技术专利以极高的价格授权给了西屋电气公司（Westinghouse Electric）。此时他正在思考并寻找新的发明项目，而赫兹的科研成果让特斯拉十分意外地看到了一个崭新的科技领域。事后特斯拉对人们讲："那种感觉就像是一个疲惫的流浪汉发现了许多新鲜的果汁。"[①]

特斯拉在受到赫兹电磁波实验的启发后，一回到美国马上就组建了新的实验室，还邀请了当时几位颇有成就的工程师。但是该实验室所研究的课题和使用电磁波传递信息，也就是我们今天常说的无线电通信，没有太多的关系。特斯拉所考虑的科研重点是未来电气的发展方向，他用"三高"来概括这一发展方向，即高电压、高（大）电流和高频率。高电压技术在今天的远程输电中已经广泛采用，高电流则能让整个供电系统驱动更多的设备，而高频率的意义特斯拉其实并没有想清楚。不过有一点是显而易见的，高频率依然和输电有关，和传递信息无关。为了实现交流电的高频率传输，特斯拉进行了很多匪夷所思的设计和实验，比如，把他发明的四相交流电（而不是今天世界上普遍使用的三相交流电）变成24相，将交流电的频率从50~60赫兹，变成了2 000赫兹。这样做的好处是，可以消除弧光灯在使用低

① https://teslauniverse.com/nikola-tesla/articles/some-experiments-teslas-laboratory-currents-high-potential-and-high-frequency.

频交流电时所产生的“刺刺”的噪声，但是对于传输信号没有什么意义。

与特斯拉不同的是，在欧洲一些受到赫兹启发的科学家，包括英国的奥利弗·洛奇和前面提到的亥维赛等人，则开始考虑用无线电波传送电报的可能性。这些人笃信麦克斯韦的理论，相信数学的逻辑性，他们自称为麦克斯韦学派的成员。特斯拉一直在（通过杂志）关注这些人的研究成果，但是他显然不同意他们的看法。他们的根本分歧在于，麦克斯韦学派认为电磁波是一种波（当时一度也被称为赫兹波），和光具有相似的性质，而特斯拉认为那只是电磁力或者静电力的一种表现，可以用来传递电能。今天我们知道麦克斯韦学派是正确的，麦克斯韦的理论得到了普遍的验证，而今全世界所有的通信系统都是建立在此理论基础之上。但是，当时特斯拉用更古老的电磁力或者静电力来解释电磁波是有合理性的。毕竟在特斯拉接受教育的时代，基于数学推导出的麦克斯韦理论并不流行，而且根据奥卡姆剃刀原则①，即如果现有的理论能够解释一种现象，就不要搞出新东西。

特斯拉并没有认识到他对电磁波本质的错误理解断送了他作为发明家的前途。虽然一开始特斯拉凭借他超凡的天才，在一条错误的道路上得到了一些看似神奇的发现，但是时间一长，他就逐渐远离了原本应该属于他的成功。

---

① 奥卡姆剃刀原则，是由14世纪英格兰的逻辑学家、圣方济各会修士奥卡姆的威廉提出的。这个原理又被称为“简单有效原理”。——编者注

进入怪圈的特斯拉

对于发明家来讲，比必然的失败更有危害的是偶然的成功，后者往往会把他们带偏方向，远离最终的目标，特斯拉就非常不幸地走入了这个怪圈。

从 1890 年到 1891 年，特斯拉开始实施他的“三高”计划，并且看上去似乎有了一个非常不错的开局。当他把一条带有电感线圈的电路电压和交流电的频率同时升高后，旁边一个不相干的高频振荡电路中的灯泡竟被点亮了。特斯拉因此开始产生了一个伟大的新想法——无线输电，并从此沉浸于这个新想法，相信它必将会让自己在发明交流输电后步入人生的第二个高峰。

为了宣传他的无线输电想法，并寻找投资，特斯拉在接下来的 5 年里举行了很多场大型的报告会。他每到一个地方都受到了人们的热烈欢迎，有时 4 000 人的会场也被挤得满满的。在很多次讲演中，他现场进行实验展示，用一个高频振荡的电感线圈，去感应连有灯泡的另一个电感线圈，灯泡立刻就被点亮了。观众们在欢呼，而胆小的人则以为他是魔鬼附体，吓得夺门而逃。今天我们知道，电磁场的变化会让一个导电的回路产生电流，其实这不是什么了不得的事情。不过，这种能量传播不远。但是当时的人并不懂得这些，备受震撼是不足为奇的。

特斯拉的研究工作和使用无线电通信没有什么关系。虽然他在一次讲演中提到了用无线电传输信息，但也只是顺便提起。更关键的是他所相信的无线电传输信息的原理与方法是十分错误的，和今天无线电通信的做法并无共同之处。他的原话是这样讲的：

> 我对此深信不疑，能量和信息的（无线）传输计划不再仅仅是理论上的可行性，而是一个严肃的电气工程问题，它总有一天会实现……我坚定地相信，以强大的（发电）机器来干扰大地的静电条件，并且传输可分别的信号是可能的，传输电力也是可行的……我们现在知道，电的振动是可以通过导体来传输的，那么为何不把大地这个导体用于这个目的呢？①

我们把他的这段话重新表述一下：首先，用高频振荡电路远程传输电流。当然电流是不可能单方向流动的，于是，能够导电的大地将被用来做电路的回路。在这个电路中，传输的是电流，或者说能量。由于电信号可以加载到电流上（莫尔斯和贝尔都是这么做的），因此信息也就被传输了。我们可以把特斯拉的想法用图 5-4 来表示。

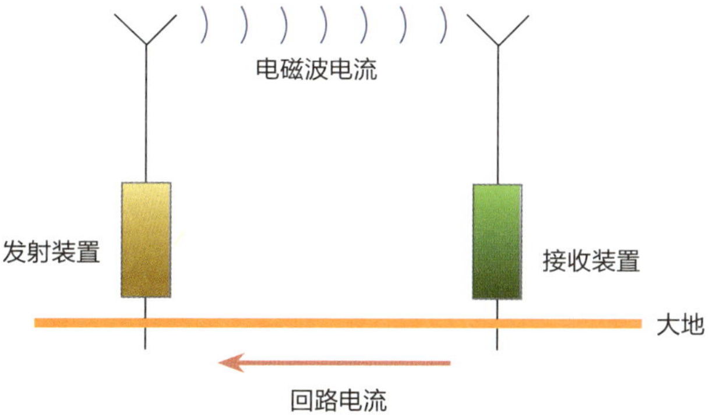

图 5-4　特斯拉所说的无线传输电能和信息的示意图

① W. 伯纳德 · 卡尔森 . 特斯拉：电气时代的开创者 [M]. 王国良，译 . 北京：人民邮电出版社，2016.

我们今天使用的无线电通信原理如图 5-5 所示。它并不需要电流的回路，因为电磁波是一种波，不是电流或者什么静电力。在传输信息时，我们先要将传输的信息加载到电磁波上（这个过程被称为调制），然后由发射装置发出，电磁波就在空中沿着一个方向或者向四周扩散。接收端的天线接收到电磁波后，将信息剥离（这个过程被称为解调）。大家对比这张图和赫兹实验的原理图（见图 5-3），就会发现它们非常相似。这一点都不奇怪，因为今天所有的无线电通信都是建立在麦克斯韦理论和赫兹理论之上的。

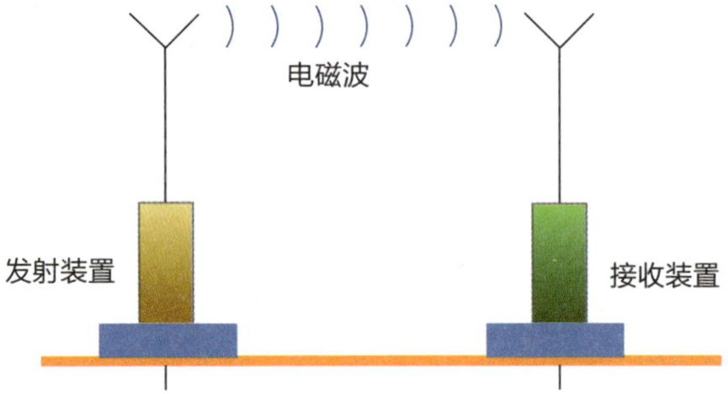

图 5-5　今天的无线电通信示意图

特别需要指出的是，利用无线电波传输信息，并非像特斯拉想象的那样，需要几万伏甚至上亿伏的高电压，一个电池就可以做到（大家的手机便是如此）。像特斯拉这样错误地理解一种新理论，在科学史上并不少见。因为虽然他们眼睛所看到的现象是新的，但是头脑里装的依旧是上一代的知识体系。一旦如此，特斯拉作为伟大发明家的生命其实已经结束了。

19 世纪 90 年代初，没有人能够指出特斯拉所犯的理论错误。因为欧洲麦克斯韦学派的学者并不关心这位新大陆最负盛名的发明家的想法，虽然特斯拉时不时会指出麦克斯韦学派错了。当特斯拉的交流供电系统在 1893 年的芝加哥世界博览会上大放异彩时，特斯拉在人们的心目中就是神一般的存在，所有的新闻媒体都在追捧他。新闻界泰斗普利策和我们前面提到的马丁都在正面报道他，而那些小报记者为了博得人们的眼球则杜撰出了特斯拉的许多传奇故事。志得意满的特斯拉也不断地在公众面前抛头露面，接受人们授予他的各种科学奖项，其中包括耶鲁大学在内的很多著名大学授予他的名誉博士学位。

特斯拉的野心也随着荣誉和声望的日益提升而无限放大。他除了想在全世界实现无线供电，还涉足能够引起他兴趣的许多新领域，比如有关 X 射线的研究。这些庞大的计划不仅无法实现，而且非常烧钱，这让特斯拉很快就花光了他从交流输电等专利中所获得的巨大收益。他成立公司需要筹集必需的科研资金，但无法让投资人相信无线电灯所拥有的商业前景。这期间，反倒是他的一个小发明——用电磁波遥控模型船——让他成为最早应用电磁波的人。需要说明的是，特斯拉并不能真的用电磁波来控制模型船的航行，只是用电磁波把操作信号发送到模型船的接收器上，然后人在接收信号指令后，根据指令手动操作模型船。这个实验的本质是一次两点之间近距离的无线电信息传输。如果我们对比马可尼跨大西洋无线电通信的实验，你就会发现，它们看上去颇为相似，只是特斯拉的这个实验时间更早一些。

这项发明为特斯拉带来了一万美元的投资，随后他在 1897 年申请了专利。这个专利的申请日期使后来马可尼的专利变得无效。不过特斯拉从来没有造出过真正的遥控船，他甚至没有在这方面投入很多精力，因为他的精力一直放在远程输电上，但这显然是一件不会有什么结果的事情。

图 5-6　1899 年，尼古拉·特斯拉坐在他的实验室。他成功制造出人造闪电

如果一个发明家做出过多的承诺而不能兑现，实际上就是在透支他之前所获得的信誉。特斯拉在 19 世纪的最后 10 年就是如此，但他并没有意识到这一点。信誉的损失有一个积分效应，一开始并不明显，但是很快会加速。渐渐地，先是学术界，然后是电气行业，最后是媒体，人们对特斯拉几年来从来没有兑现自己的承诺感到十分的

不满。当时著名的电气工程学教授阿莫斯·多比尔[1]讲得很中肯："他（特斯拉）做了太多惊人的预告，但是很少兑现承诺，他慢慢成为那个喊'狼来了'的孩子，直到没有人听他的。"[2]当然，特斯拉在普通民众中的明星光环还会维持一段时间。

马可尼的逆袭

既然特斯拉无意集中精力在无线电通信上，就给了那个叫马可尼的意大利小伙子逆袭的机会。古列尔莫·马可尼，1874 年出生于意大利大学之城博洛尼亚一个非常富有的家庭。他的母亲出身于爱尔兰一个大家族，拥有一家著名的造酒厂。马可尼小时候没有上学，后来也没有接受过正规的高等教育，但是他的父母一直在请最好的私人教师教授他数学和科学。他经常随家庭在意大利和英国旅行，每到一处都要拜访名师，学习一段时间。马可尼 18 岁时回到博洛尼亚，在博洛尼亚大学物理学教授奥古斯托·里吉（Augusto Righi）的帮助下，进入课堂系统旁听了电学课程，并且使用大学的实验室和图书馆做了不少科学研究。虽然很多励志读物喜欢把马可尼渲染成一位自学成才的无线电爱好者，但他其实受过良好的教育，甚至比一般人要好得多。

马可尼对电磁波产生浓厚的兴趣是在 1894 年。这一年年仅 37 岁的赫兹去世了，这件事让电磁波一下子成为众多媒体关注的焦点，同

① 1882 年，多比尔用大地做回路，实现了 1.5 千米的无导线电报通信。

② W. 伯纳德·卡尔森. 特斯拉：电气时代的开创者 [M]. 王国良，译. 北京：人民邮电出版社，2016.

时也在欧洲掀起了一股研究电磁波的科学热潮。不过，当时大部分物理学家并不清楚电磁波对人们有什么用，而马可尼则天才地预见到人们有可能用电磁波实现无线电通信。

马可尼决定回家搭建他的实验室。在男管家的帮助下，他把自家的一栋别墅改成实验室，并买来了布兰利发明的电磁波探测器。当时并没有可以用来检测的信号源，于是马可尼就想到了用闪电作为信号源。他搭起了一套系统，每当有雷电时，那个系统就会发出当当的响声。无独有偶，俄罗斯无线电的先驱波波夫最早也是用闪电作为信号源的。

由于马可尼只是接收和检测电磁波信号，他的实验并不需要巨大的能量源，有一些电池就足够了。这和特斯拉试图用无线电传输能量的实验是完全不同的。不久，马可尼研制出了一个无线电发射器，运用这个装置能够在他的实验室控制他母亲房间里的电铃。这个实验虽然不复杂，但是证明了电磁波是可以传输控制信息的。特别需要指出的是，无论是马可尼还是波波夫，都是把电磁波看成一种波，因此用它来实现无线电通信并不需要什么回路。也就是说，在他们心中的无线电通信和图 5-5 是一致的。

当然，无线电通信在实验室里所取的成功，距离实际应用还有很大差距，因为电磁波随着距离的增加衰减很快。要实现真正意义上的无线电通信，就需要让电磁波能够把信息传送到足够远的地方。

第二年（1895 年）夏天，马可尼将他的实验设备搬到父亲在蓬切西奥的庄园。那里的地势比较开阔，而且离庄园不远处还有一座小山。他把发射信号的装置放在小山上，然后在自己居住的楼上架起了信号接收天线。这样，他成功地实现了传输半英里（约 0.8 千米）的无线电通信。这次实验被认为是最早的有效的无线电通信①。但是接下来马可尼便陷入了僵局，因为他再也无法进一步增加通信距离。事实上，当时的物理学家预测电磁波也只能传这么远。如果真是这样，那么无线电通信的应用场景就会受到极大的限制。马可尼在改进了无线电的发射和接收装置后，依然没有看到效果。他只能回到问题的原点——是否赫兹最初的天线设计就有问题。马可尼的运气非常好，因为他的猜测恰巧是实验的问题所在。马可尼在改变了天线的形状后，又把天线架高了一些，无线电信号就能传送 2 英里（约 3.2 千米）了。我们千万不要小看这两英里和半英里的差别，因为当距离相差 4 倍时，接收到的信号就会减弱 16 倍。能检测到原来 1/16 的信号，这是一个不小的进步，虽然这离最后的成功还差得很远。

马可尼看到了利用电磁波实现无线电通信的可能性，但接下来的工作就不是仅仅靠父母的资助能够完成的了。于是他写信恳请意大利政府支持自己的科学发明，但是被当作疯子，信也被退了回来。不过，这时马可尼的上层社会家庭背景帮了他大忙。他父母的一位朋友，美国驻意大利的公使对他讲，在意大利发明家是没有任何前途的，他应该去重视科学发明的英国。这位朋友帮助他联系了意大利驻英国大使，后者积极地安排他到英国开展科学研究工作。于是，21 岁的马可尼就在母亲的陪同下，前往他的第二个母国——英国。在英国海关，检察

① 这个时间比波波夫第一次实现 250 米的无线电通信还要早。俄罗斯将波波夫进行第一次无线电通信的时间和马可尼获得专利的时间对比，并声称波波夫更早实现了无线电通信，是毫无说服力的。

人员被他行李中一堆叫不上名字的仪器设备惊呆了。这件事很快让英国邮政总局首席电气工程师普利斯注意到了。这位普利斯先生就是我们前面提到的并不看好电话应用前景的人，但是他对电报情有独钟。当认定马可尼的科研工作有可能实现无线电报时，他便给予了极大的支持。从此，马可尼的研究工作一直得到英国政府的资助。

英国之所以愿意支持马可尼的无线电通信研究，一个重要的原因是它本身的岛国地理条件。如果是一个领土彼此相连的大陆国家，那么建设电报网络或者电话网络是一件十分容易的事情。但是英国本土孤悬欧亚大陆之外，虽然当时有海底电缆和大陆相连，但造价极高。如果能与欧亚大陆实现无线电通信，那么将从根本上解决成本问题。此外英国周围有很多海岛，虽然并非每一个海岛都有居民，但是不少海岛上有灯塔和观察哨，也需要及时地和英国本土通信，而无线电通信显然是最好的解决方案。事实上，马可尼的很多无线电通信实验都是在海岛上进行的（见图 5–7）。不过他的第一次无线电通信实验还是需要在大陆上进行。

1897 年 3 月，就在马可尼到达英国半年后，他在西南部的索尔兹伯里平原上进行了距离 3.7 英里（约 6 千米）的无线电通信实验。这次实验的距离比他在意大利的那一次增加了一倍。这次实验的成功不仅让英国人对他的无线电通信研究有了充分的信心，而且还让他从此得到了英国学术圈的认可。在随后的两年里，马可尼在英国进行了大量实验。如果我们把这些实验一一列出，一张纸都写不下。总的来讲，虽然他也时常遇到失败，但是每过两三个月他就能够给人们带来一些惊喜，因为实验的距离越来越长，范围越来越大——先是在英国

图 5-7　马可尼在英国邮政总局的支持下，在海岛之间进行无线电通信的实验

本土，然后从海岛把消息发回英国本土，继而实现了英国不列颠岛和爱尔兰岛之间的通信，最后跨越英吉利海峡把英法两个国家用看不见的电磁波连接起来。对于这种结果可以预期的研究，政府、投资人、学术界和大众都抱有足够的信心，也对马可尼充满了足够的信任。因此马可尼虽然也需要不断地筹措研究经费，但是很少像特斯拉那样举步维艰。

1899 年 3 月 17 日，马可尼无线电通信研究的实际价值已经完全体现出来了。英国多佛尔的灯塔台收到了 12 海里（约 22 千米）以外东古德温灯塔发出的求救信号，这代表在那里有船只出了事故。多佛尔的海岸救助人员于是派出了救生艇前往出事点救起了搁浅的商船易北号[①]。也就是在这件事情发生的10天后，马可尼实现了英法之间的无线电通信。

和莫尔斯、贝尔以及特斯拉一样，马可尼是一个立志于要把无线电通信技术推广到全世界的人。当时，美国已经取代英国成为世界上最大的工业国，让无线电通信技术进入美国，对马可尼来讲是迟早的事情。1899年秋天，马可尼的技术受到了一位美国金融巨子的关注，他就是大名鼎鼎的J.P. 摩根。

用今天的话讲，J.P. 摩根是富二代，但是他对新技术有着天生的喜好，并且可以算得上是那个时代眼光最好的天使投资人。在他看中的科学家和发明家中，就有大名鼎鼎的爱迪生和这位年轻的马可尼。J.P. 摩根对马可尼无线电技术的关注源于当时将要举行的美洲杯帆船赛。这是一项迄今为止已有两个世纪的传统体育盛事，也是超级富豪在帆船技术上的比拼。和之前的超级富豪范德比尔特以及后来的拉里·埃里森一样，J.P. 摩根也是一个超级帆船迷。他不仅是纽约帆船俱乐部的会长，也是当时卫冕帆船“哥伦比亚号”的首席赞助人。为了把远海帆船赛的结果及早发给报纸，J.P. 摩根决定采用无线电通信技术，于是他看中了马可尼的公司。J.P. 摩根提出以20万英镑的高价购买马可尼在美国的技术专利权，对此马可尼和他的赞助者同意了。但是当J.P. 摩根希望附带上无线电通信在大洋上的权利时，意识到将来洲际通信离不开无线电的马可尼团队便一下子提高了价格。这让他们和J.P. 摩根之间原本有可能达成的合作搁浅了。不过，马可尼依然

---

① Marconi’s Wireless Telegraph by Cleveland Moffett, *McClure’s Magazine*, June 1899, pages 99-112.

如愿以偿地获得了发布美洲杯帆船赛消息的合同，因为当时没有第二个可以替代马可尼的无线电通信合作者。而几十年后，J.P. 摩根留下的 GE 公司（通用电气公司）最终如愿以偿地收购了马可尼在北美的广播公司 RCA（美国无线电公司），这当然是后话了。

或许是 J.P. 摩根的关注让马可尼加快了进入美国的脚步，1901 年，马可尼落脚加拿大，开始尝试跨洋无线电通信的可能性。马可尼之所以选择加拿大，而不是他后来主要生意的所在地美国，主要是因为那里离欧洲更近，这和当初菲尔德选择加拿大的依据是相同的。接下来所发生的，就是我们在本章一开始讲到的情节。

对于马可尼在无线电通信技术上所取得的成功，特斯拉从来没有给予过任何赞誉。早在马可尼成功地实现了跨英吉利海峡通信时，特斯拉给予的评论完全是一种嘲讽的语气："（那是）一个毫无价值的电流损失陷阱，90% 的电能都被浪费了，只是干电池和 1.5 美元感应电圈做出的玩具。"然后他在《纽约新闻报》上讲了自己的想法：

> （将来）纽约人能与全世界任何熟人朋友进行无线电通信……到那时，（用气球）悬在空中的信号塔比家里的电话还普及……你将把 2 000 字的文件（在当时算是很长的电文了）瞬间发到伦敦、巴黎、维也纳……比播电话号码还快。[①]

① Tesla Says, *New York Journal*, April 30, 1899, Tesla Collection 14:97-104.

令我们感到十分吃惊的是，特斯拉当时所描绘的完全是今天无线电通信的场景。但是，正如当时媒体所讲的，这两个发明家（特斯拉和马可尼）只有一点儿微小的区别：马可尼“隔空而谈”，特斯拉“空空而谈”。①

尼古拉·特斯拉（Nikola Tesla）
1856年7月10日—1943年1月7日

开发交流电系统，研究X射线，制造出人造闪电，设计尼亚加拉水电站，发明收音机、传真机、真空管、霓虹灯管、飞弹导航等，这位传奇的塞尔维亚裔绅士，风度翩翩的天才科学家，一生共有约1 000项（一说700项）专利，为世人惊叹，甚至有人猜测他是拥有“特异功能”的“时空穿越者”。
为世界创造了太多惊喜的他于1943年去世，就在同一年，美国最高法院重新认定马可尼1904年的无线电专利无效。
旷世奇才特斯拉的一生，也在传奇中宣告落幕。

为利益而站队

马可尼在完成了跨大西洋的无线电通信后，一路高歌猛进，他在进军北美市场的过程中每一步都走得非常扎实。到 1901 年底，他已经在北美东海岸和欧洲西海岸建起了 20 个无线电海岸站，并且在 70 条船上安装了无线电装置。

1902 年 12 月 17 日，马可尼站在新斯科舍省的格莱斯贝建成，并且开始向大西洋彼岸发射无线电信号。这让加拿大成为美洲第一个实现跨洋无线电通信的国家。当然，在这一年里，更多的无线电基站陆续建成，马可尼将它们逐渐连成一张十分庞大的无线电通信网络。

① Town Topic，April 6，1899，Telsa Collection 10.

1903 年 1 月 18 日，从美国马萨诸塞州的南韦尔斯利附近的一处无线电基站向英国发出了一段信息，传递了美国总统西奥多·罗斯福向英国国王爱德华七世的问候。这是继维多利亚女王和布坎南总统有线电报跨洋通信后，又一个里程碑的事件。

当报纸上满是马可尼的故事时，特斯拉这位曾经的媒体明星忍不住发出讥笑，并且暗示马可尼不过是在拼凑别人的研究成果。特斯拉是这样对众人说的：

> 当我向全世界推出我的系统时，我会让整个技术圈指出它的哪个部分……不是我自己创造的。对于那些卖现成鞋子的人，我佩服他们的小聪明，也祝福他们成功，但是我不会穿现成的鞋子，虽然它们很便宜，却会（让你）长鸡眼，得拇囊炎。①

当然特斯拉不能光赢在嘴皮子上，他还需要做点儿什么，以证明自己的想法比马可尼更好，但是这需要一大笔钱。虽然特斯拉找过他的老伙伴、西屋电气的创始人威斯汀豪斯（西屋和威斯汀豪斯是同一个英语单词的两种不同译法），想与他合伙建立一家新公司，以便共同完成这项十分伟大的事业，但是这一次威斯汀豪斯婉拒了特斯拉的邀请。显然，他对特斯拉的所谓新计划根本没有兴趣，但他还是借给了特斯拉一笔钱。一是因为特斯拉的大功率无线电发射装置需要买西屋的发电机供电；二是因为西屋电气当时正在和汤姆森公司打交流电

---

① Tesla's Wireless Telegraph, *New York Sun*, Jan 16, 1902, Tesla Collection 16:59.

专利的官司，他指望特斯拉能够帮自己出庭做证，因为西屋电气用的是特斯拉的专利。[1]威斯汀豪斯的态度其实很说明问题，那就是企业家已经不像几年前那样看好特斯拉了。

此时的特斯拉没有任何办法，他还需要找更多的投资者来支持自己的科研项目，最后他把目光锁定在 J.P. 摩根身上。

我们前面讲道，J.P. 摩根一直十分关注新的科学技术。自从试图投资马可尼的无线通信项目遭遇失败后，他就一直在寻找替代技术进行投资。早在马可尼实现跨大西洋无线电通信之前，特斯拉就找过 J.P. 摩根，提出一同建立一家新企业，实现跨大西洋的无线电通信。特斯拉知道，做金融生意的 J.P. 摩根需要通过电报获得伦敦的金融信息，因此无线电报技术比远程输电更能打动他。果然，虽然当时正忙于两桩规模空前的并购案的 J.P. 摩根非常忙，[2]但是依然在一个月内会见了两次特斯拉。特斯拉为 J.P. 摩根描绘了一幅十分动人的市场情景：

> 利用上亿伏的电压、数十万千瓦[3]的电能，取代长而昂贵的

---

① Decision in Favor of Tesla Rotating Magnetic Field Patents, *Electrical World and Engineer*, Vol 36 (Sep 8, 1900), page 394-395，Tesla Collection 15: 87-88.

② 那段时间，J.P. 摩根正在和洛克菲勒、詹姆斯 · 希尔、爱德华 · 亨利 · 哈里曼这三位商业巨子建立美国最大的铁路托拉斯——北方证券公司，同时他还要和卡内基一同建立美国最大的钢铁托拉斯。

③ 当时特斯拉说的是数十万马力。那时全世界还没有统一的功率单位，因此常常用马力而不是用千瓦来衡量发电机的能力。由于 1 马力相当于 0.735 千瓦，因此，数十万千瓦和数十万马力是同一数量级的概念。

电缆，可以确保建立跨大西洋的电报通信站，甚至跨太平洋的电报通信站。

至于工程所需费用和实施建设的难度，特斯拉做了一个极为乐观的估计。横跨大西洋的无线电通信只要 10 万美元，建设时间只需要 6~8 个月。至于跨太平洋的通信，只要 25 万美元。在讲完庞大的跨洋无线电通信计划后，特斯拉还对 J.P. 摩根说了很多溢美之词。他说："重要的是，我是在和一位伟人打交道。"[①]

J.P. 摩根虽然不懂无线电通信的技术细节，也搞不清楚马可尼在一年前是如何实现跨英吉利海峡通信的，更没有足够的专业知识来判断"上亿伏的电压、数十万千瓦的电能"根本就是在传输电能而非信息，但是他算账还是十分清楚的。如果传一份电报需要用数十万千瓦的发电机提供电能，成本可比当时他正在使用的海底电缆贵多了。因此，好几个月下来，J.P. 摩根完全没有和特斯拉进入实质性的合作商谈阶段，这和当初他很快和马可尼的团队达成 20 万英镑专利授权的初步协议形成了十分鲜明的对比。在 1900 年底到 1901 年初的几个月间，特斯拉给 J.P. 摩根写了很多封信，每封信的文字都热情洋溢，而且尊称对方为"伟人"。但遗憾的是 J.P. 摩根正忙于建托拉斯，特别是美国钢铁托拉斯，那可是价值 10 亿美元的庞大计划，相当于美国当年 GDP 的 5%。因此，他没工夫考虑特斯拉的建议。

不过特斯拉是一个为了实现理想十分执着且从不气馁的人。他在

---

① 参见 1990 年 11 月 10 日特斯拉给 J.P. 摩根的书信。

J.P. 摩根和卡内基完成了合并谈判后立即给对方写了信，并且承诺将未来 51% 的收益给对方。这一次不知道是触动了 J.P. 摩根的哪根神经，他在美国钢铁托拉斯成立的第二天就慷慨地给了特斯拉 15 万美元，比特斯拉要的资金数目还多了 5 万美元，或许是那桩成功的并购生意让他过于兴奋。

这样，就在马可尼到达加拿大开始做跨洋无线电通信实验不久之后，特斯拉也开始实施自己的庞大计划，其核心是搭建一座 22 米高的无线输电塔沃登克里弗塔。按照特斯拉的想法，它将把 4.4 万伏、20 万赫兹的高频交流电无损耗地输送到远方。在空中，它将通过大气输电（特斯拉一直拒绝承认电磁波是一种波），然后利用大地作为回路，构成一个完整的电路。今天，只要学过中学物理的人都知道，这套想法是行不通的，遗憾的是当时的人们并不清楚这个道理。J.P. 摩根就这样被特斯拉拉上了船，他会偶尔了解一下特斯拉的工作进展，但从来没有得到过让人满意的答复。

1902 年对 J.P. 摩根来讲可谓流年不利，新上台的西奥多·罗斯福总统以反垄断的名义把他好不容易整合成立的铁路托拉斯北方证券公司告上了法庭，J.P. 摩根等人后来输掉了官司。或许是在北方证券公司上的失利，让 J.P. 摩根决定在新兴产业中试试自己的运气，于是他同意了特斯拉创建一个新公司，并募集 1 000 万美元巨资的宏伟计划。不过鉴于过去特斯拉喜欢在媒体上打着 J.P. 摩根的旗号做宣传，这一次后者严禁他这么做。此时的特斯拉或许还没有意识到，他在投资人心中的地位已经不像 10 年前那样高大了。这一次，1 000 万美元的融资计划居然连一分钱都没有融到，特斯拉为此感到十分愤怒。他向

J.P. 摩根抱怨道，他要大家投资 5 000 美元，大家都害怕；如果开口说出 5 万美元，大家装肚子疼都跑了。[①]

融资的失败让特斯拉的庞大计划搁浅了。此时的特斯拉，屋漏偏逢连夜雨，欠老朋友威斯汀豪斯的几万美元已经到期，大量的律师费和合伙人的钱还没有支付。这一次他只好再一次非常谦卑地去恳求 J.P. 摩根。J.P. 摩根问，他之前的 15 万美元是怎么花掉的。特斯拉抱怨道："摩根先生，你在商业界掀起了巨浪，也波及我的小船，先是价格涨了两三倍，然后又一落千丈，这主要是你激起的大浪所致。"[②]这之后 J.P. 摩根到死都没有再理会特斯拉。

今天很多人都觉得这是 J.P. 摩根作为资本家残酷的一面，事实上，换其他人处在 J.P. 摩根的位置上，恐怕也会做出同样的决定。没有人希望自己的银子被别人拿去打水漂，比如，J.P. 摩根投资特斯拉的 15 万美元就没有获得任何收益。虽然 J.P. 摩根非常喜欢投资新技术，但他从本质上喜欢的是像爱迪生和马可尼所研究的能够看得清未来发展趋势的新技术。作为人类历史上最精明的投资人之一，J.P. 摩根非常懂得及时止损的必要性。

此时，曾经多次遭到特斯拉无情讥讽的马可尼无线电报公司却发展得非常平稳。从 1904 年起，它将无线电通信用于商业服务，向订购了电信服务的各种商船发送新闻摘要。1907 年 10 月 17 日，马可尼开通了爱尔兰的克利夫登和加拿大的格莱斯湾之间的跨大西洋无线电

---

① 参见 1903 年 7 月 3 日特斯拉给 J.P. 摩根的书信（存于国会图书馆）。

② 参见 1903 年 4 月 22 日特斯拉给 J.P. 摩根的书信（Herbert Satterlee. *J.P.Morgan*，Mac Millan，1939）。

报服务，并且致力于提供更可靠的通信系统服务。此后他在世界各地办起了很多家无线电公司。1909 年，35 岁的马可尼获得了诺贝尔物理学奖，得到了全世界学术界的认可。虽然后世一些人批评马可尼那一段时间有些保守，只是用无线电开展电报业务，但是当 1915 年 GE 公司开始生产真空三极管之后，马可尼利用它迅速地推出了无线电广播服务。从此，人类进入了收音机时代。马可尼在商业上为美国和英国都留下了十分丰厚的遗产，美国著名的 RCA 公司前身以及英国著名的 BBC 公司（英国广播公司）前身，都是马可尼一手创办的。学术和商业上的成功，让马可尼这个名字永远和无线电联系在了一起。

与幸运儿马可尼相比，特斯拉命运多舛。在没有了美国企业家的支持之后，特斯拉的祖国塞尔维亚没有忘记他。塞尔维亚成立了特斯拉协会，每个月定期给他提供不菲的资金支持。1911 年，特斯拉的机会终于又出现了。当时德国人为了全面和英国人竞争，办起了自己的无线电报公司——德律风根旗下的大西洋通信公司。为了刺激英国人，德国公开宣布特斯拉是无线电的发明人，然后聘请特斯拉做技术顾问。

到了第一次世界大战期间，英国干脆切断了德国出海的海底电缆。此时的德国和当时依然是中立国的美国之间只剩下大西洋通信公司的无线电报通信。而且，英国决定连德国这条唯一的信息通道也一刀切断，于是让马可尼公司在美国起诉大西洋通信公司，理由是后者侵犯了马可尼的技术专利。德国当然不会善罢甘休，请了与马可尼一同获得诺贝尔奖的卡尔·费迪南德·布劳恩（Karl Ferdinard Bruun）在内的阵容强大的辩护团队和英国打官司。而且，特斯拉这次也作为德方的技术顾问参与了和马可尼公司的诉讼。

这次原本和特斯拉没有太多关系的诉讼给了他启发。于是，他对马可尼的专利诉讼提起了反诉，质疑马可尼在 1904 年所获得的重要的美国专利是否有效。原本这场官司特斯拉不会有什么获胜机会[①]，但是马可尼公司的一个决定让这场官司出现了反转。当时由于“一战”的爆发，美国就直接广泛地使用了无线电通信技术。于是马可尼公司开始诉美国政府侵权，而美国政府要想赢得诉讼，就必须否定马可尼的专利。这场官司一直打了几十年，最后打到最高法院。1943 年，最高法院裁定马可尼 1904 年的专利无效，理由是特斯拉等人曾经提出过类似的想法，而这时特斯拉和马可尼都已经去世了。

性格决定命运

后世一些人认为对马可尼专利的裁决似乎把“无线电之父”的头衔还给了特斯拉。其实，稍微有点儿专利法常识的人都知道，马可尼的专利是否有效和发明无线电的功劳能否给予特斯拉是两回事。将电磁波技术用于信息传输有很多工作要做，而这绝大部分都是马可尼完成的。

我们不能否认，特斯拉在无线电方面是有一定贡献的，但其贡献主要体现在通过高频交流电路产生电磁波方面，而不是无线电通信方面。在特斯拉之前，法国人布兰利和英国人洛奇已经发明了电磁波的检测和接收器。再之前，赫兹无疑是验证电磁波的第一人，因此今天

① Tesla Sue Marconi on Wireless Patent，*NYT*，Aug 4，1915.

德国人一直把赫兹作为“无线电之父”。如果一定要再往前推，前面还有麦克斯韦，而麦克斯韦前面还有法拉第……这样就没完没了了。通常，人们是将发明的荣誉给予最后一个发明者，因为他给发明画上了完整的句号。具体到无线电的发明和普及应用，马可尼和他的公司在历史上功不可没。他们诉美国政府这个官司最后的判决结果，更多地体现了各方站队的结果，而不是是非判断。不幸的是，马可尼公司无意之间将美国政府推到了自己的对立面。

马可尼晚年满载着荣誉和财富回到了故乡意大利，成为那里的英雄，甚至被封为侯爵。当然，相比他为我们这个世界所做的贡献，他所得到的荣誉和财富显得那么微不足道。

特斯拉在随后的半个多世纪里都不受美国人的关注。实际上，美国人一直喜欢像爱迪生、贝尔和马可尼这样的发明家，因为他们走完了发明的全过程，并且用自己的发明改变了人类的生活。进入 21 世纪后，美国人又谈起了特斯拉以及那些在电话、电报等各个领域失败的发明家，这主要是因为思想文化上的改变，人们愿意更多地关心弱势群体以及那些失败的英雄。具体到特斯拉本人，他应该感谢那家用他的名字成立的电动汽车公司，因为绝大部分人是通过特斯拉汽车知道有这么一个人的。

对比马可尼和特斯拉的命运和结局，正应验了那句老话——性格决定命运。马可尼出身名门，有着极为丰富的社会资源。同时，他知道如何同每一个人打交道，而且做事情脚踏实地。虽然有时显得十分保守，但是他像猎豹一样匍匐着等待合适的机会。一旦寻到商机，就会迅速出击。马可尼的一生基本上只做了两件事，无线电通信和无线电广播，但是这两件事的影响都是巨大的。在做事风格上，马可尼总是内紧外松，对外宣称不可能，对内却加紧研究，寻求突破。

其实，特斯拉才是我们今天所说的逆袭者的代表。他是一位不世之才，想象力极为丰富。他有无数的神奇想法，但遗憾的是，绝大部分都只是开了头，而没有结尾。这其实是希望通过逆袭获得成功的人所普遍存在的性格弱点。因为他们需要很多次成功才能达到目的，而且一次失败就有可能让他们重新回到原点。遗憾的是，这样高频率失败的做事风格，很容易将之前成功所带来的信誉消耗殆尽。特斯拉恰恰又是一个爱轻易做出承诺的人，而他的那些承诺又过于庞大，难以实现。1903 年，美国通用电气公司著名的工程师劳伦斯·霍金斯这样评论特斯拉："十年前，如果在这个国家（美国）做一个民意调查，问谁是最有前途的电气工程师，答案无疑会是尼古拉·特斯拉。而如今，他的名字最多只会引起人们的感叹：可惜如此大好前途竟未能实现。十年间，科学媒体的态度从欣赏、期望转到善意的玩笑，并最终转到怜悯、沉默。"

• 本章小结 •

马可尼和特斯拉的竞争其实是两个不同时代、两种不同思维方式的竞争。在特斯拉看来，电磁波是传输能量的媒介，而在马可尼看来，它是传递信息的媒介。特斯拉生活在需要动力特别是电能的第二次工业革命期间，而马可尼生活在信息产业刚刚起步的时代。对同一事物的不同看法，导致了两个人不同的人生命运。

无线电的出现一方面直接催生了广播产业和后来的电视产业，而且后者很快就超过报业成为最大的传媒产业。另一方面，无线电也使信息有了随时随地传输的可能性。今天无线电又催生了我们离不开的移动通信服务。

第六章

声光影的记录和复制

1864年冬天，北美的五大湖地区特别寒冷，湖面、河面和路面都被厚厚的白色冰雪覆盖，道路不通。隔湖相望的两个城市——美国的休伦港和加拿大萨尼亚之间的交通被阻断了。祸不单行，休伦湖底的电报电缆也被水冲断了，而且在那样恶劣的天气条件下根本无法修复。至此，两个城市的联系彻底中断。很多人想尽办法试图恢复通信，但是都不可行。这时一位17岁的少年说，他有办法，不过他需要一辆火车头。此时的人们实在想不出其他可行方案，只好死马当作活马医，让这个少年试一试。

铁路局长批给少年一辆停靠在休伦港车站旁的机车。这位少年爬上去拉响了汽笛，向对面的加拿大发送莫尔斯电码。对面加拿大的人听到这奇怪的汽笛声，都停下了脚步隔岸倾听。很快，一位电报员听出，这奇怪的汽笛声发送的是莫尔斯电码。于是这位电报员也跳上铁道边上的一辆机车，用汽笛回答那位少年。就这样，两个城市恢复了通信。

这位少年就是托马斯·爱迪生，美国历史上最负盛名的发明家之一。虽然爱迪生最著名的发明是便宜而寿命长的电灯，但是他的发明生涯其实是从改进电报开始的。

托马斯·阿尔瓦·爱迪生（Thomas Alva Edison）
1847年2月11日—1931年10月18日

对大部分人来说，爱迪生这个名字都不陌生，除了改进电灯之外，他还发明了留声机、电影摄像机、镍铁碱性蓄电池等，是举世闻名的“世界发明大王”。

“他是一位伟大的发明家，也是人类的恩人。”美国第31任总统胡佛曾这样评价爱迪生。

让声音被留存和广播

这次小试牛刀，让爱迪生在火车站得到了一份发报员的工作。发电报对爱迪生而言是一个非常容易的工作，他的发报十分迅速，工作之余有很多的空闲时间。他就时常琢磨如何改进电报。几年后，爱迪生办起了自己的研究所，开始着手改进电报系统。他在这个领域有多项技术发明，包括多路电报系统等。

在这些发明中，有相当多的电报发明专利后来授权给了贝尔，其中有一项改进电报的发明爱迪生自己一开始也没有太留心，但是后来它成为信息史上一项非常重要的发明——留声机。

爱迪生在做电报员时，发现大量的电报内容其实是重复的，这就如同我们今天在各种即时通信工具中经常讲的就是那么几句话。比如，当时电报中经常传输的信息包括天气预报、商品价格、简单问候等。于是，爱迪生突发奇想：能否将收到的电文信号（脉冲信号）记录下来，以后再发同样的信息时，直接把记录电文信号的纸塞进发报机发送即可，这样发电报就能省出很多时间。

在爱迪生之前，法国发明家爱德华-莱昂·斯科特（Edouard-Leon Scott）曾经把喇叭的振动膜连到鬃毛上，鬃毛就像毛笔一样在纸上画下声音的振动。虽然斯科特的这个设备画出来的波动图人们是很难识别的，但是也不失为一种对声音的记录方式。爱迪生在改进电报时所用的记录信号的方法和斯科特的发明差不多，但是就算记录下来声音的波动图，也没有什么实际的用途。1877 年，在贝尔发明电话之后，爱迪生开始意识到这种设备或许能够记录下声音，然后在电话中找到应用的场景。于是他和约翰·克鲁齐（John Kruesi）研制出了一种装置：使用一根针将声音记录到裹在圆筒外面的锡箔纸上，然后用另一根针沿着锡箔纸上的划痕走动，再利用指针的振动来控制扬声器，最后把声音回放出来。当时，爱迪生制造的这种装置其实相当粗糙，几乎不能清晰地记录和回放人的语音，但是能够把音高、韵律大致记录下来。于是，爱迪生用它录制了一首童谣《玛丽有只小羊羔》，然后用扬声器把它的韵律播放了出来。爱迪生称这种装置为 phonograph，即“声音”和“图片”两个单词的合写，这个词和这种装置的工作原理是一致的。我们虽然今天将它翻译成“留声机”，但

图 6-1　托马斯·爱迪生与他早期发明的留声机

这个词中并没有“留下声音”的意思。这年年底即在圣诞节的前一天，爱迪生为这项发明申请了专利。

早期的留声机只能算作一种好玩的玩具，大家都很喜欢，称之为“会说话的机器”。这项发明让爱迪生获得了媒体广泛的赞誉，但是，大家找不出它有什么实际的用途。虽然爱迪生很快获得了相关的专利，但没有人对这项专利感兴趣，就连爱迪生自己也不觉得留声机能够拿出去卖，因为它录制和播放的声音不清晰。当时人们并不太清楚人的语音或者复杂的音乐中都包含了什么信息。在之后的将近 10 年里，爱迪生虽然不断地改进留声机，并因此取得了 100 多项相关专利，但是这些从来不是他关注的焦点。爱迪生是一个非常具有商业头脑的发明家，他很在意一项发明的商业前景，因此根本不会花精力去推广那个音质不太好、用几次就坏的留声机。这和他大力推广照明系统形成了鲜明的对比。不过，在研究录音和扬声装置的过程中，爱迪生不断地改进扬声器的话音质量，并且将很多的专利授权给了做电话的贝尔。虽然贝尔对留声机比较感兴趣，也改进过爱迪生发明的留声机，但是效果也不是十分理想。

要制造出一种实用的、大家真正愿意购买的留声机，就需要搞清楚声音中到底包含了哪些信息，然后将它们不失真地记录下来；同时，还需要把记录下来的声音信息大量复制，卖给大众。

早在 17 世纪，伽利略就发现声音和振动相关，这种机械振动在空气中以波的形式传播，传入我们的耳朵，就是声音。振动的频率越高，我们听到的声音就越高，人们甚至可以通过调整琴弦振动的频率，发出不同的音高。但是人们并不知道为什么每一个语音听起来都不一样，为什么 a 听起来是 a，不会是 o。到了 19 世纪初，法国数学家和流体力学家让 · 巴普蒂斯 · 约瑟夫 · 傅立叶（Jean Baptiste Joseph Fourier）发明了傅立叶变换，它可以将任何波动信号变成很多单一频率的波动信号（正弦波）的组合。这其实揭示了各种复杂声音的本质，就是各种单一频率声音的组合。a 的声音和 o 的声音里面都包含了很多相同频率的波动信号，但是它们的组合方式不同。a 在某个频率上音量特别大，而在另外一些频率音量特别小；相反，o 在另外一些频率上音量比较大，因此它们听起来并不相同。要想清晰、完整地记录声音的信息，记录声音振动的仪器就需要足够精确地把不同频率声音的变化都记录下来。同样，要想让扬声器播放的声音十分逼真，就需要它振动的频率范围和人发音的频率范围一致。爱迪生其实仅解决了第二个问题，但是没能很好地解决第一个问题，即他不能准确地把这种频率的声音都记录下来。

解决第一个问题的是一位美籍德裔发明家埃米尔·贝利纳（Emile Berliner）。1870 年，19 岁的贝利纳为了躲避普法战争，随父母全家移民到了美国。贝利纳刚到美国时干的是收入最低的工作，包括洗碗和送报。但是出于对发明的兴趣，他很快就在电话和留声设备研发方面崭露头角。他改进了电话话筒并因此获得了专利。这个专利被贝尔买走，随后他也就顺理成章地成为贝尔电话公司的一名工程师。

1886 年，贝利纳开始研究留声机。他把一个圆盘均匀地涂上石蜡，然后用一根针在石蜡上记录声音的振动。由于圆盘的旋转比圆筒要稳定许多，而且坚硬的细针在石蜡上划过时可以准确地记录下各种频率声音振动时的细节，因此贝利纳研制的留声机从一开始声音质量就比爱迪生的好很多。更重要的是，圆盘很容易生产，这种留声机记录声音的材料成本要比爱迪生的低得多。

埃米尔·贝利纳（Emil Berliner）
1851年5月20日—1929年8月3日

如果你是一位古典音乐发烧友，那么一定听过德意志唱片公司的鼎鼎大名。这家公司成立于1898年，是世界上最早的古典音乐厂商，它的创始人正是唱盘留声机的发明者——埃米尔·贝利纳。
贝利纳是出色的发明家兼企业家，是当之无愧的“唱片之父”。到目前为止，世界最知名的几大唱片商标几乎都与他有关联。

爱迪生是一个在发明权方面从不让步的人。他和贝利纳打了一场旷日持久的官司并且最终获胜。然而，他的那种圆筒式留声机虽然后来也改进了声音质量，但实在不便于普及，很快就在市场上消失了。在和爱迪生打官司期间，贝利纳在柏林开办了一家唱片公司，这就是著名的德意志留声机公司（Deutsche Gramophone）。直到今天这家公司的黄色商标，依然被音乐发烧友视为唱片高品质的象征。

贝利纳还发明了一种大量复制唱片的方法。他在圆形锌片上涂上石蜡，在录音时，声音振动控制的录音针就会划去锌片上的石蜡，然后将锌片用酸腐蚀，被划掉石蜡的部分就会被腐蚀出声道。这样就得到了唱片的母盘，之后就能大量地复制唱片了，唱片的成本低到工薪阶层的家庭完全能够支付得起。

进入 20 世纪后，马可尼在无线电报上的成功让一些发明家开始尝试使用无线电传输语音和音乐信号。人们将声音的频率和振幅加载到固定频率的无线电波上，并随着无线电波一同被发送到远方。在接收端，接收机再将声音信号从无线电波中分离出来。1906 年 12 月，美国发明家和企业家雷金纳德 · 费森登（Reginald Fessenden）开始了无线电广播业务，播放音乐和一些音频节目。但是由于没有很好的接收机，这种广播失真严重，而且一台接收机只能接收很低频率的信号，因此也无法普及。

人们在进行无线电广播时认识到，在信息传输中存在一个必须解决的大问题，那就是信号的失真和被干扰。虽然在进行有线传输或者无线电报发送时，信息失真的问题也普遍存在，但是大家对它的认识只局限于信号“足够好”或者“不太好”。如果是前一种情况，大家就认为此时能够进行通信；如果是后一种情况，大家就认为此时通信中断了。但是到了无线电广播时，人们就会发现，尽管收到的语音能够辨识，但是和讲话人的语音听起来完全不同。至于被干扰，有线通信是不容易被干扰的，因为每个设备之间都有自己专用的线路。但是无线通信则不同，电磁波在经过大气时，会被自然界本身的电磁波干扰，接收到的信号中混有大量噪声，有些时候噪声甚至比信号还强，以至无法准确辨识信号。那时还没有关于信息失真和噪声的理论，我们今天常说的失真率、信噪比，都是在信息论出来之后才被普遍接受的概念。当时的工程师只能靠摸索来消除失真和噪声的影响，但是效果并不理想。

这种情况在两个发明出现之后才得到有效改变：一是 1907 年美国科学家李 · 德福雷斯特（Lee DeForest）发明了电子三极管；二是 1917 年法国发明家吕西安 · 莱维（Lucien Lévy）提出了超外差式接收原理。之后，马可尼及时地将业务转到无线电广播上来。他在英美等国迅速地建立起了无线电台，并且在全世界销售收音机。1920 年 6 月，英国马可尼公司利用广播转播了音乐会的盛况。同年，美国西屋电气公司的广播站利用广播报道了总统选举的情况。

留声机和无线电广播的出现极大地丰富了人们的生活，大众可以借助它们欣赏高水平的音乐和文艺节目，同时，人们获取信息的方式也从阅读报刊书籍逐渐变为听广播。当然，人类也从此开始记录文字以外的信息。今天，我们能够听到丘吉尔在二战时的精彩讲演，马丁 · 路德 · 金在半个世纪前呼吁人权平等的声音。那些声音所传达给人们的信息，不仅包括讲演的文字内容，还有他们丰富的情感。这是在留声机出现之前人们完全不可想象的。

当然，对人类来讲，更丰富的信息是在图片中。

“我抓住了光，我捕捉到了它的飞行”

1945年8月14日傍晚[1]，日本无条件投降的消息传到美国，整个美国都沸腾了。纽约的人们纷纷涌向时代广场庆贺战争的结束。一位海军士兵难以抑制自己喜悦的心情，搂住路过的一位护士小姐就亲吻起来。这个场景被当时在场的两位记者捕捉到了，他们用手边的徕卡相机记录下这一令人难忘的历史性时刻。一张照片的表达力胜过千言万语。在人类付出了近一亿人的生命代价之后，和平终于再次回到了这个世界上，这种发自内心的喜悦是难以用文字形容的。时过境迁，今天我们大多数人虽然没有经历过那场战争，但依然能从这些精彩的照片中深刻地体会到当时人们狂喜的心情。

世界上的任何事情，只要发生过，就会留下或多或少的痕迹。对于这些痕迹的记录，以前只有笔。虽然也有绘画，但是绘画无法在瞬间完成。因此很多描绘历史性大事件的名画，都是画家后来参考文字记载，然后凭借自己的想象创作的。那些画作再现了当时人们所能够看到的一些视觉信息，画家也难免会按照自我意愿对信息内容进行添加或者删改。比如，反映美国独立战争最著名的油画《华盛顿横渡特拉华河》，就有多处和历史事实完全不一致。比如，华盛顿身边的詹姆斯·门罗（美国第五任总统）当时根本就不在船上，甚至画作中还出现了当时并不存在的星条旗。这些都是画家在半个多世纪后凭自己的想象加进去的。这种人为因素，让绘画很难做到真实地记录历史事实。

要做到对真实画面的记录，就需要发明一种仪器来自动地进行

---

① 当时已经是8月15日的白天，但是由于时差影响，美国当时依然是8月14日。

记录，而不是人们主观地进行绘制。这种仪器就是我们今天所说的照相机。当然，要想得到照片，光有照相机是远远不够的，还需要一整套工艺，将照片处理冲洗出来。这一整套的工艺流程，被称为摄影术（照相术）。

今天，法国科学院确认的摄影术发明人是法国艺术家路易-雅克-马克·达盖尔（Louis-Jacques-Mandé Daguerre）。和很多重大发明的荣誉给予了最后一个发明人一样，达盖尔是摄影术的最后一个发明人，而非第一个。在他之前另一名法国人约瑟夫·尼塞福尔·涅普斯（Joseph Nicéphore Nièpce）已经在 1826 年拍摄出一张永久性的照片。但是涅普斯使用的装置与后续处理技术和后来大家普遍使用的摄影术没有什么关系。再往前，针孔成像的原理在中国古代的《墨子》中就有了相关记载，但是我们显然无法把发明摄影术的功劳给予墨子。达盖尔和前人所不同的是，他不是设法得到一张照片，而是发明了一整套设备和一系列工艺流程。这就使得我们能够通过摄影术记录下真实的场景信息，并且能够以照片的形式完美地呈现出来。

达盖尔发明摄影术，并不是仅仅为了记录信息，而是为了能够取代当时十分流行的肖像油画。达盖尔本人是一位非常著名的建筑设计师和全景画家。他发明了建筑绘图的全景透视法，也就是从两个（或多个）视角来观察一个三维的对象（比如一栋大楼），然后将它画在同一个画面中。这和布鲁内莱斯基所发明的单点透视法不同。当时画一幅油画要花很长时间，如果要在户外绘画，更是一件十分困难和艰苦的事情，因为人们还没有发明出牙膏管装的油画颜料，一罐一罐的颜料既不好携带，也不便于保存。因此，达盖尔就想，如果能够发明一种方法自动地将所看到的图像“画”下来，这样可以省去一笔一笔画油画的麻烦。当得知涅普斯用很复杂的方法得到了一张可以永久保存的照片后，达盖尔就找到他决定一起合作研制摄影术。涅普斯则看中了达盖尔在绘画界的巨大影响力，作为出版商的他希望能够借此卖出更多的画册，于是便十分畅快地答应了。虽然一开始两个人是各取所需，目的不同，但是因为目标一致，合作也算顺畅。然而不幸的是，当时已经 64 岁高龄的涅普斯没过几年就去世了，而他们在摄影术方面的研究才刚刚开始。接下来达盖尔只好自己一个人继续摸索研究。

涅普斯最早是用沥青作为感光材料。因为沥青在强光的照耀下会逐渐变硬，这样就能够把摄影对象的轮廓迅速地描下来，但这样照相至少要在阳光下曝光几个小时甚至长达几天。一个偶然的机会，达盖尔了解到 100 多年前化学家所发现的银盐具有感光的特点，将银镀在铜版上，然后在碘蒸气中形成一层碘化银，碘化银在感光后就会在铜版上留下影像。这和后来胶卷上涂溴化银的原理是一样的。达盖尔用这种方法将原来涅普斯需要几个小时才能完成的曝光过程缩短到了几十分钟，后来又缩短到几分钟。1838 年末（或者 1839 年初），达盖尔将他的照相机摆在自己家的窗口，拍了一张街景照片——《坦普尔大街街景》（见图 6–2）。

这张照片拍摄得非常清晰。达盖尔在处理完照片后，极其兴奋地对人们说：“我抓住了光，我捕捉到了它的飞行！”他的这个说法非常形象。这是人类第一次发明实用的、以图片方式记录现实景象的技术。

在这张照片中，这条大道显得非常寂静，但实际上在达盖尔拍照时大道上车水马龙，人来人往，熙熙攘攘，非常繁华。照片之所以没

图 6-2 《坦普尔大街街景》

有能够记录下这些人和车辆是因为曝光的时间长达 10 分钟之久，移动的人和车辆只能留下淡淡的阴影。当时莫尔斯看到照片中的巴黎街头居然没有人，感到非常吃惊。今天的摄影家依然采用这种长时间曝光的手法来滤除闹市中过多的闲人。不过如果你仔细地观察这张照片，就会在左下角发现一个擦皮鞋的人。由于他一直站在那里不动，因此被拍了进去。这个人成为被摄影术记录下来的第一个人。

从 1717 年德国人约翰·海因里希·舒尔策（Johann Heinrich Schulze）发现银盐的感光效果，到达盖尔用这种原理记录下影像，中间经过了一个多世纪的时间。[①] 为什么在这么长的时间里没有人想到用

① 通常这个年代被误认为是 1725 或者 1727，但根据舒尔策 1719 年发表的原文（参见：http://digitale.bibliothek.uni-halle.de/vd18/content/pageview/4921254.），实验是在 1717 年进行的。

银盐感光的性质来记录影像呢？因为这项技术虽然原理并不复杂，但是要变成一个可以记录影像的工艺过程却不是那么简单。银盐感光背后的原因是它们在光照下会分解，其中的银会以细微的粉末状出现，这就是人们在感光铜版上看到的黑色部分。但是这些银粉一碰就掉了，不可能形成一张能永久保存的照片。而且由于被感光部分是黑色的，未被感光的部分是白色的，和我们眼睛所看到的景物亮度正好相反（它们也被称为负片），所以我们难以直接欣赏，还需要想办法把它还原成我们肉眼所习惯看到的照片。这个记录和还原图像的过程有很多环节而且非常复杂。达盖尔最为了不起的地方，就在于他不只是简单地发现了一种记录图像的现象，或者一个照相机，而是发明了一整套记录图像信息的工艺过程。特别是在成像之后需要用水银和食盐在铜版底片上进行显影和定影。这个过程有很多复杂的技术难题，都被达盖尔成功地解决了。今天“银版摄影术”（又称为达盖尔银版法）一词，就是以他的名字命名的。

在发明摄影术后，达盖尔曾经尝试着找过一些投资人，欲将摄影术商业化。但是投资人都非常不看好这项技术，因为他们普遍认

路易-雅克-马克·达盖尔（Louis-Jacques-Mand é Daguerre）
1787年11月18日—1851年7月1日

记录下真实的影像，将彼时的美好场景长久留存——摄影技术，载着人类几千年来如梦幻般的希冀越走越远，一步步帮我们达成所愿。
达盖尔出生于法国，学过建筑、戏剧设计和全景绘画，在舞台幻境制作领域声誉卓著。1839年，他宣布达盖尔摄影法获得了圆满成功，从此，作为摄影术的最后一个发明人，他便以银版摄影法发明者的身份为后人所知。

为，拍出来的黑白照片远远比不上色彩丰富的油画。另外，由于当时拍一张照片需要十几分钟的曝光时间，在拍摄肖像时为了保证人像的清晰，需要把人固定在背后的支架上，因此照片中的人都显得十分呆板，更无法摆姿势。基于这样的意见反馈，达盖尔决定将这项摄影术免费送给法国科学院。随后法国政府又将它作为“给世界的礼物”免费提供给世界各国使用。这让摄影术在世界各国迅速地得到了普及，并且不断地得以改进。在达盖尔发明摄影术后的半个世纪，曾经在欧美十分繁荣的肖像画产业基本上消失了，取而代之的是照相馆。

早期的摄影术有很多缺陷，比如曝光时间过长，底版太过笨重，后续冲印照片的工艺太复杂等，而且水银有毒。这让摄影的门槛太高，不可能应用于大众市场。这些疑难问题，经过很多发明家的共同努力，花了大约半个世纪的时间才被完全解决。其中特别值得一提的是德国的光学仪器公司福伦达（Voigtlander）和美国的发明家乔治·伊斯曼（George Eastman）。

摄影所需要的曝光时间太长，主要原因有两个方面：一是早期的镜头光圈太小，二是底版的银盐涂层太密。前者使得进光量太少，后者则要求完成曝光的所需光线总量足够多。由于曝光的光线需求量大，而且单位时间进来的光线又少，曝光时间自然就会变长。要缩短曝光时间，首先要从这两个方面入手。

大家可能会问，为什么不把光圈做得大一点儿？因为那样拍摄出来的照片边缘容易变形。大家不妨用放大镜看书试一试，除了中间的字比例形状正常外，周围的字全被扭曲了。既要做到让光圈变大，又要让图像不变形，就要用很多的凸透镜和凹透镜组合在一起，来弥补和修正图像。1840 年 1 月，福伦达公司运用数学公式进行了精密的计算，制成了变形极小的大光圈镜头和照相机。这项技术的改进让照相机的进光量增加了大约 14 倍，也就是说原本需要曝光 15 分钟的摄影过程，1 分钟就能完成。至于减少曝光所需的光线总量，以及制造便于携带的摄影材料，主要是由伊斯曼等人完成的。伊斯曼将更加敏感的感光材料——溴化银粉末涂到透明的硝化纤维素薄膜上，然后对这个薄膜进行穿孔，这就是我们后来使用的透明胶卷。这种胶卷不仅使用更少的光就能完成曝光，而且便于携带、安装、使用和保存。更重要的是，密封的胶卷可以送给专业的冲印人员进行后期处理。后来伊斯曼创立了著名的伊斯曼 · 柯达公司，它不仅生产胶卷，而且冲印照片。当时该公司提出了一句在广告史上非常有名的广告语——“你只需按快门，其余的我们做”（You press the button, we do the rest.）。“柯达”一词其实就是一个象声词，即按动快门时“咔嗒”的那个声响。

今天我们运用信息论，很容易解释福伦达和伊斯曼 · 柯达成功的本质——它们的发明极大地拓宽了信息传输通道的带宽。用一张照片记录真实世界里的景象，无论是人物还是风景，其本质是将光线照射到景物后反射回照相机中的那部分光记录下来。这就是达盖尔所说的“捕捉到光的飞行”。真实世界里的一个点，对应照片中的一个像素。在胶片的时代，这些像素是由一粒粒细小的银盐构成的，而今天它们是半导体传感器上的像素点。无论使用哪一种方式来记录信息，一张大小尺寸固定、像素密度固定的照片所要记录的信息量是特定的，而传递信息的媒介则是光。照相机镜头的光圈，决定了传递信息通道的带宽。光圈越大，通道越宽，信息传输得越快，在较短的时间就能完成曝光。同样，改进感光底版，实际上是提高了感光材料颗粒感光的速度，也就是提高了记录信息的速度。特别值得指出的是，达盖尔所发明的银版摄影术是在底版上直接进行显影和定影，因此一张底版只能生成一张照片，这就让信息无法大量传播。而伊斯曼的胶卷摄影采用的是达盖尔之后英国人亨利·福克斯·塔尔博特（Henry Fox Talbot）所发明的卡罗式摄影术原理，在完成显影和定影之后，可以用底片无限制地复制照片，这就让图片信息的复制成为一种可能。

摄影术的出现使人类可以直接记录真实的场景，而不仅仅是通过作者的笔来复述所看到的信息。人们从那时起对有图、有真相的新闻报道越来越相信了。

人们早期的摄影还只是记录光线的强弱信息，并没有记录色彩信息，因此我们看到的都是只有灰度的黑白照片。1855 年，著名物理学家麦克斯韦首次提出了彩色成像的三色法，即对红、绿、蓝三色光分别感光，然后根据感光的强弱组合出各种颜色。1861 年，英国摄像师托马斯·萨顿（Thomas Sutton）根据麦克斯韦的理论，拍摄出了一张彩色的绸缎领结照片（见图 6–3）。由于他当时使用的感光材料其实对红光并不敏感，因此这张照片的颜色偏紫蓝。

因为早期的彩色照相材料相当昂贵，所以一直没有获得广泛的普及。直到 20 世纪 30 年代，柯达发明了便宜的彩色胶卷，摄影术才真正开始进入彩色时代。1939 年，著名电影制片人塞尔兹尼克在和米高梅合作拍摄著名电影《乱世佳人》时，就已经使用彩色摄影了。

图 6-3　彩色绸缎领结

用动态信息记录时间的流动

虽然摄影术能够将真实的信息十分客观地记录下来，但是没有相关信息的单独照片有时并不能说明问题。这就如同我们不能将某个人一篇完整讲话中抽出一句话来以偏概全地理解一样。如果要更加准确而完备地记录生活信息和历史事件，最好能够把我们所看到的一切事物随着时间的流逝动态地记录下来。这件事在摄影术诞生之前就有很多人想过。比如在魏晋时期的卷轴画中，同一个人物会随着时间的变化不断地出现，同时旁边有文字加以说明。但是在没有摄影术的年代，我们无法真实地记录变化的影像信息。实际上，在摄影术诞生之前，人们也无从了解当我们的眼睛看到外面景物变化时，是如何在脑子里形成动感图像的。摄影术的出现使得记录动态影像信息成为可能，而最早达成这个目标的是电影。

关于电影的发明有三种说法。

第一种是英国人的说法，即电影的问世源于一场赌约。1872 年，英国的几名赛马者争论马在奔跑时是否会四蹄同时离地，于是他们打起赌来。这件事如果仅仅是靠人们的肉眼是根本无法准确分辨的，因为我们的视觉有短暂的滞留时间。于是一位叫埃德沃德·迈布里奇（Eadweard Muybridge）的摄影师在赛马场的一侧放置了 24 台照相机。当马跑到各个相机前时，就拍下马此时的运动状态（见图 6–4）。

要使这 24 台照相机同步并不是一件十分容易的事情，因此迈布里奇做了很多次实验才成功，最终他记录下了 24 张马在奔跑时的连续动作。然后他把照片依次放在一个可旋转的玻璃圆盘上，玻璃圆盘的上方只在一张照片的位置留下了一个窗口。当玻璃圆盘旋转时，24 张照片就会依次出现在窗口。此时观众从窗口看到的就是马在奔跑时的一组连续动作。这被人们认为是电影的雏形（见图 6–5）。

此后，法国科学家艾蒂安–朱尔·马雷（Étienne-Jules Marey）从迈布里奇的照片中受到启发，希望发明一种能够连续拍摄照片的照相机，来替代这 24 台照相机。1882 年，他用自己发明的照相机以每秒 12 幅的速度拍摄了一组连续画面。这种相机从外观看很像一支转盘机关枪（见图 6–6）。他将这个照相设备称为“电影”。此后，这一名称广泛地流传开来，并沿用至今。

不过，无论是迈布里奇还是马雷做的事情也就到此为止了。

关于电影发明的第二种说法来自美国人。1886 年，伊斯曼发明了后来使用的打孔胶卷，这给了他的朋友爱迪生以启发。爱迪生在发明留声机之后，一直想同步播放影像和声音。于是他买来了带有

图 6-4　迈布里奇放置了 24 台照相机，记录马奔跑时的动作

图 6-5　迈布里奇拍摄的 24 张照片的一个复制件，它被斯坦福大学创始人老斯坦福保存，其中第 4 张照片显示了马在奔跑时会有四蹄离地的情况

图 6-6　马雷发明的连续照相机

小方孔的胶卷底片，然后和助手威廉 · K. L. 迪克森（William K. L. Dickson，1860—1935）一同研究，发明了一种旋转式幻灯机（见图 6-7）。这种幻灯机是一个像床头柜大小的箱子，里面装了很多可以连续循环播放的摄影胶片。

这种箱子实现画面连续播放的原理和当初迈布里奇制作的玻璃盘有点儿像，但是它不是让大家看旋转的照片，而是用灯光将摄影胶片上的画面投射到观众的眼中，观众则需要趴在盒子上往里看。爱迪生还将这种幻灯机和留声机同步，但是当时留声机的声音很小，无法让很多人听清楚，而且经常出现影像和声音不同步的问题，让人听起来感到十分的滑稽可笑。因此，爱迪生等人就放弃了在早期电影中加入声音的设想。

迪克森后来将这种旋转式幻灯机进行了彻底的改进。他使用了两个圆盘，一个圆盘上是已经播放过的胶片，另一个圆盘上是尚未播放的胶片，前者通过胶卷带动后者旋转。在整个 20 世纪，这种电影机

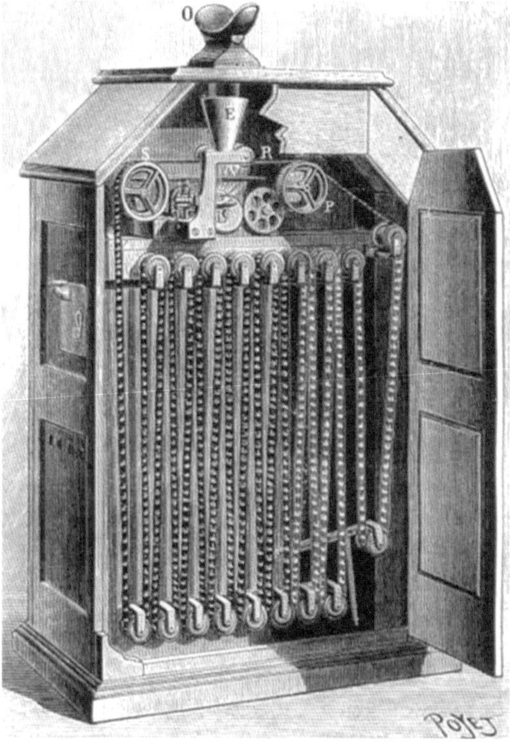

图 6-7
爱迪生发明的旋转式幻灯机

一直在使用，直到 20 世纪末才被数字化播放机取代。

由于爱迪生并没有为他所发明的电影机申请国际专利，所以这种“电影盒子”很快就传到了欧洲，并且迅速得到了改进。于是就有了关于电影发明的第三个说法，即法国摄影师路易 · 卢米埃尔和奥古斯特 · 卢米埃尔兄弟发明了电影，时间是 1895 年 12 月 28 日，比爱迪生发明电影整整晚了 4 年。

卢米埃尔兄弟所发明的电影和爱迪生的发明最大的区别在于，前者是将胶片上的影像投影到银幕上，这就是我们后来所熟知的电影的前身，而后者和今天的电影没有太多的关联。正是因为这个原因，卢米埃尔兄弟被普遍认为是真正的银幕投影电影的发明人。

早期电影由于摄影机的转速不够快，每秒最多拍 16 幅照片，因此电影看起来连贯性并不好。虽然如此，但大家在第一次看电影时还是完全被震撼了，以至看到银幕上火车开过来吓得起身就逃。这说明电影能够比较好地记录和还原真实世界的信息。

电影的出现无论是在信息记录、存储和传播，还是在大众娱乐方面，都有非常重要的意义。从信息角度来讲，它和后来的电视录像一样能够完整地记录人类活动和自然界的变化，因此人类从此进入了有完整记录的时代。特别值得指出的是，摄像机这种工具能够记录很多我们肉眼没有能力观察到的信息，让我们得以更好地了解世界，特别是发现自然界的很多现象和规律。从娱乐角度来讲，影视业一方面让娱乐业成为今天最为重要的产业之一，另一方面也严重挤压了其他娱乐方式的生存空间，包括音乐会和戏剧等。最重要的原因是电影和后来的电视这两种娱乐方式对人们来讲更具真实感，能够更好地再现生活。同时，由于可以廉价（近乎无成本）地复制影视信息，其他娱乐

卢米埃尔兄弟
奥古斯特·卢米埃尔（Auguste Lumière）
1862年10月19日—1954年4月10日
路易·卢米埃尔（Louis Lumière）
1864年10月5日—1948年6月6日

这对法国兄弟，改造了爱迪生创造的“西洋镜”，让影像能够借由投影而放大，以便更多人同时观赏。他们被视为电影和电影放映机的发明人，并在1895年获得了电影放映机的发明专利。
第一代彩色胶片和立体电影也是他们发明的，发明时间分别是1903年和1937年。

方式在成本上很难竞争。

利用电影（和电视）动态地记录场景所产生的信息量是十分巨大的。直到今天，这些信息依然占据我们全球通信系统和信息系统数据传输与存储量的绝大部分。

• 本章小结 •

信息不仅需要传输，还需要记录和复制。几千年前，当文字出现时，就已经解决了信息记录的问题。随后，印刷术的出现，解决了信息复制的问题。但是在 19 世纪之前，从来没有人知道该如何记录声光影这些信息，当然也无谈复制。

留声机、摄影术和电影的出现，让人类开始尝试记录这个异彩纷呈的世界，并通过复制和传播，让不同时空的人感同身受那些从未经历的事件。

到 19 世纪末，我们今天接触到的大部分种类的信息已经产生。进入 20 世纪，人类对于信息的探索，更多的是发现新信息，并且主动产生信息。同时，信息在战争、外交和人们的生活中变得越来越重要。

第七章

盟军获胜的秘密武器

人类在战争中大量使用信息技术，是在第二次世界大战期间。在此之前，决定长期战争胜负的主要因素是看哪一方能动员和投放更多的能量，这里的能量既包括人力也包括武器；在此之后，虽然能量依然十分重要，但是谁能够更精准地投放人员和武器，谁就能成为获胜方。不难想象，在战争中，一方要 2 000 发炮弹才能击中一架飞机，另一方只要一两发就能达到同样的效果，此时，谁胜谁负，清晰明了，而要做到这一点，就需要靠信息技术。我们在后面会讲到，正是这次战争催生了信息论。不过，即便没有信息论，科学家也早已开始思考如何利用信息技术来发现更多的信息，并且用信息赢得胜利。

至暗时刻的希望之光

如果要问西方人人类历史上的“至暗时刻”是什么时候，大家肯定会说是 1940 年 5 月。那时，不仅欧洲各国已经被纳粹德国全面击败，坏消息一个接着一个，而且大家根本看不到任何希望，似乎今后的世界就要由法西斯来统治，经过几代人不懈的追求和努力好不容易才得到的安宁和自由将永远一去不复返。此时，远在巴西避难的奥地利犹太作家茨威格就是因为看不到任何希望，不久（1942 年）就选择了结束自己的生命。虽然当时丘吉尔临危受命，在 4 周内发表了 3 次不朽的演说，表示将用热血、辛劳、泪水和汗水赢得胜利，并指出那时将是英联邦最荣耀的日子，但是当时英国人对此的反响并不强烈。尽管今天的人们给予了丘吉尔那几次演说极高的赞誉，说他鼓舞了全世界反法西斯阵营的士气，因为后来他确实对战争起到了力挽狂澜的作用，并最终赢得了战争。但是，当时人们早已深陷恐慌之中，而这种恐慌无论是当年傲视全球的西班牙无敌舰队，还是横扫欧洲大陆的拿破仑大军都不曾带给他们的。毕竟，赢得战争的关键还是要靠实力，无论怎么看，当时英国的经济和军事实力都无法和已经占领大部分欧洲的纳粹德国相比。

然而，就在两个月后开始的不列颠之战中，在武器数量和性能上都处于劣势的英国空军对入侵的德国空军给予迎头痛击，以己方更少的飞机和飞行员损失赢得了胜利。虽然这时的英国离战争的最后胜利还很遥远，但至少英国本土基本安全了，英国人在至暗时刻看到了希望之光。

德国人之所以在优势条件下失败，原因是多方面的，包括战略上的一些重大失误。但历史学家和军事专家事后都认定，英国人的一种秘密武器在当时起到了关键作用，那就是由雷达和电话线构成的道丁系统（Dowding system）[①]。

道丁系统是世界上第一个大范围的地面控制空中拦截的防空网络，它的预警和防空范围从苏格兰北部海岸往南一直延伸到英格兰南部海岸的整个英国领空，后来其预警范围甚至扩大到了法国境内靠近英国的一部分地区。这个系统也是世界上最早的完全依靠信息进行兵力部署和作战指挥决策的系统，今天美国的区域防御系统其实就是道丁系统的升级版。

道丁系统的核心是遍布英国海岸的雷达站，以及一张专用有线电话网络。雷达站以及各个观察哨一旦发现敌情，相关信息就沿着设定好的信息通道上报到空军的战斗机指挥部，然后生成一份战斗地图。之后，该系统会将司令部的作战指令和敌情分布地图下达到战斗部队，战斗部队再根据自己所负责的区域重新创建更为详细的指挥地图，针对本区域的敌情部署兵力（主要是战斗机群和防空火炮），下达战斗任务。

在道丁系统中，雷达的作用是早期发现敌情，并获得相关信息，而电话网络的作用是让信息快速传播。它们的有效结合，使得英国空军的战斗机群能够有目标地采取行动，也使拦截德军机群的效率至少提高了一倍。由于飞机活动的范围很大，飞行员在天上仅仅靠肉眼发现敌机的可能性不是很大。很多时候，即使得到了空袭警报，自己的

---

① 这个系统以当时英国皇家空军歼击航空兵司令休·道丁的名字命名。

战斗机飞上空中转一圈，也未必能够找到敌机，常常无功而返。在此之前，如果战斗机能做到 30%~50% 的拦截率，就被认为是发挥了极高的战斗力水平。这就意味着德国飞机空袭两次，英军最多只有一次拦截成功，难免损失巨大。在建立道丁系统后，英国皇家空军空中阻击德军飞机的成功率平均为 90%，甚至有几次空袭，英军的拦截成功率是 100%。相比之下，德军因为缺乏这样一套指挥系统，护航的战斗机群对英国皇家空军机群的位置知之甚少，常常是漫无目的地转一圈，没有发现英军飞机，燃料却耗光了，只好返回基地，因此他们在对英国皇家空军作战时总是处于劣势。

道丁指挥系统还有一个重要作用，就是能够使战斗机和高炮密切配合，发挥出最大威力。特别是让那些在后方用来防御德国空军纵深攻击的战斗机在必要的时候可以参与截击作战，从而大大地提高了战斗机的使用率。

德国空军在战争前就收集到了英国研制雷达的情报，但是对道丁系统却一无所知。后来随着不列颠之战的进行，德国人拦截到了英国地面和空中通信的一些无线电波，并由此猜到英国空军的作战方式可能和自己不一样。于是德国人就派齐柏林飞艇（Graf Zeppelin）装满了无线电接收设备，并飞抵英国沿海地区监听侦察。尽管德国空军大致明白了英国人的做法，但是他们片面地认为飞行员受地面控制毫无合理性可言。因为在过去，德军飞行大队领到任务后就独自执行，并不需要地面指挥调度。事实证明，德国人低估了信息技术在战争中的作用。

在整个二战期间，由于缺乏以雷达为核心的情报系统，德国空军不得不大量使用侦察机来弥补这方面的不足。由于德军没有强大的雷达装置，仅仅依靠侦察机在天空中寻找敌机，几乎等于大海捞针，而且这些体积庞大、笨重低速的侦察机[①]很容易变成英国战机的歼灭对象。因此，在缺乏敌军信息的情况下，德国空军在大部分战斗中只能靠飞行员本人的自由发挥。虽然德军拥有很多战功卓著的王牌飞行员，但是他们的行动往往是盲目的，无法有效地袭击敌军目标。对此德国人也没有找到很好的改进措施，直到二战结束，也没能够建立起一个完整的信息系统，使空军基地、雷达站和防空火力实现有效配合和统一部署。此外，由于信息缺失，德国空军也严重高估了自己的战果，事实上，英军损失的飞机只有德军估计的 1/3。[②]因此，当德国人认定英国皇家空军一线战斗机已经消耗殆尽时，却惊讶地发现英国能够十分随意地派出作战机群。

道丁系统在信息史上的意义在于，它是人类第一个大规模、全方位主动获取信息的系统。在此之前，虽然人们喜欢打探各种消息和内幕，在战争中也往往会派出侦察兵和观察哨，但那些都不是主动地发射一些信号去探测信息，更无法做到 24 小时不间断地检测信息。道丁系统的出现开启了信息领域一个新的研究方向和新的产业——信息检测。

道丁系统的核心是雷达站，虽然雷达的历史几乎和无线电一样

---

① 德军侦察机最初主要是由道尼尔轰炸机（Do 17）改装而成，后来更多的是由 Bf-110 轰炸机改装的。

② Stephen Bungay. *The Most Dangerous Enemy : A History of the Battle of Britain*. London: Aurum Press. 2000.

长，但是它的迅速发展却是由战争推动的。

“眼观六路”的千里眼

如果要问雷达是谁发明的，恐怕人们能找出七八种答案，因为雷达装置、雷达技术、雷达的设想都是由不同的人发明或者提出的。即便只是讨论雷达装置，今天有继承性的雷达装置，和最早能够发挥雷达作用的装置，在原理上也完全是两回事，而后者能否算雷达还要打一个大大的问号。雷达所涉及的关键技术有很多种，至于哪个是最重要的，大家也是见仁见智。至于有关雷达的设想或者和它相关的理论，可以划定的范围就更为广泛了。甚至有人认为，雷达的发明依赖于特斯拉的高能电磁波理论，于是将雷达的历史追溯至 19 世纪末。但是，如果说高能电磁波可以和雷达拉上关系，那么是不是可以认为，因为高能电磁波的基础是电磁波，所以发现电磁波的赫兹应该是比特斯拉更早的雷达发明人。事实上，在 2014 年 IEEE 主办的欧洲微波大会上，大会的主题报告者在介绍雷达的发展史时，就将它的历史追溯到了在赫兹之前预言电磁波的麦克斯韦。[①] 此外，世界上的很多国家，包括英国、德国、美国和俄罗斯，出于争夺荣誉的考虑，也都声称自己是最早发明雷达的国家。

之所以讲了这么多有关雷达发明权的争议，就是要告诉大家，雷达的发明是水到渠成的结果，而且关于它的设想远远早于装置和系统的发明。但是，它最终能够变成用途十分广泛的信息检测工具，则离

---

① A history of the evolution of RADAR，Published in: 2014 44th European Microwave Conference，https://ieeexplore.ieee.org/document/6986539.

不开几项关键性的发明，更离不开战争这个催化剂。

在雷达的发明过程中，有几个非常关键的时间点和十分值得一提的主要贡献者。

和雷达技术直接相关的研究始于苏格兰的通信专家罗伯特·沃特森–瓦特。他是发明蒸汽机的大发明家瓦特的后代，沃特森–瓦特这个姓氏是他后来自己改的。在第一次世界大战期间，沃特森–瓦特想为英国军方工作，为赢得战争出份力。但是，当时人们普遍认为，信息在军事行动中的重要性并不明显，军队中也没有适合的工作，于是沃特森–瓦特就进了英国气象局，在那里开始研究无线电检测技术，即使用无线电大范围（2 000 千米）地检测雷电和暴风雨的方位和距离，及时通知飞行员避开即将到来的雷雨。

罗伯特·沃特森–瓦特（Robert Alexander Watson-Watt）
1892年4月13日—1973年12月5日

1765年，一名叫作詹姆斯·瓦特的伟大发明家改良了蒸汽机，从此人类迈入工业纪元，开始蓬勃发展。
在蒸汽机应用了170年之后的1935年，詹姆斯·瓦特的后人沃特森–瓦特成功研制出了一台实用雷达系统，在世界反法西斯的战场上协助英国抵御攻击，获得了几大战役的胜利。
向身处不同时空却不约而同为世界献礼的两位瓦特先生致敬！

沃特森–瓦特的想法并不复杂。闪电会使空气电离并发出电磁波，当初马可尼进行无线电实验，就是从检测闪电的电磁波开始的。但是，要探测并且发现几千千米之外的闪电并不是一件十分容易的事情，而要测出它的具体方位和距离就更难了。最初，沃特森–瓦特使用了一种能够360度旋转的环形天线，它有点儿像后来的雷达天线。如果它正好转到某个方向，那里也恰恰发生了闪电，就能够被准确地检测到。1917年，沃特森-瓦特用这种方法成功地检测到一些闪电，并且大致确定了它们的方向。有人把沃特森-瓦特的这项无线电检测研究工作作为最早的雷达实验，其实有些牵强。由于天线不可能旋转得太快，而闪电出现的时间又很短，因此它能够准确地捕捉到闪电信号显然是一种小概率事件。而随后的雷达是主动发射信号，然后通过回波探测目标，而不是被动地检测信号。不过，沃特森-瓦特设计的这种旋转的环形天线，和后来扫描目标的雷达在原理上是相同的。

战争结束之后，沃特森-瓦特继续从事他的无线电信号检测研究。通过使用天线阵列解决了旋转天线难以瞬间发现无线电信号的问题，他成功地检测出了闪电的方向（但是仍无法准确地检测出闪电的距离）。今天天文物理学家常用这种方法探测并发现来自宇宙中的脉冲信号。在有效解决了信号接收问题后，沃特森-瓦特希望能“看到”他所发现的信号。当时贝尔实验室已经发明了示波器，可以看到无线电波，于是，沃特森-瓦特把示波器进行了改进，利用荧光粉的“余辉”来显示雷电所在的具体位置。这种示波器后来逐渐演化成为雷达的显示屏。到此为止，沃特森-瓦特初步解决了发现和定位无线电信号源的基本问题。但是，如果被侦察的目标不是发射无线电信号的信息源怎么办？此时，这种方法似乎就失效了。不过，可以想办法让不发射无线电信号的目标也变成信息源，这就引出了信号检测历史上第二批非常值得一提的人物，他们就是马可尼、泰勒（Albert Hoyt Taylor）和扬（Leo C. Young）。

1922 年，马可尼在无线电工程师学会（IRE）的会议上，提出了一个安全建议，即在船上安装电磁波发射和接收装置，以便探测周围的水域，防止船只撞上障碍物。马可尼的这个建议并非拍脑袋的突发奇想，而是有一定的科学理论依据。早在 19 世纪末，他在研究无线电波时就发现它们会被物体反射回来，当然，被障碍物反射回来的无线电波很微弱，并不容易被检测到。马可尼当时认为，如果前方驶来的船只侧向对准我们时，它就像一堵墙，这时，对它发射无线电波，被船只反射回来的信号就能被检测到。很可惜的是，马可尼在提出设想后，他自己并没有朝这个方向做研究，而只是抛砖引玉。不过，此后不久，美国的两位电子工程师泰勒和扬因为一次偶然的发现产生了同样的想法，而且付诸实施。

泰勒和扬是当时美国海军无线电通信实验室的工程师。1922 年，他们在研究无线电波时，发现停在河面上的船会干扰无线电波的传输，于是，他们建议通过发射和接收无线电波来探测水面上是否有船只。此后不久，另一名美国工程师提出了用这种方法来探测空中飞机的设想。但是，他们都遇到了沃特森-瓦特曾经遇到过的疑难问题，那就是只能测定目标大致的方位，却无法确定目标的具体位置和航速。这个问题需要等到脉冲无线电波的发射和接收问题解决后才有答案，因为脉冲信号从发射到接收的时间是可以十分准确地测量出来的，继而就能够以此推算出目标离我们的距离，再加上方位信息，就能计算出它的准确位置。同样，根据不同时间、目标、方位发生的变化，它移动的速度就能被计算出来。由于当时这些先决条件并没有解决，因此泰勒和扬向海军提出的建议书被搁置在了一旁。不过，他们还在继续这项研究，并且后来对美国雷达的发展发挥了重大作用。

泰勒和扬还遇到了第二个难题，就是发射的无线电波太弱，无法测量远处的目标，除非那个目标巨大无比。对于这个问题，英国和美国的科学家不约而同地想到了一个极其简单的验证方法，就是找一个巨大无比的目标做测试。这个目标就是大气层上空的电离层，它如同一堵厚厚的墙把我们的地球包裹在里面，一部分无线电波遇到电离层就会被反射回来。当时，人们已经知道了电离层的存在，但并不知道它和我们之间的距离，也就是电离层的高度是多少。测量它的距离，应该是测量所有目标距离中最简单的任务。如果连这件事都做不到，就说明用无线电波测量距离可能并不靠谱。因此，1924 年和 1925 年，英国和美国的科学家分别独立地使用无线电波来测量电离层的高度。英国在实验时连续不间断地发射无线电波，虽然收到了障碍物的反射信号，但无法准确地测定障碍物的距离。而美国科学家格雷戈里·布莱特（Gregory Breit）和默尔·安东尼·图夫（Merle Antony Tuve）因为使用了脉冲电波，准确地测出了电离层的高度。这次实验被认为首次验证了雷达的原理。而基于这种技术的“无线电信号检测和测距”（radio detection and ranging）装置，后来被人们称为“雷达”，它是上述几个英文单词的首字母缩写。

20 世纪 30 年代后，战争的阴云开始笼罩欧洲。英国、美国、德国、法国和苏联都意识到雷达技术可以用来发现遥远的舰船、飞机，因此对雷达的研究不再是个别科学家和工程师的兴趣，而开始成为一种具有战略意义的国家行为。正是这个原因，使雷达技术获得突飞猛进的发展。1934 年，美国海军研究实验室（Naval Research Laboratory）的佩奇（R. M. Page）和布莱特，首次拍摄到由飞机反射回来的脉冲回波的照片。1935 年，英国人和德国人首次运用雷达技术实现了对空中飞机的准确定位。同年，法国人古顿用雷达技术成功地在雾天或黑夜发现了其他船只。20 世纪 30 年代上半叶，欧美几个最发达的国家已经拥有了较为完备的雷达技术，并且研制成功了可以用于实验的技术设备，只是此时人们还不能批量生产高性能的雷达。

这时，二战已经临近，作为岛国，英国迫切地感受到了海岸防务的巨大压力，特别是当他们听说德国人已经研制出了一种“死光”武器之后。据说，这种其实并没有成功的“死光”武器可以搭载在齐柏林飞艇上对地面目标进行攻击。为了能够尽可能早地发现英吉利海峡对岸的飞机、舰船，1936 年 1 月，当时已经是英国雷达研制主要负责人的沃特森-瓦特，在英国靠近欧洲大陆的海岸设立了第一个可以用于军事的雷达站。他用“链向”（Chain Home）作为代号。由于雷达这个词出现的时间比实际装置晚几年（1940 年，美国海军才开始使用“雷达”一词），从此链向就成为雷达站的代名词。英国空军随后又建立了5个雷达站，但是要覆盖整个英国东南海岸线①，只有5个雷达站显然远远不够，于是他们开始充分地利用工业界的力量。1937 年，马可尼公司替英国搭建了 20 个链向雷达站。

不过，直到第二次世界大战之前，雷达的无线电发射功率依然十分有限，这就限制了它的侦察范围和在军事中的实际运用。雷达装置

① 英国西北海岸线远离欧洲大陆，所以英国没有在那里设置雷达站。

中发射无线电波的主要器件是磁控管，其功率不足的问题是当时雷达技术发展的瓶颈，而欧美主要强国也没有办法突破这个瓶颈，这恐怕也是在二战初期德国人不太相信雷达技术能够用于军事的原因之一。但是德国人不清楚的是，就在二战爆发之后，英国将改进磁控管的任务交给了物理学家哈里·布特（Harry Boot）和约翰·特顿·兰德尔（John Turton Randall），他们在两个月后就发明了多腔磁控管，[①]一下子将雷达的发射功率增加了一个数量级。同时他们发明的多腔磁控管可以发射频率很高的无线电波——厘米波（大约是今天 5G 的波长）。这样一来，雷达就可以发现很小的目标，而且接收天线的尺寸也可以缩小很多。这项发明让英国的雷达技术立即遥遥领先于世界，也成就了本章开头的那一幕。

大功率、高频率的多腔磁控管的发明在雷达的发展史上有着划时代的意义，它不仅大大提高了雷达的性能，而且让雷达体积得以小型化，并装载到舰船乃至飞机上。在二战期间，美国和英国投入了大量的人力、物力来研制机载雷达，并获得成功。这一技术使得英美空军在二战后期占尽了优势。在二战开始之前，德国在雷达技术上几乎可以比肩英国，但是随后便远远地落后了。他们虽然试图将雷达装载在飞机上，但是由于侦察范围较小，准确性差，因而在战争中并没有能够有效地发挥作用。不过，他们在地面上利用雷达控制火炮却取得了一定的效果。

由于雷达能够发现上百千米以外甚至更远的目标，被人们形象地

---

① The Magnetron. Bournemouth University. 1995–2009. archived from the original on 26 July 2011. Retrieved 23 August 2009.

图 7-1 被称为“千里眼”的雷达

比喻成“千里眼”。不过，它看目标的方式和我们人眼观看物体的方式有本质的不同。我们人眼只是一个光学信息的接收器，接收到的信息是太阳光（或者其他光源）照到目标上反射回来的光线。雷达则不同，它需要“自带光源”，也就是说它需要自己发射电磁波，将它们“照到”目标上，然后再根据反射信号检测出目标。因此，雷达到底能看多远，往往取决于自己能发射多强的电磁波。英国在二战时的秘密武器，就是他们的雷达设备能够发射强度超出德国人想象力的电磁波。此外，雷达还有一个远比人眼强许多的地方，那就是它能真正做到“眼观六路”，了解到全方位的信息。这种特性今天被用于自动驾驶汽车上的激光雷达，这种雷达并不需要看得有多远，只需要无死角地收集、了解周围的道路信息。

雷达在信息史上有着特别的意义，因为在雷达出现之前我们只是发送信息让对方接收，或者被动地接收自然界本身产生的信息，极少主动地发出一种信息，然后根据从目标获得的反馈信息来对目标进行判定。而雷达所完成的就是信息发送和接收过程。虽然当时诺伯特·维纳还没有提出控制论，但是这种发出信息，并且接收反馈，以此了解未知的思维方式从雷达诞生之后就被越来越多地应用于实践。

雷达技术在二战中是各国最高的军事机密。但是为了赢得战争，英国和美国彼此还是分享了它们在这个领域的研究成果，这就导致了一种非常厉害的武器——近炸引信（proximity fuze）的诞生（见图 7-2）。

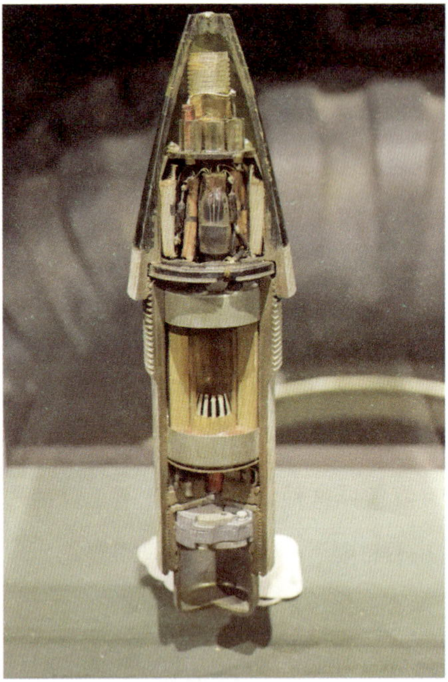

图 7-2
近炸引信

在飞行中获取信息

在第二次世界大战后期，美军、英军在和德日军队作战时，双方地面防空的成效是不对称的。德军或者日军在地面和舰船上用高射炮打英美飞机的命中率很低，以至德、日无论是地面的军事设施还是舰船，都被英美轰炸机轻易地摧毁了。反过来，日本在二战后期轰炸美国军舰时，效果很差，甚至派了飞行员驾驶飞机直接往体积庞大的美国军舰上撞，还是接近不了美国军舰，老远就被美军炮火打了下来。我们不难理解，用只有筷子长的高射炮弹打几千米高空中正在高速飞行的飞机，难度是很大的。事实上，在 1940 年，世界上最好的地面防空系统，平均需要发射 2 500 发高射炮弹才能击落一架飞机，[①] 因此在概率很小的情况下命中目标可以讲纯粹是在碰运气。但是，凭什么美国人运气那么好呢？

这个秘密就在于英国和美国发明的一种秘密武器，即高射炮弹头部安装的近炸引信。它能够探测出炮弹是否已经接近目标了，如果接近目标，并且达到一定距离，它就会直接引爆，而不需要炮弹真的命中飞机（或者其他目标）。这样，炮弹的命中率就提高了一个数量级。

近炸引信的核心部件是一种特殊的雷达——微型的多普勒雷达。它利用物理学上的多普勒效应 [②] 测定运动物体到目标的距离。今天警察在公路上捕捉超速行驶的车辆时使用的就是多普勒雷达。多普勒效应早在 1842 年就被奥地利物理学家克里斯琴·约翰·多普勒（Christian

---

① James Phinney Baxter III, *Scientists Against Time*, Cambridge, MA: MIT Press, 1968.

② 多普勒效应是波源和观察者有相对运动时，观察者接收到波的频率与波源发出的频率并不相同的现象。

Johann Doppler）提出了，但是当时并没有人能将它和雷达联系起来。直到二战爆发，英国电信研究所（TRE）的工程师[①]尝试运用多普勒效应来研制一种近炸引信引爆炸弹。英国人设想的近炸引信原理并不复杂，在炮弹头部装一个能够测量电磁波频率的雷达就可以了。由于多普勒效应接收到的电磁波要比发射的频率高，根据这个频率差异，就能精准地测算出目标和炮弹的相对速度，再根据脉冲电波信号发射和接收的时间差，就可以计算出二者的距离。这样，炮弹就能够在飞行过程中获取目标距离的信息。只要距离足够近，就能直接引爆炮弹。

1940年底，英国虽然在不列颠之战中挫败了德军入侵的企图，但是离获得战争的最终胜利还很遥远。英国人虽然进行了简单的多普勒雷达实验，但是并不确定这种雷达是否真的能装到炮弹上使用。因为高射炮弹发射瞬间的加速度比火箭的加速度还快很多——前者是后者的200倍。此外炮弹在经过炮管加速时还会随着膛线旋转，转速高达每分钟30 000转，从而产生一种巨大的离心力。当时，还没有一种电子设备能承受如此高的加速度和如此巨大的离心力。不仅如此，这个雷达还需要足够小，不能让炮弹增加太多的体积和重量。当时英国已经卷入全面战争，无法投入足够的力量进行研发微型雷达所需要的大量实验，于是与美国分享了设计近炸引信的构想，由美国帮助完成这项十分复杂的研究工作，特别是实现多普勒雷达的小型化，并且

① 他们是塞缪尔·C. 科伦（Samuel C. Curran）、威廉·阿斯·巴特门特（William AS Butement）、爱德华·S. 希雷（Edward S. Shire）和阿默斯特·F. H. 汤普森（Amherst F. H. Thomson）。

保证它在高加速度和巨大的离心力下能正常工作。

美国当时还没有被卷入战争，但是罗斯福总统已经意识到战争不可避免，并且在此之前已经成立国防研究委员会（NORC）。该委员会将这个任务交给了前面提到的雷达专家图夫负责，具体工作交给了美国国家标准化局[①]和约翰·霍普金斯大学应用物理实验室（APL）[②]。前者负责炸弹的设计，后者则负责研制近炸引信的研发。1942 年，装有近炸引信的高射炮弹终于宣告研制成功。美国用三架无人机进行了效果测试，只发射了 4 枚装有近炸引信的炮弹就将它们全部击落，命中率相当高。接下来，美国动员了 100 多家公司参与生产，包括我们前面讲到的 RCA 公司和柯达公司。

1944 年，美国电子工业中的很大一部分产能都用在了制造这种引信上。美国政府的采购合同从 1942 年的 6 000 万美元迅速增加到 1943 年的 2 亿美元，1944 年增加到 3 亿美元，1945 年又增加到 4.5 亿美元。随着产量的增加，每个近炸引信的成本从 1942 年的 732 美元迅速下降到 1944 年的 18 美元。到 1945 年二战结束时，美国累计花了 10 亿美元生产了 2 200 万个近炸引信，这笔花费是“曼哈顿计划”[③]的一半。

美国为什么要生产这么多的近炸引信呢？因为英国和美国很快

---

① 国家标准化局的研究部门后来成为陆军研究实验室的一部分。

② 应用物理实验室是一个有数千名科学家的超大型国家实验室，并非仅仅从事物理研究。

③ 曼哈顿计划是美国陆军部于 1942 年 6 月开始实施利用核裂变反应来研制原子弹的计划。

发现，近炸引信可以装在对地攻击的炸弹或者炮弹上，让它们在接近地面的空中爆炸，而不是撞在地上才爆炸，这样就可以大大提高杀伤力。[①]因此近炸引信的需求量非常大。

近炸引信是第二次世界大战中英美投资巨大，且仅次于原子弹的武器研制项目，且一直处于高度保密状态。因此，德国和日本对此一无所知。在此后的战场对决中，美军和德日军队看上去都有高射炮，但是一方打出去的相当于是几百年前的实心铁球炮弹，另一方打出去的则是爆炸后能大面积破坏目标的开花弹，威力相差甚远。英国曾经为了防范德国 V-1 导弹的袭击而在沿海布防了高射炮。过去，这些高射炮只能拦截 17% 的 V-1 导弹，而在使用近炸引信炮弹后，高射炮拦截 V-1 导弹的成功率迅速提高到了 74%，[②]有时甚至高达 82%。近炸引信炮弹和炸弹也有效地改变了二战期间地面战场敌对双方势力的格局。

以前，各国军队都普遍认为，在糟糕的天气里，炮兵因为无法清晰地观察对方阵地，也无法给予敌人有效打击。但是 1944 年底，盟军在欧洲开始使用这种近炸引信炮弹后，德军发现，盟军的炮弹根本不需要落点准，因为它们在半空中就爆炸了，而且杀伤范围特别大。这几乎造成德军的一次哗变，因为德军看到盟军炮弹的威力后，不愿意走出地下掩体。巴顿将军对这一技术给予了高度评价，他说：“近

① Ralph B. Baldwin , *The Deadly Fuze: The Secret Weapon of World War II*, San Rafael, CA: Presidio Press,1980.

② Colin Dobinson. *AA Command: Britain's Anti-aircraft Defences of World War II*. London: Methuen. p.437. 2001.

炸引信的出现让过去的陆战战术必须进行全面的修订。”①

如果说几百年前人类在发明开花炮弹时是能量利用的进步，那么发明装有近炸引信的炮弹则是信息利用的进步。曾经担任美国原子能委员会主席的刘易斯·斯特劳斯（Lewis Strauss）上将是这样评价近炸引信和雷达在二战时的实际作用的：

> 第二次世界大战中最原创和最有效的军事发明之一是近炸引信，它在陆地、海上和伦敦的防御中都大显神威。尽管战争的胜利并不是某一项发明的结果，但是近炸引信和雷达一样，是很少的几个（发明），在很大程度上决定了战争的胜利。

在第二次世界大战之后，雷达在民用领域的应用也得到了迅速普及，被广泛地应用到气象探测、遥感、测绘、测速、测距、登月及外太空探索等方方面面。并且，无线电探测和测距成为信息领域的一个重要学科。而雷达中的关键部件多腔磁控管经过多次改进，变成今天家电设备微波炉的能量源。虽然最初推动雷达技术发展的动力是战争，但是这项技术一旦成熟，就更多地被用于民用领域。

在第二次世界大战之前，和信息相关的产业相对独立。通信就是通信，它是个人和个人之间的信息交流；传媒就是传媒，它是面向大众的、广播式的信息交流。信息、钢铁和武器之间实际上并没有直接的联系。但是在二战中，信息化开始成为一些产品的特点。近炸引信

---

① Rick Atkinson. *The Guns at Last Light: The War in Western Europe, 1944-1945*. pp. 460–462, 763–764.2013.

只是二战时诸多利用了信息的产品中的一个，我们在后面会看到更多例子。一种产品在被进行了信息化改造后，就会性能倍增。

在雷达的发明过程中，我们既找不出第一个发明人，也找不出最后一个，甚至无法评选出谁才是在这项发明中起到最关键作用的人。这种情形和我们通常说的莫尔斯发明电报、贝尔发明电话或者马可尼发明无线电完全不同。雷达的发明不是由哪位聪颖绝伦的英雄人物主导，而是很多国家的无数科学家和工程师为了能够发现远方的目标，或合作，或独立研究，最后水到渠成的结果。人类在进入信息时代后，群体对发明的作用越来越明显。

• 本章小结 •

在雷达被发明和广泛使用之前，人们对信息的理解是发送和接收信息、存储和传播信息。很少有人会主动地发射一个信号，然后根据外界的反馈去探测和判断信息。人的感官，无论是视觉还是听觉，都有极限，雷达这类仪器的出现，有效地弥补了人自身在获取信息能力上的限制和不足。

同时，雷达的使用促进了控制论的诞生。在不知不觉中，雷达帮助人做了决策，特别是那些根据所接收的信息就很容易直接做出的简单决策。比如，当炸弹接近目标做决定时要非常迅速和及时。在这种情况下，如果能直接做决定，而无须人的干预，就完全可以交给仪器去完成。我们后面会讲到用雷达控制的火炮，火炮往哪个方向打，这样的决定也是由雷达上装载的仪器做出的。

当然，有些复杂的决定，则需要由电子系统和人共同做出，比如英国的道丁系统，它通过雷达提供的数据，实际上帮助人做了一部分决定。后面我们会看到信息在决策中将发挥越来越大的作用。

第八章

信息的另一面

从 19 世纪开始，信息能够带来的价值逐渐被人们关注，并且被广泛地应用于各个领域。然而，它在让大家广泛受益的同时，也带来一个非常严重的问题，那就是信息的外泄和错误信息（谣言）给人们造成的巨大损失。

虽然在古代，情报也会泄露，也会给人们带来损失，但是那种泄露通常是极为少见的个案。尽管一次信息泄露可能会给人们带来一场不幸，但是通常不会带来巨大的系统性的连锁反应。但是在人们开始广泛地使用现代通信工具大量传输信息之后，信息泄露就会给人们带来雪崩式的毁灭性灾难。此外，当人们可以广播消息后，一条谣言所带来的危害往往会超出人们过去最大胆的想象。不幸的是，重大信息泄露的第一个牺牲者竟是中国。

李鸿章遗恨春帆楼

1895 年 3 月 21 日，一位来自中国的 72 岁的老者和几名随行人员，登上了日本本州下关市的春帆楼。春帆楼背山面海，风景十分秀丽。这里原是寺院的一部分，日本明治维新后，寺院改成了神宫，这座小楼也就空了出来。一位医生买下小楼，将它改成了疗养医院。医生去世后，他的遗孀在亡夫好友伊藤博文的帮助下，将这里改造成一家高档的日式料理店，还获得了日本颁发的第一个经营河豚的许可证。以后，伊藤博文就经常在这里接待一些重要客人。1895 年的春天，在春帆楼下，迎接中国老者一行的是两位 50 多岁的日本中年人。其中一位便是时任日本首相的伊藤博文，另一位是其外相陆奥宗光。

这位中国老者显然没有心情欣赏窗外的山水海景，况且那些海湾里来往的日本蒸汽战舰更是让他感到不安。一年前中日之战，日本海军让他苦心经营了 20 年的北洋海军全军覆没，成为他一生最大的憾事。更让他难堪的是，他在 72 岁的高龄还不得不远赴东瀛，准备接受他一生，也是清朝立国以来最大的耻辱。

主客双方入座后寒暄了一番，伊藤说："中堂奉派之事，责成甚大。两国停争，重修睦谊。中堂阅历已久，更事甚多，所议之事，甚望有成。将来彼此订立永好和约，必能有裨两国。"① 外交辞令讲得冠冕堂皇。被他称为中堂的老者，便是晚清大名鼎鼎的人物李鸿章，他

① 佚名 . 马关议和中日谈话录 [EB/OL].https://zh.wikisource.org/wiki/%E9%A6%AC%E9%97%9C%E8%AD%B0%E5%92%8C%E4%B8%AD%E6%9B%B0%E8%AB%87%E8%A9%B1%E9%8C%84.

此时的身份是大清国议和全权特使。从 24 岁考中进士，至今（1895 年）李鸿章已经在宦海沉浮了近半个世纪。在这半个世纪里，他随老师曾国藩镇压太平军和捻军，开办洋务，建立海军……同世界各国外交官和商人打过交道，见识过各种大风大浪，被称为同治中兴名臣。或许是因为上述原因，作为晚辈的伊藤博文对他还算客气。这次和谈，李鸿章想以中日两国同文同种为由来缓和矛盾，并且感化对方，联合抵制西方势力的入侵。他说："贵我两国系东洋之两大国，人种文物相同，利害关系尤切……敝国与贵国提携，共谋进步，以与泰西日新月异之文化争衡，并防止白色人种之东侵，乃两国之愿望……如幸恢复和平，两国间友谊可较前更加亲密。切望贵我两国作为东亚两大强国，能永远与欧美对峙。"[①] 第一天双方只进行了一些礼节性的会谈，未涉及任何具体问题，会场上也没有显出剑拔弩张的气氛。在会谈中，伊藤博文还特许李鸿章使用中日之间的电报专线和清廷进行密电联络，以示友好。而此前，日方则断然拒绝了中方代表向中方本土发电报的要求。据日本记者报道，李鸿章在会谈结束后走出春帆楼时神态怡然，甚至还面带笑容。但他很快就要笑不出来了，他不知道的是，那条看似为他提供便利的电报专线，完全泄露了谈判时中方全部的意图和底牌。

接下来的结果大家都知道了，28 天之后，也就是 4 月 17 日，中日双方在春帆楼签署了《马关条约》（日方称为《下关条约》）。这是

① 佚名 . 马关议和中日谈话录 [EB/OL].https://zh.wikisource.org/wiki/%E9%A6%AC%E9%97%9C%E8%AD%B0%E5%92%8C%E4%B8%AD%E6%9B%B0%E8%AB%87%E8%A9%B1%E9%8C%84.

清朝立国 250 多年来签署的最屈辱的条约，赔款之多在中国历史上是史无前例的。条约签成这样，并非李鸿章没有竭尽全力去争取，也并非因为日本强大到了可以无视中国的任何要求。事实上，在谈判过程中发生了一次意外事故：日本一位 21 岁的右翼青年刺杀李鸿章，致使后者脸颊中弹，当场血染官服。当时日方非常害怕李鸿章就势回国，并且怂恿欧美列强干涉中日和谈，因此他们希望能够顺利签约。伊藤博文在后来编写的《机密日清战争》中写道，（当时）担心清使归国，哀诉各国，各方联合给日本施压，让日本利益损失极大，因此他觉得需要立即和清使（李鸿章）商谈，签订条约。但是在谈判桌上，日方却狮子大开口，而且丝毫不肯做出任何让步。这显然不像是日方急于签订条约的行为。

日方之所以敢如此嚣张，是因为他们已经破译了中国的密电码。也就是说，李鸿章和清廷来往的密电，在伊藤博文眼里毫无秘密可言。当时光绪皇帝也因为中日海战的惨败而早已没了开战前的意气风发，希望早日缔结和约，了结此事。于是他给李鸿章的电报讲“总在速成”。由于日方给出的谈判条件太苛刻，李鸿章一人根本做不了主，只好不停地向朝廷请示。他曾经表示，如果谈判破裂，他就回国了：“乞预密示。否则，只能罢议而归。”伊藤博文和陆奥宗光了解了中方的和谈底牌，又了解到李鸿章极有可能放弃谈判，于是故意做出了一点儿小的让步，以此来牵制住李鸿章，与其继续谈判。但此后，日方不肯再做一点儿让步，因为日方早已知道清政府已授予李鸿章“权宜签字”的权限，所以不管李鸿章如何再三恳求，日方就是不肯做丝毫让步。最后，以善于和洋人打交道著称的李鸿章，只好签了一份连欧美列强都看不下去的屈辱条约。条约公布后，俄罗斯、德国与法国以提供“友善劝告”为借口，给日本施加外交压力，迫使日本把辽东半岛交还给大清，但是日本又以此为借口要走了3 000万两白银的“赎辽费”。

在这次失败的谈判中，中方的密电码被日方破译对和谈结果产生了严重的负面影响，伊藤博文事后承认，在中日《马关条约》谈判之际，对于日本最为有利的莫过于此。

那么清政府的密电码是如何丢失或者被破译的呢？这还要从中日甲午战争开战之前说起。1894年6月，由于日本干涉中国的属国朝鲜内政，中日关系已经是剑拔弩张，随时有可能爆发战争。日本政府给当时清政府驻日公使汪凤藻发了一份照会，史称《第一次绝交书》。这一次日本发照会的方式有点儿怪，日本外相陆奥宗光的秘书中田敬义将这份照会译成了中文，连同日文版本一同交给了汪凤藻。一向与中国交恶的日方为什么会提供这种“贴心服务”呢？原来这里面暗藏玄机。

据中田敬义回忆，当时中日之间已经有了有线电报。中国电码是一个汉字和四个数字对应，这些是日本知道的，但是具体怎么对应就不清楚了，于是日本决定采用钓鱼的方法来破译中国的密码。如果汪凤藻直接将日本翻译的这份日本照会中文版用密码发回国内，日方情报人员就很容易将照会的文字和收到的电文数字一一对应起来，以此来倒推出中方使用的密码本。

汪凤藻并非像一些媒体上讲的那么没脑子，直接将日本人给的中文版本发往清政府，他对日方多少有些防范，将中文照会做了一些删减后发回国内。但是汪凤藻并不知道，这种一个字的明文对应一个字的密码的加密方式是极不安全的。比如在电文中，“我”“之”“兵”“国”这些字，以及“朝鲜”这个词出现的次数较多。尽管汪凤藻将日方的中文照会缩短了1/3，但是参照日方拟定的原文，通过这些字词在电文中出现的相应位置，就可以非常容易地大致确定电码的含义。在日本人监听到的电文中，应该出现“我”的大致位置总是有2053这个密码，那么他们就能推断出在密码本中，“我”字的编码是2053。而“朝鲜”一词多次出现，在电码记录中，有2600、7639这两个密码经常一起出现，就能知道它们代表朝鲜。

就这样，日方轻易地破译了和这篇电文相关的中方密码，然后以此为突破口破译了中方整个密码系统。中田敬义在事后回忆说：“彼方之电文我方便能完全解读，非常方便……甚至在谈判之时，我方也运用得非常方便。”[①] 日方对这件事感到非常自豪，后来伊藤博文还把破译的中方电文写成一幅书法作品，赠送给中田敬义。曾经参与部分马关谈判的陆奥宗光中间因为患流感而不得不退出谈判，回到别墅休息。休息期间，他开始撰写回忆录《蹇蹇录》，中间大量引用了李鸿章和清廷来往的电报电文，而中方并不知道这些所谓秘密电报，已经成为陆奥宗光书中的史料了。

这次因密码被破译而导致的信息泄露，具体给中国带来了多大的损失，根本无法准确地进行计算。但是从最后《马关条约》中清政府赔偿日本的2.3亿两白银（包括3 000万两白银的“赎辽费”）来估

① 宗泽亚. 清日战争1894—1895 [M]. 北京：世界图书出版公司，2012.

计，这个损失处在亿两白银的量级，已经超过了清政府当时一年的财政收入。

当时，中方如果对信息保密有些基本的常识，即便设计不出更难破译的密码本，至少也可以降低一次失误所带来的雪崩式灾难。

首先，在没有足够安全的加密方法之前，频繁地发送密文本身就很有可能导致泄密。即使日本没有给中方那份“钓鱼”电报，一个字或者一个字母对应一个固定的密码，这种极为简单的加密方式也非常古老，甚至可以追溯到 1 000 多年前的恺撒时代。到了 19 世纪，即使是业余的密码爱好者也知道如何破译它们——只要收集到足够多的密文，统计一下各种密码的出现频率，再和语言中相应的词或者字母的出现频率一一对应，就能够准确地破解密码本。早在甲午战争前的半个世纪，美国侦探小说家爱伦·坡已经在小说《金甲虫》中详细地说明了这类密码的破译方法。在知道对方监听的情况下，加密通信不到非常紧急的情况千万不要使用。像前文《第一次绝交书》这种外交照会，内容是公开的，根本就不属于机密文件，只需要用明码发送就可以，根本不必加密，反之只会增加密电码被破译的风险。

其次，任何反复使用的密码被破译都只是时间问题。在 19 世纪中期，很多密码的使用者就已经意识到了这个问题。为了降低密码泄露所带来的损失，人们当时通行的办法就是经常性地更换密码本，甚至会为某一次重要的行动专门准备一个一次性的密码本。像清政府这样，一个密码本从战争开始之前，一直用到战争结束时的谈判，实属罕见。

当然，因为不善于信息加密或者不注重密码保密而蒙受巨大损失的不仅仅有中国。在出现完整的信息加密理论之前，任何加密都不过是权宜之计。历史常常爱和人们开玩笑，就在日本人庆幸自己从破译清政府密码中获益时，他们不知道自己也早已被别人盯上了。

从美国“黑室”到中国“黑室”

1931年，美国著名的密码学家赫伯特·奥斯本·雅德利（Herbert Osborne Yardley）出版了他的第一本破译工作回忆录《美国黑室》。这本书在日本和美国都引起了极大的震动。原来作者在书中第一次披露了在“一战”后华盛顿裁军会议期间，他通过破译日本外交电报，从而使得美国在谈判中受益匪浅的事情。在日本，泄密的外务省成为众矢之的。但由于当时日本在甲午战争和马关谈判中靠破译中国清政府电报获利一事尚未解密，日本外务省无法邀功，只能受责。在美国，雅德利的这本书则让很多自由派的新闻记者对政府口诛笔伐，因为他们认为，窃取别人的机密并非君子行为。迫于社会舆论的巨大压力，美国政府居然关闭了“黑室”，而功臣雅德利也因此丢了饭碗。雅德利到底做了什么，让日本损失了巨大的利益，而又让美国民众看不起他的行为呢？这就要从破译天才雅德利这个人说起了。

雅德利出生在美国印第安纳州的沃辛顿，他的父亲是铁路站站长，兼铁路站的电报员。雅德利从父亲那里学会了电报技术。高中毕业后，雅德利进入著名的芝加哥大学，但是因为家贫，一年后便退学回到老家担任铁路电报员。在工作之余，他开始琢磨如何靠玩扑克赚钱，以此打发时间，并且因此赚了很多钱。然后他用那些钱继续读书深造。23岁（1912年）时，雅德利通过了公务员考试，成为美国国务院的密码文员。

直到第一次世界大战之前，美国还没有正规的保密和破译机构。为了应付未来战争的电文加密和破译情报之需，美军从部队和民间选拔了一些业余密码研究者进行情报的破译工作。这些人中为首的是帕克·希特（Parker Hitt）上校。他原本是一名土木工程师，参军后先是在信号兵部队服役，后来看到情报的重要性，又开始负责美军电讯情报工作。从这时开始，雅德利开始参与希特上校领导的电讯情报工作，并且显示出了卓越的密码破译才华。他先是拿美国政府使用的电文密码作为破译工作的实验对象，很快就破解了美国政府使用的全部电文密码。当时美国政府机构其实对信息加密也所知甚少。威尔逊总统使用的密码还是 10 多年前的，极为不安全，这让雅德利感到十分震惊。于是他写了一份 100 多页的报告《美国外交密码解决方案》，交给他的上级。后来希特上校也写了一本《军事密码解决方案手册》，作为美军情报加密和破译指南。从那时起，美国才开始将信息的加密和破译工作规范化。

第二年（1917 年），由于参加“一战”，并且和德国交战已经不可避免，美军成立了专门的军事情报局。这个组织的主要任务就是破译德国利用墨西哥的电报基站发出的加密电报，看看德军是否要做对美国不利的事情。就是在这个时期，雅德利加入了美军的情报组织，并且成为新成立的军事情报（局）第八部门 MI-8（Military Intelligence-8）的负责人。很快，作为美国远征军的密码官，雅德利被派往法国。[①] 他和他的下属破译了对方不少电文密码。不过当时双

① Center for Cryptologic History，Cryptologic Quarterly，2014-01，Vol 33.

方在战场上基本上胜负已定，那些被截获且破译的消息对战局已经产生不了什么根本性的影响了，因此外界对第八部门的工作所知甚少。不过由于在破译方面的成功，第八部门并没有在“一战”后随其他军事后勤部门一同解散，而是由美国国务院和军方共同资助，摇身一变成了美国密码局，由雅德利领导继续从事情报破译和分析工作。为了尽可能地避免引起人们的注意，他们把这个机构单独放在纽约，而不是华盛顿的政府大楼内。由于密码局所在的大楼是黑色的，因此其工作人员私下里称之为“美国黑室”。

第一次世界大战后，世界各国首要的任务是制定战后全球新秩序。为此，获胜的协约国一方在巴黎和华盛顿进行了两次长时间、大规模的会议。在会议上，各国为了能够获得更多的利益，像小商贩一样讨价还价，以此签署决定“一战”后新秩序的各种条约。这两次会议确立下来的政治格局被称为“凡（尔赛）华（盛顿）体系”。在华盛顿会议上，大家讨论的主要是亚太地区的政治格局，以及对各国海军装备的限制性条约。当时日本在中国抢占了各种利益，一直是中国巨大的军事威胁，并且不断地扩大海军规模，严重危害到了美国在华和西太平洋沿岸地区的商业利益。因此在华盛顿会议上，美国首先要实现的目标就是严格限制日本海军的扩张计划。为了实现这个目的，美国的当务之急是了解日本和谈的底牌，于是这个极其艰巨的任务就交给了雅德利领导的密码局。

雅德利和他的工作人员废寝忘食地工作，足足花了将近一年的时间，终于破译了日本的密电码。他所采取的破译方法主要是大量收集日本外务省来往的各种电文，既包括公开声明，也包括不知内容的密码文，然后进行比对破译。在1921年华盛顿会议期间，密码局向美国代表团提供了有关日本政府绝对可能接受的战列舰数量信息。美国原本打算同意日本保留21艘战列舰，在得知日本的底牌后，最终让日本同意只保留18艘。这是雅德利在美国密码分析事业的顶峰。

不幸的是，身在纽约的雅德利很少和华盛顿的官僚和政客打交道，因为他仅仅是一位能力超群的技术专家，却不谙政治。1929年，白宫换了主人，雅德利的人生轨迹也因此改变了。虽然美国法律没有明确写明军事行动之外的窃听行为是否合法，但是雅德利在华盛顿会议之后为了炫耀密码局的本事，向外界讲，就连梵蒂冈的所有来往信息他都能一一破译，这就得罪了他的上司。时任美国国务卿亨利·L.史汀生（Henry L. Stimson）不想因为密码局在外交上惹麻烦，再加上当时全球正处在和平时期，并没有太多的情报工作要密码局来做，于是史汀生下令关闭了密码局。

丢掉饭碗的雅德利一时找不到新的工作，而且由于他创办的密码局属于国家的秘密部门，不在公开的政府部门之列，所以在密码局工作的人拿不到政府的退休金。于是，1931年，他出版了自己的回忆录《美国黑室》来养家糊口。这本书不仅详细地介绍了美国信息情报组织的发展历史，还深入浅出地讲述了信息安全的基本原理。因此这本书在美国和海外都深受欢迎，并被翻译成多种文字。雅德利可能远远没有想到，他的受害者日本却是这本书最大的买家，该书日文版的销售量是33 000册，几乎是美国销量的两倍。

这本书的出版虽然让雅德利一举成名，其中很多内容还被拍成了电影，但是也让他彻底失去了再次为美国政府工作的可能性。这本书介绍了雅德利和他的同事破译各国密码的方法，还逐一指出了 19 个国家密码存在的漏洞。这不仅让美国政府感到十分难堪，也让它的敌国开始严格防范，注重信息安全。虽然雅德利的初衷是迫使美国政府重新资助“黑室”的工作，但美国政府不仅没有重新起用他，甚至还曾考虑起诉他犯了泄密罪。不过当时美国的法律并没有明文规定对外来情报进行保密，政府也只好作罢，却因此于 1933 年修改了保密法。正是根据这个新出台的保密法，雅德利的第二本书《日本外交密码：1921—1922 年》没能够成功出版，该书的手稿直到 1979 年才被解密。

雅德利的《美国黑室》一书也被翻译成了中文，并且受到了中国当时的情报之王戴笠的重视。戴笠十分隆重地将雅德利推荐给蒋介石，后者还为此邀请他来中国工作。虽然当时雅德利对中国一无所知，但是他当时已经难以在美国立足了，只能来中国谋生。为了养家，他只向戴笠提了一个要求，就是必须用美元支付他的工资。在得到戴笠的承诺之后，雅德利不远万里，几经辗转来到了他完全不了解的城市中国重庆。在重庆，雅德利开始了他人生的第二次辉煌。他非常卖力地帮助国民政府按照美军情报机构的模式组建了“中国黑室”，成功地破解了日本的密电码，并因此破译出几千份日军及其间谍的通信电文。

在重庆期间，雅德利做得最成功的一件事，就是破获了国民党内奸“独臂大盗”为日军提供重庆气象信息的间谍案。当时，日军的飞机三天两头地轰炸重庆，给中国军民带来了巨大损失，并且在重庆引起了很大的恐慌。本来，重庆这个城市多云多雾，日军飞机很难准确地找到轰炸目标，轰炸效果本该是极差的，但是人们发现日军的飞机总是能够在晴天的时候飞来，还能准确地绕开防空火炮进行空袭，甚至有几次炸弹就扔到了蒋介石官邸附近。因此，国民政府认定在重庆一定有日本间谍在为日军提供重庆的气象信息和其他军事信息，而且这个人很有可能就躲藏在国民政府内部。

1939 年 1 月，雅德利和他的破译小组监听到了一些重庆发往某个地点的密码。由于当时没有日文打字机，雅德利只能用手抄写那些含义不明的日文片假名。抄着抄着，他突然发现那些密码电报仅仅使用了 10 个日语片假名，而日语片假名有 48 个，这让他感觉很奇怪。他敏锐地意识到，日本间谍使用 10 个片假名发送的是数字，而这些数字可能就是重庆的气象信息。顺着这个思路，他破译出了气象情报的大致内容，然后用无线电测向仪在便于观测气象的地方开始地毯式搜索，而且很快就抓住了这个正在发气象电报的日本间谍。

可是就在日本间谍被处决后，1939 年 5 月 3 日和 4 日连续两天，重庆遭受了日军规模空前的空袭，两天内重庆军民的死伤一共超过了 5 000 人，这就是重庆历史上著名的“五三”“五四”大轰炸。这时，中国的情报部门和雅德利才突然意识到他们之前抓住的不过是一个“小虾米”。这次惨案让雅德利感到非常痛心，他发誓一定要抓住在重庆隐藏更深的日本间谍。

然而，有一件事情使雅德利百思不得其解：日军轰炸机是如何躲过重庆防空部队的密集火力的呢？这一定有隐藏着很深的“内鬼”。雅德利通知了军统局广撒网，派人暗中调查，他自己则又沉浸在密码的破译中了。雅德利发现截获的密电文有三个特点。第一，密电文中很少有重复内容。这说明日本人使用的密电码已经不是文字和密码简单地一一对应的那种了，而是使用了更加复杂的加密方式。第二，每份电报一开始都是由 5 个英文字母组成的毫无意义的字串，然后才是数字。他把那些字母重新排列后就成了有意义的英文单词，由此雅德利分析判断出这个“内鬼”可能懂英文，而这些单词应该来自某本英文书。第三，电文内的很多数字虽然不重复，但是每份电文的变化范围不大，说明这些数字可能是根据某个公式算出来的，而不是完全随机的。

有了这些线索，“内鬼”排查的范围就可以逐渐地缩小了。这时，中国的情报部门告诉他，已经锁定了一个怀疑对象，那个人是高炮部队的一名营长。这名营长因为在战斗中失去了一条胳膊，被称为“独臂大盗”。说来也巧，雅德利正好也认识这个人。原来雅德利有一次在工作陷入僵局时，去了一个英国人开的茶馆消遣，遇到了一位能说英语的国民党军官，他就是这位“独臂大盗”。在得知中国情报部门的调查结果后，为了不引起“独臂大盗”的警觉，雅德利决定等待合适的机会到“独臂大盗”家里去寻找密码本。

不久，这个机会来了，“独臂大盗”给雅德利打电话说，他的一个女朋友从香港过来看他，邀请雅德利和朋友去吃晚饭。雅德利觉得这是一个极为难得的机会，但是他需要一个助手，这时他想到了在重庆认识的一位叫作徐贞（音译）的女子。当时，重庆能说英语的人并不多，徐贞能说一口流利的英语，和雅德利聊得非常投机，两个人就成了朋友。徐贞非常聪明机警，是最合适的人选。当雅德利把自己搜寻密码本的想法告诉徐贞后，后者虽然犹豫了片刻，但还是答应帮助雅德利。雅德利告诉徐贞，让她帮自己在“独臂大盗”家里找一本英文书，它应该是一本市面上比较流行的书，书中应该有某些英文单词，而且有很大的可能性是出现在前100页的。

到了晚饭那一天，雅德利和徐贞如约来到“独臂大盗”的住所。就在晚饭进行到一半时，空袭警报响了，电灯熄灭了，作为高炮营长的“独臂大盗”不得不换上军装去执行防空任务，留下一个仆人关照客人。这时，雅德利向徐贞使了个眼色，后者心领神会，借故离开了餐桌悄悄地溜进了“独臂大盗”的书房。“独臂大盗”的书柜里有不少英文书，徐贞紧张地翻阅着每一本书。最后她终于在赛珍珠写的《大地》一书中找到了雅德利所说的那几个英文单词，而且在这本书的很前面（第17、第18和第19页），这些单词下面还有用笔画过的痕迹。得手之后，雅德利和徐贞就借故有事离开了。

赛珍珠的作品《大地》获得了诺贝尔文学奖。该作品讲述的是中国的故事，因此在重庆很容易找到。雅德利借到一本《大地》后，就和他培训的学生一起破译了上百份“独臂大盗”发出的密码电报。他发现，日本人为“独臂大盗”设计的加密方法并不是十分复杂，单词所在的页码和日期之间有一个简单的计算公式，即发报日期的月数加上天数，再加上10，就是单词所在的页码。比如3月11日发报，密码就在3+11+10=24页，其他的电文编码也是采用类似的方法。这样的密码设计其实违背了信息论的一个重要原则，即加密函数不应该仅仅通过几个自变量和函数值就能倒推出来。对于这样的密码，破译者只需要破译一篇密码电报就很有可能破译全部的电文。

根据密电的内容，情报部门还挖出了其他“内鬼”，包括蒋介石的炮兵顾问德国人韦伯。他和“独臂大盗”都已被日本人和汪伪政权收买，为敌人做事。“独臂大盗”马上被捕，并很快被枪决，但是德国顾问韦伯听到消息后逃脱了。

雅德利担心日伪间谍对徐贞进行报复，劝说她尽快离开重庆前往国外避一下风头。不幸的是，在前往机场的途中，徐贞被汪伪特务暗杀了，而使徐贞身份暴露的正是“独臂大盗”家中的那名仆人，他也是汪伪特务。那天徐贞潜入书房查找图书时，这位仆人悄悄地注视着她的一举一动，并且将此事报告给了汪伪的特务机关。徐贞之死让雅德利非常难过和内疚，他的心情从此变得极度低落，甚至难以正常开展工作。不久他回到了美国。不过，他当时为中国培养的几百名谍报破译人员在后来的抗日战争中发挥了巨大的作用。

雅德利在二战后把他在中国的经历写成了《中国黑室》一书，不过这本书直到1983年才被美国政府解密，允许出版。在《中国黑室》一书中，雅德利多次提到日军对保密的技术原理所知甚少。有一次，日本的马尼拉使馆向外发报时，发到一半时机器突然卡死，然后电报员居然就照单重发了一遍，而这种同文密电在密码学上是非常忌讳的。另外，日本外务省在更换新一代密码机时，有些距离本土较远的日本使馆因为新机器到位较晚，居然还使用老机器发送电报，这样就出现了新老机器混用的情况。于是，同样的内容，监听日本电台的美国情报部门就会收到新老两套密文。由于日本的旧密码很多已被美国破解，导致日本的新密码一出台就毫无机密可言。总的来讲，在二战中日本的情报经常被美国人破译，他们的海军名将山本五十六也因此丧命。由此可见，在战争中信息泄露给人们所造成的损失常常是难以估量的。

雅德利回到美国后并没有再为美国情报部门工作，因为他和美国政府之间的结是解不开的。不过，他对美国情报事业和反法西斯战争所做出的贡献最终还是得到了美国政府的认可。1958 年去世时，他被安葬在了阿灵顿国家公墓。1999 年，他得以进入美国联邦调查局的名人堂。事后人们对雅德利截获并破译的密电文进行整理，足足有 16 箱，它们至今依然保存在美国国家密码博物馆的图书馆中。

雅德利对中国通信保密工作做出的贡献也是巨大的。他除了帮助中国破译了大量的日本情报，还把中国在无线电侦察方面的整体水平提高到了当时的世界先进水平。在他来到中国之前，无论是北洋政府还是国民政府，无线电通信保密工作都还处于非常原始的水平，而且政府人员对密码的安全性还抱有盲目的自信。比如，在 1924 年的第二次直奉战争中，直系将领吴佩孚的电报很快被日本人破译，后者随后又将情报转给了他们支持的奉系军阀；在中原大战时，反蒋联盟的电报很快被蒋介石破译，但是到了抗日战争的初期，国民政府的电文常常泄密，而破译工作又无从开始。而雅德利的及时到来，则帮助中国改变了在情报技术方面的落后状态，使得在二战中后期，盟军愿意和国民政府合作共享情报。

赫伯特·奥斯本·雅德利（Herbert Osborne Yardley）
1889—1958年

这位密码学天才出生于美国，被誉为美国的“密码学之父”。
虽然是一位外国友人，但他在第二次世界大战中却为中国抵抗日本法西斯做出了重要的贡献。他是抗战期间隐蔽战线上当之无愧的第一外援，被称为中国“黑室”英雄。

谣言比真相传播更快

除了信息泄密会给人们带来巨大的损失，信息传输的便利所带来的另一个副作用——谣言和谎言，也会像瘟疫一样快速传播，甚至比真相传播得更快。这些谣言有些是为了某种目的刻意制造出来的，并利用各种高效率的信息传播工具传播，比如纳粹德国在二战前和二战期间散布的很多谣言；有些则是以讹传讹，比如辜鸿铭曾经被提名诺贝尔文学奖的说法。不管是哪一种，它们都有可能在很短的时间里给社会造成巨大的危害。我们不妨来看下面几个真实的例子。

1935 年，一名叫利诺·里维拉的 16 岁的非洲裔男孩在纽约曼海姆区的一家杂货店里偷了一把 10 美分的小刀，被白人店员当场抓住。这名少年在搏斗中咬伤了店员，于是商店老板叫来了警察。警察逮捕了少年，但是在记录下他的信息后，就将他释放了。当时一位非洲裔妇女看到警察带走了小孩，于是就大声呼喊小孩被打了。由于店员被小孩咬伤了，于是医护人员就乘坐救护车来为店员治疗伤口。大家看到了店门口停放的救护车，似乎也正好证实了那位妇女关于小孩被打的说法。这时，正好商店门口还停了一辆灵车，于是大家就想当然地认为小孩已经被打死了。

当时，美国确实存在白人欺负非洲裔的现象，于是一些非洲裔得知消息后就组织起来反抗。这时一个叫作“青年解放者”的组织印制了大量的传单，开始向人们散发。此时，并没有人能够冷静地分析、判断这件事的真伪，就开始上街砸店，于是爆发了大规模的骚乱。政府为此出动了大批警察来弹压抗议的人群，但是没有任何效果。这时，警察就想找到那个男孩，让他现身辟谣。但是这个男孩在警局留下的地址是假的，警察足足花了一晚上才找到他。等他现身辟谣时，在这次骚乱中，已经有三人被打死，100多人受伤。这次骚乱给社会造成了巨大的经济损失。

当然，可能有人会觉得，一个谣言引起几个人死亡，算不上什么大事情。但是，我如果告诉大家，谣言会给人们造成每年400亿美元左右的投资损失，大家可能会十分震惊。巴尔的摩大学教授罗伯托·卡瓦佐斯（Roberto Cavazos）的多年研究证实了这一点。卡瓦佐斯还指出，这只是通常的情况。再举个例子，有关并不存在的特朗普总统通俄事件的谣言，就曾经让投资人在一小时内损失了大约3 400亿美元，虽然后来证实这是没有根据的谣言，实际损失有所减少，但是投资人依然有超过500亿美元的永久性损失，这笔损失是无法弥补的。[①]

正因为谣言能够给人们造成十分严重的危害，有时甚至会比犯罪和武力给人们造成的伤害更大，而且这种危害在一开始常常具有隐蔽性，不容易被人们察觉，所以，自从有了大众传媒，每到战争时期交战双方就会设法传播一些不利于对方的谣言。在第二次世界大战期间，即便是远离主战场的美国本土，也是谣言四起。比如二战轴心国

① Alicia McElhaney.Fake News Greates Real Losses[EB/OL][2019-11-18]. https://www.institutionalinvestor.com/article/b1j2ttw22xf7n6/Fake-News-Creates-Real-Losses.

在美国传播过这样一些谣言：

- 美国海军在珍珠港事件中全军覆没（真实的情况是，美国太平洋舰队在珍珠港事件中损失惨重，但是所有航空母舰和一些战列舰都幸免于难）。
- 明尼苏达州的一位母亲收到了日本人寄来的盒子，里面装着她被俘儿子的眼睛。
- 俄勒冈州的库里郡受到了鼠疫炸弹的袭击。
- 美国女子志愿救助服务者，成了军官的私人财产和慰安妇。①

这类谣言在二战期间非常常见。谣言的传播往往会严重打击军民的士气，让国民对政府产生不信任。很多关于富兰克林·罗斯福总统忽视日本袭击珍珠港的情报，导致那里惨遭袭击的谣言，也就是从那个时期逐渐传播开的。1942 年 6 月，罗斯福签署了一项行政命令，成立了战争信息办公室（OWI）。它合并了多个和情报相关的机构，一方面发现和制止所有可能对社会和军民造成损失的谣言，另一方面主动传播所有有利于提升士气和军民信心的战时信息。

美国战争信息办公室的一项重要工作就是甄别信息的真伪，尽可能有针对性地提供能够制止谣言危害的真实信息。比如，政府会在《波士顿先驱报》用以下模板发公告：

---

① Crystal Ponti. During WWII, "Rumor Clinics" Were Set Up to Dispel Morale-Damaging Gossip.[EB/OL].[2017-05-17]. https://www.atlasobscura.com/articles/wwii-rumor-clinics.

谣言：士兵在陆军买香烟和啤酒时，被收取高昂的价格。

事实：军队公共关系部说："错！战时供应给予士兵优惠。士兵以大大低于市场的价格在军队小卖店购买商品！"

有时，这样澄清谣言的公告也会被人们印在工资单的背面。

美国战争信息办公室还接受读者发来的一些需要甄别真假的信息，判断是否是谣言，并且寻找其原因。当时的《犹太退伍军人期刊》（第 10—12 卷）载："主动将谣言曝光，对其进行回复、消毒，比让它像毒药一样传播和造成溃烂要好。"

在当时没有计算机的情况下，逐条辟谣需要大量人员参与数据分

图 8–1
二战期间美国为辟谣制作的宣传画

析和情报甄别工作。美国最初设置了6个被称为“诊所”的办公室，进行发现谣言和辟谣的工作。很多大学的研究人员都参与了这项工作，包括谣言心理学的早期研究者罗伯特·纳普（Robert Knapp）。纳普建议将这样的诊所扩大到20家，但是美国政府并不放心太多政府之外的人员参与这一十分敏感的工作，因此“诊所”的规模与人数被严格控制。不过在战争期间这样的“诊所”至少开设了十几家，许多社会科学家、妇女团体、大学生主动参与相关工作，“谣言诊所”成为平民直接帮助战争取得胜利的一个重要途径。

大量谣言的出现，也让学术界开始研究为什么谣言比真相更加容易传播，为什么民众更加容易相信谣言，如何才能够有效地终止谣言的扩散并降低它们给社会带来的危害。纳普在1944年发表了一篇研究性论文，他写道，谣言常常表达并且满足了人们在社会动荡时期的一种潜在的情感需求。当人们面临着难以承受的巨大压力时，往往会希望听到对自己有利的消息，或者惧怕对自己更加不利的消息。因此这种反常的谣言出现后，人们首先不是进行冷静而理性的分析和思考，而是盲目相信或者产生恐惧。那么人们应该如何应对这些谣言呢？在纳普看来，简单直接地否认谣言是没有什么效果的，因为谣言常常是以简单合理的方式表达了许多人的不安和敌对情绪。换句话说，一个人的谣言可能恰恰准确地反映了另一个人的现实。此外，大量的研究表明，谣言不会自灭。纳普讲，谣言就像鱼雷，只要一发射，就会自行前进。因此，对付谣言的方式只有一种，就是提供针对那些谣言的真相。《生活》杂志在二战期间对上述理论进行了检验。他们在街上随机找了一个陌生人，告诉他，波士顿工厂的烟囱里很可能藏有美军的防空火炮。果然不久，这个谣言不胫而走，这就在一定程度上反映了大家在时局极度紧张时非常迫切地需要一种安全感。

二战期间，既然有国家会设法清除那些给人们带来伤害和损失的谣言，那么它的对手就会运用国家的力量来制造一些蛊惑人心或者给人们带来损失和伤害的谣言，其中最有名的当属纳粹德国时期的宣传部长戈培尔。

20 世纪 30 年代，当收音机还是一个热门的新玩意儿的时候，戈培尔就已经注意到它在传播信息方面要比发传单等传统方式高效且迅速得多，于是他想到用收音机来传播有利于纳粹统治的各种谣言。但是戈培尔遇到两个难题。第一，那时的收音机非常贵，通常价格在 200~500 马克，而当时德国工人的月平均工资只有 70 马克，大家在填不饱肚子的时候是不会买收音机的。第二，如果每个家庭都有了收音机，大家不但会听到谣言，还有可能听到英美电台广播的事实真相。不过，这两件事都难不倒戈培尔，为此，他搞了一个“人民的收音机”（Volksempfänger）工程。这个德语词由两个单词组成：Volks 代表人民，今天大众汽车单词（Volkswagen）的前缀 Volks 也是这个含义；后面的 empfänger 代表接收机。根据戈培尔的要求，这个收音机的设计者，科隆大学教授瓦尔特 · 克斯廷（Walter Kersting）将通常需要六七个电子管的收音机，简化到只有三个电子管，也就是说它只能接收几个中波频道。为了进一步降低成本，设计者还把其他锦上添花的元器件都拿掉了，比如改善音质的元器件。总之，“人民的收音机”仅仅是为了听新闻，而不是为了听音乐。这样一来，收音机的售价终于大幅度地降低了，严格控制在 70 马克以内，而且它只能收听几个德国电台的广播，根本收不到边境上英美电台的广播。1933 年，这种廉价的收音机一上市，很快就卖了几百万台。到 1941 年苏德战争爆发时，德国 2/3 的家庭都有了这种廉价收音机（见图 8–2）。

图 8–2
生产于 1938—1941 的廉价收音机

如果不考虑立场，我们应该承认戈培尔的办法是成功的。有了这种收音机，不管前线战事如何，老百姓听到的新闻都是德军一路高奏凯歌。今天，不了解那场战争的人可能会很奇怪，进入 1943 年之后，德国军队在前线动辄十几万甚至几十万地被歼灭，后方居然没有出现恐慌现象，也没有出现反战情绪，依然是一片歌舞升平。在很大程度上，是这种廉价收音机所传播的纳粹谣言所致。

不过人总是有好奇心的，你越不让他做的事情，有时他越想做。

一些听腻了德国枯燥无味节目的无线电爱好者开始试着改装这种廉价收音机。他们改变了收音机接收的频率，私自增加了接收能力更强的天线，这样一来他们就可以听到边境上英美电台的广播了。为了防止邻居听到动静后向盖世太保报告，他们还发明了耳机版的改装收音机。

通过改装的收音机，一些德国人了解到德国惨败的战争真相，但是少量的事实真相对人们的影响远抵不上大量传播的纳粹谣言。《第三帝国的兴亡：纳粹德国史》一书的作者，美国人威廉·夏伊勒当时是驻德国的记者。他在《柏林日记》中记述了这样一件事：一名执行任务的德军飞行员的母亲接到通知，说她的儿子在前线阵亡了。但是几天后，BBC 公布的德国战俘名单里却有她儿子的名字。次日，有 8 个熟人好心地告诉她这个消息，安慰这位母亲。出乎所有读者意料的是，这位德国飞行员的母亲居然向警察告发了这些人收听敌台，于是他们全都被捕了。

1945 年，在纽伦堡审判时，纳粹德国的军需部长阿贝特·施佩尔（Albert Speer）讲道，这种收音机让 8 000 万德国人彻底地失去了独立思考的能力。

当然，德国的同盟国就不是这种廉价收音机的天下了。英国人就在国家边境架设电台，宣传对德国不利的消息，甚至包括谣言，那些广播对动摇德国同盟者的信心起到了很大的作用。①

从这两个例子可以看出，在和谣言较量时，真相未必总能占到上

---

① Marc Wortman. The Fake British Radio show That Helped Defeat the Nazis[EB/OL]. [2017-02-28]. https://www.smithsonianmag.com/history/fake-british-radio-show-helped-defeat-nazis-180962320/.

风。这并不是得到消息的人智力水平不够，或者缺乏理性，而是因为在没有其他更加可靠的信息源提供佐证时，凭空地断定一条消息的真伪是一件很难做到的事情。

罗斯福对日本偷袭珍珠港知情吗？

直到今天，依然有不少相信阴谋论的人会认为，在珍珠港事件之前，罗斯福就已经掌握了日本要偷袭珍珠港的情报，但是他演了一出苦肉计。至于为什么要牺牲掉美国那么多军舰和士兵的性命，是因为美国当时孤立主义大行其道，大部分美国人不想卷入那场战争。而罗斯福则希望以珍珠港为代价，来换取美国民众对日开战的支持。事实上，相信这个阴谋论的人，不但对美国的政治运行机制缺乏了解，也完全不清楚情报部门的运作方式。

先说说罗斯福能否以近 3 000 名士兵的生命为代价换取对美国参战的需求。美国总统不是美国唯一掌握权力的人，不能够乾纲独断，他不仅受到国会的处处制约，受到反对党的各种挑战，还会受到同僚和下属的严格监督。很多由总统宣布的命令和政策，看似是由他做出的，其实背后是一个团队在帮助他做决策。此外，美国的信息来源是多渠道的，并不是少量知情人数可控的单一渠道。也就是说，无论从情报来源还是从参与决策来看，知情人是很多的。像珍珠港那样大的牺牲（超过整个太平洋战争海军死亡人数的 7%），如果是出于私心的决策，罗斯福要面临的就不仅是能否连任总统的问题，也不仅是要被问责的问题，而是要被法院起诉的问题了。

不过，关于珍珠港事件罗斯福知情的谣言流传甚广，美国历史学家和情报专家写了不下 10 本非常具有权威性的书来辟谣，并解释为什么罗斯福当时会出现这样严重的误判。其中最让人信服的是由美国情报专家罗伯塔·沃尔斯泰特（Roberta Wohlstetter）在 1962 年出版的《珍珠港：警告与决策》（*Pearl Harbor*：*Warning and Decision*）一书，她曾参与二战时的美国情报工作。在书中，她解释了为何罗斯福政府没能准确地判断出日军会对珍珠港发动突然袭击。简单地讲，那不是因为罗斯福忽视了各种情报，尤其是所谓军统情报人员池步洲提供的情报，而是因为罗斯福和他的团队获得的情报太多，以至无法在真真假假，并且充满矛盾的信息中判定哪些信息是真实的，哪些是谣言、误导或者噪声。

沃尔斯泰特用了“海量信息”这个词，来形容从 1941 年 1 月到 12 月，美国各个情报机构不断获得的与日美相关的信息。其中一些信息和珍珠港相关，更多的信息则和东南亚其他地区有关，包括关岛和菲律宾等地。况且这些海量信息杂糅在一起，要从中将并不算多的、与袭击珍珠港相关的信息逐一甄别出来，且确认珍珠港将是日军飞机攻击的目标，并不是一件很容易的事情。事实上，在被截获的情报中，提及有关菲律宾的最多，涉及珍珠港的最少。而池步洲所破译的一份由日本外务省致日本驻美大使野村吉三郎的密电，主要内容有三点：

- 立即烧毁一切机密文件，以及各种密码电报本，只留一种普通密码本。
- 将海外存款转存于中立国家银行。

• 日本政府将按御前会议的决定采取断然行动。

然而，美国情报部门已经完全掌握了这份密电，因为当时日本外务省的密码早已被美方破译。但是对美国情报部门来讲，难点不在于破译情报，而在于分析情报，并且甄别情报的真假。从池步洲破译的那份情报来看，没有人能够直接看出它预示着日本要袭击珍珠港。沃尔斯泰特在书中指出："事后看（事前的）迹象总是清楚的。……我们现在能看出它当时预示着什么样的灾难，因为灾难已经发生，但在事发之前迹象总是模糊不清，有各种互相矛盾的理解……总之，我们未能预见珍珠港事件，不是因为缺乏有关资料，而是因为无关资料太多了。"至于很多人坚信的一个神话——"池步洲破译了日军偷袭珍珠港的密电，但美国人的傲慢使他们与这一重要情报失之交臂"，来自军统人员沈醉的回忆录。沈醉完全是在不了解美国决策机制的情况下，一味地强调军统的情报侦察能力而已。

时过境迁，当年的谣言变成了今天阴谋论者的证据。但是，无论是过去还是今天，那些人都犯了一个简单的逻辑错误，即先射出箭，然后在箭的周围画上靶圈。具体来讲，就是在日本袭击珍珠港已成事实之后，再从海量的情报资料中找出了与珍珠港相关的那一小部分信息，然后由此推论，得出了"罗斯福故意放任日本袭击珍珠港"的结论。

二战之后出现了信息论，才有了判定信息可靠性的各种量化度量方法，比如信噪比这个量化度量信号和噪声比例的专业指标，以及对信息可信度的各种专业性的量化度量方法。但是在二战期间，鉴别信息的真伪还只能靠情报人员的经验，因此那时高层的决策者常常犯一些误用信息的错误，也是在所难免的。不过，如果我们今天依然把专业知识拒之门外，省去了用专业的方法收集信息、分析信息的过程，以及进行严密的逻辑论证的环节，就容易被阴谋论误导。事实上，阴谋论滋生的环境，并不是信息的缺乏，而是懒于思考的群体。

• 本章小结 •

信息的涌现改变了世界的运作方式，这种改变来自两方面，即正向的和反向的。我们在前面章节里讲到的改变大多是正向的，而在这一章我们看到了信息在另一个方向的作用，即因为信息的丢失，以及错误信息（谣言）给人们造成的巨大危害。

不过，人类不会因为信息可能产生的危害就退回到信息闭塞的时代，而是在想办法解决问题。当然，在没有信息论的情况下，各种解决问题的方法都是从经验出发的、自发的、不成系统的。它们的效果非常依赖于执行者的能力，也需要耗费大量的人工，比如加密者和解密者的个人业务水平，以及情报分析人员的甄别能力。这样的做法虽然能救一时之急，但是缺乏普适性的解决办法。因此，这些问题的出现也激发了世界对信息理论的需求。

自觉时代

第二编

11100100101111111010000 1 11100110100000001101 01111 111001001011110010100000

1001011111110100001 11100110100000001101 01111
1001011110010100000

第九章

让成功从偶然到必然

和其他技术的发展过程一样，信息技术早期更多的是靠应用驱动，从经验中积累知识。这是一种自发状态，其主要特征往往表现为较大的随意性和不确定性。即使在一个领域获得成功，那些经验也通常很难推广到另一个领域，因此从结果上看，早期的信息技术进步在很大程度上取决于个别天才的成就，比如莫尔斯之于电报、贝尔之于电话、马可尼之于无线电。事实上，他们的成功都有很大的运气因素，也就是在无意中走对了路。当然，在这个阶段更多的失败者，包括惠斯通、巴贝奇、穆雷和特斯拉等人，是留不下名字的。

不过，和其他技术一样，信息技术发展到一定阶段，就会发展出自己的理论基础。而那些最终成为信息技术发展基石的基础理论，在一开始可能看上去和蓬勃发展的信息技术并没有太多关系。

这就如同欧几里得的几何学和牛顿的运动学，非欧几何中的黎曼几何和爱因斯坦的相对论一样，最初的关联是不为人知的。就在19世纪随着电的普及与蓬勃发展之际，信息技术的理论基础也在悄然形成。

符号和表意

1833年，正当莫尔斯在美国搭起了实验室开始研究电报装置的时候，23岁的英国青年亨利·罗林森爵士（Sir Henry Rawlinson）作为东印度公司的雇员被派往德黑兰，帮助训练当地的士兵。从17岁起，罗林森就开始了他的军旅生涯，但是他一生在军事上并没有什么建树，相反，他对于古代文字的好奇心后来让他成为历史上最重要的古文字学专家之一。由于在德黑兰的公职是一份很轻松的工作，罗林森有足够多的闲暇在四周游历。

1835年，罗林森听说贝希斯敦小镇附近发现了“雕画”，很多人都去看热闹。他出于好奇，跋涉了几百千米，终于赶到了贝希斯敦。在那里，罗林森看到在悬崖峭壁的100米高处，有大约25米宽、15米高的巨型浮雕石刻，也就是人们所说的雕画。雕画中有国王和许多臣民的形象，但这雕画表达的是什么主题、什么意思，却没人知晓。这幅画周围有密密麻麻的，由细长三角形（楔形）构成的铭文，但是没有人懂得它们的含义，大家对此也不感兴趣。罗林森和众多看客不同，对他来说，这些楔形符号具有巨大的诱惑力，因为只有读懂它们，才有可能了解雕画的含义，才能知道几千年前发生了什么事情。罗林森想抄下这些文字，以便带回去仔细研究，但是苦于无法攀登百米高的悬崖。这时，一个善于攀爬的库尔德男孩扮演了英雄的角色，他在罗林森的重赏之下，勇敢地攀岩而上，在铭文附近挂了一个类似吊篮的装置，然后他像荡秋千一样左右移动，帮助罗林森拓下了那些“稀奇古怪”的铭文。

这篇铭文今天以它被发现的地点命名，被称为贝希斯敦铭文（见图 9-1）。铭文其实包含了三种不同的古文字，即古波斯文、古埃兰文和古巴比伦文。但是和同样包含三种文字的石碑罗塞塔石不同的是，贝希斯敦铭文的三种古文字没有一种是大家认识的，也就是说，它们都是死文字，即已经失传的文字；而罗塞塔石碑上有读得懂的古希腊文，相比之下，破解贝希斯敦铭文要难许多。事实上，在破译罗塞塔石碑时，商博良[①]从石碑上面的古希腊文中找到了一些线索和启发；而罗林森要破译贝希斯敦铭文，则需要另想办法。

所幸罗林森是一位罕见的语言学天才，且有着深厚的历史知识积淀。两年后，也就是 1837 年，他居然发表了这段铭文前两段的译文。原来这篇铭文讲的是古波斯王大流士平息各地政变和起义，取得王位的经过。对这项十分艰巨，且没有任何可参考文献的任务来讲，两年时间实在是太短了。要知道从罗塞塔石碑被发现，到它被商博良破译，历经了好几批语言学家十几年的不懈努力，而罗林森以一己之力，居然这么快就取得了突破，可谓奇迹。

---

① 让·弗朗索瓦·商博良（Jean François Champollion），法国著名历史学家、语言学家、埃及学家，是第一位破解古埃及象形文字结构并破译罗塞塔石碑的学者，从而成为埃及学的创始人，被后人称为“埃及学之父”。

图 9-1　贝希斯敦铭文

那么，罗林森为什么能创造奇迹呢？除了他有语言学的天赋、运气好，还要感谢当时欧洲在符号学[①]领域所取得的重大成就，以及学者探讨和研究将信息和知识抽象化的学术氛围。正是在这样浓郁的学术氛围中，一些天才才能够产生将信息和符号对应起来的直觉。

符号学的历史可以追溯到古希腊时代，不过那时还只是知识分子玩儿的游戏罢了。到了中世纪后期和文艺复兴时期，达·芬奇等人也在玩儿这种游戏。很多人热衷于密写术，因为这样可以让自己的研究成果只被自己看懂，而不易被他人剽窃。当然，有热衷于密写的，就会有热衷于破译的。一开始，有人想方设法设计出一些自己一看便

① 这里说的符号学是广义上的概念，不同于 20 世纪 60 年代在欧洲兴起的结构主义符号学。

知，其他人却不懂的抽象符号，以此记录自己的秘密。很快，另一些人则千方百计地去破解那些由抽象符号组成的谜团，试图窥视别人不为人知的秘密。但是渐渐地，大家开始思考那些符号和它们所表达的内容在数学和哲学层面的意义。比如，17世纪末18世纪初的大数学家莱布尼茨，就考虑用一套符号系统把人类的知识表示出来。他所设计的描述微积分的那些记号，就比牛顿使用的记号好得多。既然高深的微积分都能够用符号来表述清楚，那么其他信息是否也可以用符号来进行表述呢？虽然莱布尼茨在这方面并没有取得太多值得被人们称颂的成果，但是欧洲的数学家、哲学家和逻辑学家依然前赴后继，继续进行这方面的研究。他们最终的目的有两个，而这两个方向是截然相反的。

第一个方向是寻找符号和真实世界之间的表意关系。今天语言学的一个分支比较语言学在19世纪非常热门（如今已经热度不再了）。语言学家试图对比一些截然不同的语言，找出人类在使用符号（包括语音）表达含义时所表现出来的共性。像商博良破译古埃及文字和罗林森破译楔形文字，都是普遍受这种思潮的影响。虽然世界上有各种各样不同的符号系统（比如不同时代的语言、不同地区的语言就是不同的符号系统），在描述同一事物和概念时，用的符号完全不同，但是当时大部分学者都相信，符号之间必然存在着一些共性，而且这些共性是能够找到的。其中一个典型例子就是专有名词在语言上下文中是不变的，比如我们说“恺撒”，它在一段文字中不会变来变去。相比这样的专有名词，大部分动词的使用则是随上下文改变的。比如我们说“做”，可以有做工、干活、劳动等很多不同的含义。商博良和罗林森在破译古代语言时，都用到了这个原理。商博良先破译了托勒密这个名字，而罗林森破译了大流士。[①] 事实上，殷墟出土的甲骨文的破解，也用到了这个原理。

第二个方向，则是设计让大家更容易明白的符号，来表达真实世界里的含义，以及各种含义之间的关系。比如，我们用红色代表热水开关，蓝色代表冷水开关，任何人第一次在洗手间里见到这种标识，不用教就能明白它的意思。再比如，你到国外开车，看到各种路标，哪怕以前没有见过，也不会当地的语言，也能大概猜出它所要表达的交通指令含义。这背后的原因是，一些符号天然与生活中的含义相互对应，并且这些对应关系十分具体。

有具体的对应，就会有抽象的对应，比如莫尔斯用“嘀”和“嗒”这两种状态的组合代表各种字母和数字，就属于抽象对应。他之前想到的用数字代表单词，也是一种抽象对应关系。将复杂的信息用简单抽象的符号表示出来，这种需求在有了近代通信之后才变得日益显著起来，因为近代通信系统（无论是信号塔还是电报）都需要用

① 在具体的破译过程中，罗林森先找到了大流士这个名字。由于他对波斯历史非常熟悉，并且对大流士的身世以及官方文献中对他的称谓也都非常清楚，两相对照，他就轻而易举地破译了一些出现在大流士这个专有名词周围的文字。比如，铭文中有一段是这么说的，“大流士，伟大的王，众王之王，西斯塔斯皮斯之子”（Darius, great king, king of kings, son of Hystaspes）。罗林森在破译古波斯文字时，还做了一个大胆的假设——古波斯文是表音文字。这样，他从那些专有名词的读音中，找到了不少楔形文字所对应字母的读音方式，加上从其他古波斯语文献中了解到的一些读音，他很快就破译了古波斯语版本的铭文。但是，破译古埃兰语和古巴比伦语则要困难得多，罗林森花了十几年的时间才完成了这两项极为艰巨的任务。

简洁抽象的符号来指代信息，比如莫尔斯电码。

符号和真实世界的关系，可以概括成图 9–2。

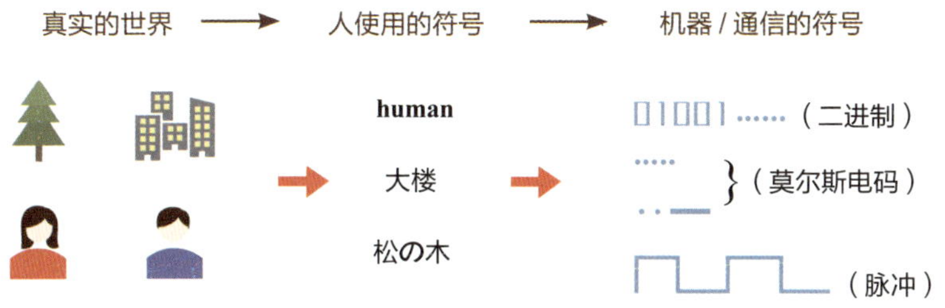

图 9–2　从真实世界，到人使用的符号，再到机器使用的符号之间的对应关系

几千年的人类文明进程中，我们能够了解到的信息、人类创造的所有知识和艺术的表述，都有赖于图 9–2 中这种方便人类使用的符号系统。我们的语言自不消说，数学也是用方便人理解的十进制计数和运算。而前面讲到的罗林森和商博良等人的古文字破译工作，不过是搞清楚图 9–2 中的第一步，即真实世界和语言符号的对应关系。

但是当电报机、电话机敲响了近代信息化大门的时候，它们更喜欢用机器的符号来工作。于是，所有概念、所有看到的信息，都需要对应到机器的符号中。今天由于信息论和计算机科学的发展，大家已经不怀疑这种做法的可行性，因为我们每一个人都在使用它。比如，我们看到的舞台演出是一些变化的图像，而在计算机里存储的则是一些特定格式的数字。

人类不仅需要表达静态的信息，比如专有名词、概念、状态等，还需要表达行为动作、逻辑和世界万物之间的规律，甚至是要表达自己对世界的看法，比如情绪。再进一步，我们不仅要将世界上所有的信息表达出来，传输出去，还需要处理信息。所谓为信息寻找数学基础，其实就是构建一个新的数学体系，在便于机器处理的新符号基础之上，将过去的全部知识重构一遍，并且在新系统的基础上创造出更多新知识。

亨利·罗林森爵士（Sir Henry Rawlinson）
1810年4月5日—1895年3月5日

罗林森是一位英国军官，也是一位考古学家。一次丛林奇遇，让他爱上了波斯古迹，并立志于解读贝希斯敦的楔形文字铭刻。
他用超常的语言学天赋，为历史学家提供了一部可以称得上美索不达米亚地区早期字典的珍贵资料，为人类探索古老东方文化做出了杰出的贡献。

为信息寻找数学基础

莱布尼茨早在17世纪末就发明了二进制，并试图把逻辑纳入数学的范畴，但是当时并没有大量的信息需要数字化存储、传输和处理，因此二进制诞生后100多年也没有人使用它。到了巴贝奇设计计算机时，他能想到的运算方式还是传统的十进制运算，这让计算本身复杂得不得了。今天从事计算机信息工作的人都知道，任何数字和符号的运算，以及简单的逻辑操作，都可以用几种（甚至只用一种，比如二进制）基本的逻辑操作来完成。但是巴贝奇当时并不知道这一点，因此他设计的计算机在当时复杂得无法用于实际工作。

真正系统性地提出用简单符号来表示逻辑命题这样的信息，然后通过简单的运算来解决逻辑问题的人，是 19 世纪中叶英国数学家乔治·布尔（George Boole）。后来英国著名的逻辑学家和数学家艾尔弗雷德·诺思·怀特海（Alfred North Whitehead）发现布尔的方法还可以用来解决所有的计算问题。再往后，人们逐渐体会到，解决了计算问题，很多信息处理的问题也就随之轻而易举地解决了。讲到这里读者朋友可能会有一个疑问，计算这件事的公式化、符号化早就有了，为什么非要用布尔搞出来的新工具呢？这其中最根本的原因在于布尔的这套方法十分简单，适合机器使用。当然，在介绍布尔的理论之前，我们先来讲讲布尔这个人的经历。

今天我们尊称布尔为数学家，因为他是数学工具布尔代数的发明人，也是数理逻辑的开山鼻祖之一。然而在布尔生活的时代中，人们只知道他是一名普通的中学数学老师，后来他虽然当了大学教授，但也不是什么有名的教授。

布尔生于 1815 年，他在年轻时就显示出了卓越的数学天分。当时英国的数学教科书质量不高（布尔这么觉得），于是他就去阅读大数学家拉格朗日的原著。受到拉格朗日关于解决最优化问题的方法启发，他在变分法上有了重大发现，这一发现便于解决有关曲线和曲面的最优化问题。布尔对数学有着极其深刻的理解，又善于书面表达，因此他后来写的微分方程教科书，在 19 世纪被英国的许多大学广泛采用。

大学毕业后，布尔在一所中学担任数学老师。在工作之余，他开始研究数学问题，并且在《剑桥大学数学杂志》（*Cambridge Mathematical Journal*）上发表过论文。当时英国的一些数学家正在争论代数的公理化和抽象化问题，布尔也参加了论战。1847 年，他把自己的观点和想法写成了《逻辑的数学分析》(*The Mathematical Analysis of Logic*)一书。这本书并不厚，只是一本小册子，却是数理逻辑的开山之作。人类使用了几千年的形式逻辑，从此就和数学开始统一了。这使得今天很多知识可以通过符号化的数学运算来获得，而不再需要人的思维。比如，大家可以使用一个工具软件 Mathematica 推导数学公式，它背后的基础就是数理逻辑。

要讲清楚数理逻辑对信息的作用，我们还要从大家常用的形式逻辑说起。

在形式逻辑中，对一个事件的描述被称为一个命题。比如我们说“企鹅生活在南极”，这就是一个命题。一个命题可以是真的(对的)，也可以是假的(错的)。比如上述命题就是真的，而“北极熊生活在南极”这个命题就是假的。我们还可以把一个命题反过来讲，比如“企鹅不生活在南极”，我们称之为原命题的否命题。显然，如果一个命题为真，它的否命题就必然为假，反之亦然。

几个命题可以组合，形成一个复合命题，比如，我们可以把上述两个命题组合成“企鹅生活在南极，同时，北极熊生活在南极”，这就是一个复合命题。显然，这个复合命题是假的，因为后一半条件不满足，于是导致整个复合命题都不能够成立。

值得指出的是，我们说的消息常常是一个简单的命题，或者是一个由简单命题构成的复合命题。比如我们说，“今天央行基准利率降低了 0.5%，但是股市没有上涨”。这其实就是一个复合命题，它可以被进一步拆解为前后两个简单的命题。如果我们将命题不断地拆解下去，当命题再也无法继续拆解时，得到的命题就是原子命题。比如

“企鹅生活在南极”“股市没有上涨”，这些都是原子命题。

对于命题或者信息，采用不同的组合方式，得到的复合命题肯定不一样。比如我们说，“企鹅生活在南极，或者，北极熊生活在南极”，这个复合命题就成立了。因为只要两个命题中有一个是真的，整个就是真的。在各种组合中，人类最引以为傲的就是发现了很多命题之间的因果关系，比如我们讲，“因为北极熊不生活在南极，因此它们见不到企鹅”。有了因果关系，人类就可以进行推理，比如我们有以下两个复合命题：

——如果北极熊想见到企鹅，那么它就必须生活在南极。

——北极熊不生活在南极。

从中我们可以得到结论：

——北极熊见不到企鹅。

这就是形式逻辑中著名的三段论。

形式逻辑从古希腊开始已经存在了 2 000 年，虽然学者们经常研究它，但是没有人把它抽象成几个简单的符号。

到了 19 世纪，由于机械论和近代原子论的出现，学者们开始相信再复杂的事物都可以用最基本的元素，通过基本的操作搭建而成。在这样的大背景下，人们对布尔逻辑中的命题做了最大程度的抽象，使之变成一个符号，比如，“企鹅生活在南极”用符号 P 代表，“北极熊不生活在南极”则用 Q 代表。这些符号的取值又进一步简单到只有真和假（在布尔代数中，不允许有折中）。

如果回顾前文讲到的符号和信息之间的对应关系，我们就会发现，布尔完成了从一个逻辑命题到符号（大写字母）的对应。不过，布尔并没有止步于此，他最了不起的地方在于，用三种很简单的运算把命题之间的各种逻辑关系全概括了。这三种逻辑运算就是逻辑中最基本的“与”“或”“非”关系。当两个命题进行“与”运算时，只有它们的取值都为真，得到的复合命题才是真的，否则就是假的。而当两个命题进行“或”运算时，只要两个当中有一个取值为真，结果就是真。这和我们平时的思维是完全一致的。至于“非”，就是对一个命题的否定，真变假，假变真。当然，这些简单的运算本身也可以再进一步组合，比如一个命题先做一次“非”运算，再和另一个命题做“与”运算。命题之间的逻辑运算可以很复杂，不过布尔告诉大家，所有复杂的运算，包括因果关系和三段论推理，都可以用上述三种简单的逻辑运算组合而成。这样一来，现实世界中各种复杂的表述、因果关系、逻辑推理，就变成了一些简单的数学符号运算。由于布尔给出的方法其实是特殊的数学运算，所以他所发明的这套工具被称为布尔代数。

乔治·布尔（George Boole）
1815年11月2日—1864年12月8日

他出身寒微，才智过人，在从事教学工作时，因为不满意当时的数学课本，决定自己写一套新的微分方程和差分方程的课本，这套课本在英国一直被使用到了19世纪末。乔治·布尔是19世纪最重要的数学家之一，并且因为在符号逻辑运算中的特殊贡献，很多计算机语言中都将逻辑运算称为“布尔运算”，将其结果称为“布尔值”。

1854 年，布尔把他关于数理逻辑的全部思想和论述写成了《思维规律的研究》一书。在书中，布尔详细地表述了符号化之后逻辑演算的数学方法。这本书在当时并没有引起数学界的巨大轰动，一来是因为布尔本人一直游离在主流数学家群体之外，二来他所发明的布尔代数，在当时并没有太多的用途。在随后的几年里，数学家开始使用布尔代数，但是它依然没有得到数学界应有的广泛关注。真正让布尔名声大噪的是英国著名逻辑学家和数学家怀特海。1898 年，怀特海在《泛代数》（*A Treatise on Universal Algebra*）一书中全面运用了布尔的理论。此后，数学家发现使用布尔代数可以实现我们已知的全部运算，比如加、减、乘、除，乘方、开方，微分、积分等，而它又是如此简单，很容易通过机器来实现。

到了 20 世纪，数学家开始习惯于用二进制的组合来表示信息了。人们发现二进制、布尔代数和真实的世界其实有着天然的对应关系。比如，我们可以用 1 代表逻辑上的真，也可以对应于莫尔斯电码中的杠、电路的连通、高电压等，而 0 则可以代表逻辑上的假，对应于莫尔斯电码中的点、电路的断开、低电压等（见表 9-1）。

表 9-1　二进制、布尔代数与真实世界的对应关系

数学	逻辑	电路	莫尔斯电码	电压
1	真	连通	▬	高
0	假	断开	●	低

可见，所有算术运算和简单的逻辑运算其实是一回事，都可以用布尔代数来解决，而布尔代数中的真和假又对应着电路连通和断开、

高电压和低电压。当人们意识到这种关系之后，利用电来实现计算就变得大有可能了。当然，利用电或者机械来处理信息，中间还缺少一个十分关键的桥梁。这个桥梁在20世纪30年代，由一位天才的年轻人搭建完成，他就是克劳德·香农。

• 本章小结 •

与其他技术一样，信息应用发展到一定阶段，就会寻找自己的理论基础，比如信息的处理（如计算）需要理论的支持，信息的通信和加密等同样如此。

关于信息的理论出现于 19 世纪，虽然最初它和已经开始应用的信息技术是平行发展的，二者之间看似并无交集，但是它很快将被证明能够指导信息技术的进步，让人类少走很多弯路，从而让偶然的成功变成必然的结果。

第十章

开启信息时代的天才

1937 年秋天，一位 22 岁的年轻人千里迢迢从麻省理工学院跑到了美国首都华盛顿特区进行他的硕士论文答辩。这种情况在美国其实非常罕见。在美国，硕士论文并不太重要，因为绝大部分硕士生根本不需要发表论文就可以获得学位。少数选择发表论文的硕士生，其论文水平也远远无法和博士论文相比。美国高等教育对硕士生的要求，只是掌握足够多的专业知识，将来能从事相应领域的工作。而对博士生的要求，则是需要他们对人类的知识体系有所贡献。正是在当时的学术气氛中，这位年轻人奔赴千里只为一场非必要的答辩就显得更加异乎寻常了。

非常之事的发生必有其原因。一方面，这位学生的导师非常特殊，他叫万尼瓦尔·布什（Vannevar Bush），是美国 20 世纪最重要的科技管理者之一。作为美国的第一任总统科技顾问，布什不仅创立了美国国家科学基金会，还参与制定了美国政府支持和管理科学研究的基本国策。这项国策沿用至今，确保了从第二次世界大战开始美国的科技水平始终遥遥领先于世界。另一方面，则是因为那篇答辩的论文很重要，它很有可能彻底改变世界，布什希望有更多的专家听一听，所以给了这位年轻人到首都来汇报研究成果的大好机会。

至于这位年轻人的工作在历史上具有何等的重要意义，就要从他一年多前进入万尼瓦尔·布什在麻省理工学院的实验室说起。

一位天才的横空出世

1936 年，这位 21 岁的美国青年在密歇根大学读完了两个本科学位后，来到了麻省理工学院跟随布什做硕士研究的课题。布什不仅是一位杰出的科技管理者，也是非常著名的电子工程专家，他设计了当时世界上最复杂的微分分析仪。那是一台机械模拟计算机，可以通过一堆机械轮盘的运转来进行微积分计算，求解微分方程。在电子计算机还没有出现的年代，它算得上是最精密的实用计算设备。这位 21 岁的新生一来，布什就安排他管理微分分析仪。很显然，这表明布什对他格外重视。

还没有走进实验室，这位新生就听到屋内传出了嗡嗡的巨大响声。打开实验室的大门，他看到一台巨大的机器正在运行（见图 10–1）。那台机器设计得十分精巧，也极为庞大而复杂，它在某种程度上解决了当年巴贝奇想解决而不能解决的问题——让机器完成微积分和解微分方程的运算。但是，它不具有埃达和巴贝奇所设想的灵活性。因为它每次计算不同的问题，设备结构都需要重新搭建一遍，这就让它的实际使用价值大打折扣。为了解决这一问题，布什想发明一种新的分析仪，通过一些开关自行调整仪器的结构——激活一些新的功能，同时也关闭另外一些不需要的部分。过去这件事往往是通过工人操作螺丝刀来完成的，如今布什希望用开关来取代螺丝刀，而且用问题本身来控制开关。因此，他把这位新生带进了实验室，希望这位年轻人能够用他的聪明才智帮助自己解决这个困扰许久的问题。

图 10-1
微分分析仪

在接下来一年多的时间里，这位硕士生每天都会穿过麻省理工学院那条“没有尽头的走廊”[①]，来到 13 号楼[②]那间成天机械噪声嗡嗡作响的实验室，构想如何才能用开关来控制那台十分复杂的机器。当时，人们已经开始广泛使用继电器来控制电路的连通与断开——当给继电器通电时，它就可以打开一个电路。人们通过这种方法用电流控

① 这是人们给那条长上百米、贯穿麻省理工学院 4 栋大楼的走廊起的名字。
② 麻省理工学院的人习惯于用数字给所有的东西起名字。

制非常复杂的电路，以此决定哪部分工作、哪部分闲置。至于如何控制那些需要很复杂的逻辑才能激活或者关闭的电路，实现起来就颇费周章了。

接受了布什交给的任务，年轻人那天才的大脑便开始了高速运转。他想到了在大学时学到的数理逻辑，也就是我们前面介绍的布尔代数。当时他学习这些内容，并不是在数学或者电路课堂上，而是源自哲学课的一部分。由此可见，通识教育对一个人的重要性。现在，那门哲学课所教授的知识即将派上用场。

这位硕士生很快就发现，所有控制开关的复杂逻辑，其实就是布尔代数中那几种简单逻辑的组合而已，而且控制开关完全可以通过继电器来实现。只要用继电器实现了布尔代数中的“与”“或”“非”这三种简单的逻辑，就能满足各种要求，对各种电路进行控制。于是，这位硕士生搭建了一个装满了各种继电器开关的控制箱，来控制复杂的微分分析仪。最终他出色地完成了导师交给的这项艰巨任务。但是，完成任务的意义远不止于此，因为它开创了一个完全崭新的时代。在此之前，电路的设计完全靠经验，在此之后，人们只要把控制电路的逻辑用布尔代数写成一个方程式，就能够按部就班地用最简单的开关电路搭建出结构和功能十分复杂的机器。为了证明这一点，这位硕士生用自己的方法搭建了一个控制电路，只需要两个并不复杂的步骤就能完成。而在此之前，他的同事靠经验完成这件事则需要 11 个步骤。从此，人类对电路的设计从自发状态上升到了自觉状态，设计电路不再凭直觉和经验，而是靠方程式和任何人都能学会的简单规则。

随后，这位年轻人进入闻名遐迩的 AT&T 公司的贝尔实验室完成了他的实习。在实习期间，他接触到了通信网络和交换机技术，这些启发他开始思考微分分析仪、电话网络和布尔代数之间的共性。但是，他给那个世界上最出名的实验室带去的价值，远超他的收获，而且大得多。贝尔实验室的科学家也在探索这位年轻人在硕士期间已经解决的问题，但是没有找到答案；而这位年轻人的出现，则给那些科学家带去了深刻的思考，即电路设计和数学的关联。此外，他还让那些科学家看到，数学和逻辑其实是一回事，它们都可以通过一些简单的方法，也就是布尔代数在同一个平台上实现。从此，AT&T 公司在它的核心业务方面获得了巨大的改进，它运用数学将全世界的电话网络运营成本降低，且运行更加稳定。

在完成实习之后，这位年轻人开始思考一些更本质的问题。因为他所提出的开关电路不仅能够控制微分分析仪完成计算，而且它本身就可以实现二进制计算。比如，我们将开关的连通和数字 1 对应起来，将断开和 0 对应起来，那么，我们就很容易实现一个如下逻辑的开关电路。

$$1 \otimes 1=0$$

$$1 \otimes 0=1$$

$$0 \otimes 1=1$$

$$0 \otimes 0=0$$

也就是说，当两个开关都处于连通或者断开状态时，整个电路是断开的；当两个开关一个是连通另一个是断开时，整个电路被连通。这种逻辑被称为“异或”。这样的电路有什么用呢？其实它可以用来实现二进制的加法。我们知道，在二进制中：

$$0+0=0$$

$$1+0=1$$

$$0+1=1$$

$$1+1=10$$

如果，我们把关注点集中在结果的个位数上，就会发现它和“异或”电路的结果完全相同。当然，在进行二进制 1+1 的时候还会有进位，这个问题也可以用开关电路来实现。如果我们回顾一下布尔代数中的“与”逻辑，就会发现进位和“与”逻辑实际上是保持一致的。因为只有当两个加数都是 1 时，进位才为 1，否则就是 0。

这样，利用简单的“异或”逻辑和“与”逻辑，就可以实现二进制的加法——个位数上的结果取决于“异或”逻辑运算的结果，而进位取决于“与”逻辑运算。二进制的乘法就更简单了，它本身就是“与”逻辑。四则运算中的减法和除法，又分别是加法和乘法的逆运算，它们也很容易用开关电路来实现。至于其他运算，则可以用数学公式变成四则运算，这样所有的运算都可以用简单的开关电路来实现。有意思的是，开关电路背后则是半个多世纪前就被提出的，但是人们一直没有找到有直接用途的布尔代数。再后来，人们发现布尔代数中的“与”“或”“非”逻辑，以及我们前面提到的“异或”逻辑，都可以用一种被称为“与非”的逻辑来实现。也就是说，我们甚至不需要实现“与”“或”“非”三种基础的逻辑电路，只要设计出一种简单的电路来实现“与非”逻辑，就能用它作为基本模块，来搭建能够完成所有计算的各种复杂的电路。

这位年轻人后来还证明，世界上所有的信息都可以用两种符号来表示，比如 0 和 1。于是，所有的信息处理、存储和传输，从本质上讲，就是两种符号和一种简单的（与非）逻辑。至此，信息处理就有了真正的数学理论基础。这个基础的重要性堪比几何学中的公理，在此之上才有了今天完整的信息科学。

这位硕士生在通过硕士论文答辩之后，并没有在第一时间把论文交回学校，而是开始从事更重要的事。第二年（1938 年）他将硕士期间的研究成果发表在美国电气与电子工程师学会的学报上。一直到三年后他才把这篇硕士论文《继电器和开关电路的符号分析》交回麻省理工学院，并且签上了自己的名字——克劳德 · E. 香农。同一年，香农获得了美国工程师学会的诺布尔奖[①]，这是一年颁发一次，并且只授予一位 35 岁以下英才的工程奖项。

香农的这篇硕士论文毫无争议地被誉为 20 世纪最重要的硕士论文，甚至有的学者认为，这可能是有史以来最重要的硕士论文。因为我们今天所有数字集成电路设计最底层的原理都写在了这篇论文中。从此，人类信息处理进入数字化时代。

---

① 诺布尔奖（Alfred Noble Award）和诺贝尔奖（Nobel Prize）在拼写上很相似，以至很多人会把它们搞混，但它们完全是两回事。

不过，这篇论文并没有涉及如何运用程序来控制那些复杂的计算，而同一年一位英国的天才恰好给出了解决这个问题的数学模型。这两位天才很快在贝尔实验室相聚了。

克劳德·埃尔伍德·香农（Claude Elwood Shannon）
1916年4月30日—2001年2月24日

香农是与冯·诺伊曼、图灵齐名的人工智能领域的先知，他被贝尔实验室和麻省理工学院尊称为“信息论及数字通信时代的奠基人”，是一位颠覆时代的科学天才、当之无愧的“信息论之父”。

他为人类信息通信发展做出了里程碑式的贡献，此外，他还是比特（bit）这个单位的发明者，也是世界上第一个提出“计算机能够和人类下棋”想法的人。

香农与图灵的智力游戏

1942 年，美国已经被迫卷入第二次世界大战。那是一场全民战争，身处后方的科学家也责无旁贷地直接或者间接参与其中。整整的一代数学家和物理学家思考的是和战争直接相关的问题，比如：

- 摧毁一个特定的目标需要多少吨炸药的爆炸力；
- 轰炸机应该以何种队形排列出击；
- 飞机有限的装甲应该用于保护经常被炮弹击中的地方，还是其他地方；
- 深水炸弹应该在多深的水域引爆……

被誉为一代天才的香农也接受了一个和战争直接相关的秘密任

务，而他表面的身份仅仅是贝尔实验室的研究员。

在二战期间，参战双方都在千方百计地努力破获对方的情报，同时让自己的情报传输和通信变得更加安全。为此，双方都想出了各种稀奇古怪的办法，比如，美军曾经找了500名印第安土著纳瓦霍人作为战场上的通信员，因为他们的语言外界无人能听懂。但是当在战场上进行远距离通话时，显然不能在所有的讲话人身边都安排这样的通信员。因此，虽然美国采取了各种加密措施，并在通话中加入了干扰噪声，以确保情报传递的安全，但是德国在荷兰设立的大型监听站，还是能窃听到丘吉尔和罗斯福的谈话，因为当时的技术还无法对语音通话进行加密。于是这个较难解决的任务就交给了贝尔实验室，项目代号为X，对外是严格保密的。贝尔实验室内部对此还有一个特殊的代号，叫作SIGSALY（见图10–2）。

SIGSALY的技术在今天看来简单得不值一提，但是在当时却是一个壮举。它的原理并不复杂，首先将语音进行数字化采样，过滤掉语音中的一些冗余信息，然后对采样信息（声音振动的幅度）进行加密，也就是叠加一个密钥。加密后的语音在常人听起来就和噪声差不多，因此即使敌方在电话线上装了窃听设备，并且截获了通话的语音，也听不懂具体内容。而自己的接收方，由于知道密钥，就可以先将声音解密，然后再用机器将声音还原。这样在听到的声音中就过滤掉了讲话人的口音、语气等很多辅助信息，只剩下非常简明、尚能辨别含义的语音了。这对于当时的保密电话来讲，能够做到这一点已经很不容易了。

图 10-2　在美国国家密码博物馆的 SIGSALY 语音加密系统展览

在那个还没有计算机的时代，要利用电子管搭建一个能完成上述功能的电子系统是一件工程量和难度都相当巨大的事情。SIGSALY 系统重达 45 吨，占地面积 250 平方米，建造费用高达 500 万美元，是世界上第一台电子计算机埃尼亚克的 10 倍。不仅如此，SIGSALY 工作起来耗电量也大得惊人，整个房间需要日夜不停地开着空调来降温。为了传输一毫瓦的（语音）信息，居然要消耗掉 30 千瓦的电。

即便如此，SIGSALY 还是创造了很多项世界第一。这种对语音进行加密的语音系统被称为声码器，至今军队的保密电话依然采用声码器来加密。SIGSALY 还第一次对电话进行了脉冲编码调制

（PCM），这是今天数字电话所用的技术，只不过我们平时用的电话不需要加密而已。此外，SIGSALY 也是世界上第一个语音合成系统。香农是 SIGSALY 小组的 20 多位成员之一，他负责检验各种加密算法，以保证 SIGSALY 系统加密后信息的安全。

在第二次世界大战期间，美国几乎所有的顶级科学家，包括爱因斯坦、冯·诺伊曼、奥本海默、恩利克·费米、欧内斯特·劳伦斯和阿瑟·康普顿等人都参与到和战事直接相关的各种应用研究中。在这个过程中，诞生了核反应堆、原子弹、回旋加速器等现代科技成就，更重要的是诞生了三个我们使用至今的理论（或者说新学科）。它们分别是维纳的控制论、冯·诺伊曼的计算机系统结构和香农的信息论。当然，它们诞生的方式完全不同。维纳的控制论，早在 1935 年他还在清华大学任教时就有了雏形，到了二战时他想为战争做点儿事情，于是将那些初具雏形的理论用在了火炮控制上，并最终成形。使用至今的冯·诺伊曼系统结构，纯属冯·诺伊曼这位超级天才无心插柳的行为。他在研制氢弹时需要用到计算机，但发现从事计算机研发的人完全走错了路，于是他提出了自己构建计算机的思路。香农建立信息论和这两位成名已久的大人物完全不同，他只不过是在参与 SIGSALY 项目时，思考了别人根本不曾思考的理论问题，或者说信息技术的数学基础问题，然后找到了答案。

香农并非 SIGSALY 项目的负责人，他甚至没有被告知自己所做的加密研究最终将应用于何处，因为 SIGSALY 在当时是绝密项目。不过，这项工作让香农接触到了语音编码、通信和密码学，并让他对此产生了十分浓厚的兴趣。当时，几乎所有的密码学家都把密码学当

作一门非常实用的学科，即利用技巧设计一个可以用得上的密码系统，或者找出其他密码系统的数学破绽。但是，香农所思考的则是与密码学相关的数学和哲学问题。他写的密码学论文并没有涉及太多具体的密码方法，因此当时的密码学专家对此并不十分感兴趣。不过，在战争期间，香农还是有自己无话不说的知己的。

从 1942 年开始，在很长一段时间里，大家可以看到有两个年轻人经常在贝尔实验室的咖啡厅喝茶聊天。他们是 20 世纪两位不世天才——香农和图灵，后者是作为英国密码项目访问团成员来到美国的。图灵当时才 30 岁，而香农也仅仅 26 岁。贝尔实验室当时很想把图灵留下来，他本人也很愿意留下来，但是美国安全机构对此有所顾虑，因为它不太想让外国人插手军方密码这样高度机密的研究。

这两位年轻人在情报界的名气让他们的会面充满了神秘色彩。后世的记者和传记作家总在试图了解他们当时到底谈论了什么，但遗憾的是，不曾有任何人记录了只言片语。有一点可以肯定的是，由于双方的工作都属于各自国家的最高机密，他们都没有谈及自己正在从事的工作细节，也没有打听对方在做什么。很多年后，记者在采访香农时又问及这个问题，香农讲："我们一点儿也没有谈到密码学……一个字都没有交流过。"当被问及是否能猜出对方在做什么的时候，香农讲道："我或许能猜到他所做的那些工作，但是肯定不知道具体的细节。我不了解（图灵所破译的）恩尼格玛机，也不了解他（图灵）在其中是什么角色。"

事实上，香农和图灵当时谈论得更多的是哲学层面的一些问题，比如能否让机器像人类那样产生智能。几年后，也就是 1950 年，图

灵提出了判定机器是否具有智能的方法——图灵测试。而到了1956年，香农则和明斯基等9位科学家一起，提出了人工智能的概念。很多人都在猜测，如果这两位天才当时能够讨论密码学问题，其卓绝的智力碰撞也许能产生惊人的成就。事实证明，像密码技术这样的研究课题，对他们而言，实在是微不足道。虽然密码学在二战时特别重要，但是像香农和图灵这样超级聪明的头脑，应该用于思考关于人类的更重大的问题。事实上，关于密码学最根本的理论，香农在二战期间已经于无意中彻底地解决了。真正让这两位年轻人经常坐到一起喝咖啡的原因，不是在某一个领域的共同语言，而是对彼此才华和思想的欣赏。图灵非常仰慕香农的多才多艺，香农精通很多领域的知识，堪称科技领域的哲学家，这样的人在英国很少见。同样，香农对图灵精深的思想赞叹不已，丝毫不掩饰自己对图灵的赞许。他常常向周围的人们讲："图灵有伟大的思想，他非常了不起。"

不过，二位天才间这类随机的讨论对香农创立信息论是否有所启发就不得而知了。图灵当时在破译德国的恩尼格玛密码机时发现了对方密码的一个破绽，就是加密后的密文并不具有完全的随机性，以至有些常用的字符可以被推测出来，这就大大降低了英国人破译德国密码的计算量。比如，德国人习惯于使用X取代单词之间的空格符"　"（空格），这对密码设计来讲是一个十分致命的破绽。因为空格符是文本中最常见的符号，能够帮助阅读者理解文本含义。香农在从事了一段时间的密码学工作之后，就开始从具体的问题进入了更深层次的思考，他从信息的角度给出了密码学两个最根本的指导性建议。

首先，任何密码在使用一段时间后都会有泄露的可能性，唯一不

会被破译的密码就是一次性密码。当然，在香农的那个年代，使用一次性密码是根本不可能实现的事情，但是它成了今天量子通信的最重要亮点。

其次，加密后的密文要力求做到完全的随机性，这样即使对方截获了密文，他们也不可能从密文中分析出任何有用的信息。在后来正式提出信息论之后，这个理论就被描述得更加清晰了。假如在对方截获密文之前所了解的信息量是 I，而在截获密文之后所得到的信息量是 I'，那么对方获得的信息增量就是：

$$\Delta I=I'-I$$

ΔI 要尽可能的小，最好等于零。这样，无论对方截获密文与否，对我们的了解都不会有任何明显的变化。

为什么要让密文看上去完全随机呢？因为完全随机的信号中所包含的信息增量最少。而且，任何不是随机的密文都会多少泄露一些信息。因此，像恩尼格玛密码机那样的加密方式，因为所产生的密文并不具备完全的随机性，是有十分严重的破绽的。

和图灵一样，香农对密码这种智力游戏有着天生的兴趣。他还是孩子的时候，就一个人成功破解了爱伦·坡小说《金甲虫》中的一段密码。那段密码是用各种奇怪的符号写成的，但是那些符号有着和英语相同的统计规律。它们虽然看上去是密文，其实却包含了和明文相同的信息，而且这个信息可以轻易地被提取出来。或许是因为任何能够归纳出统计规律的加密对他来讲都太容易破解，所以他对密文一定要具有随机性这件事才有特别深刻的体会。

在香农之后，密码学演进出了十分坚实的理论基础，密码才开始

真正变得安全了。虽然“冷战”持续的时间要比二战长了 40 年，其间密电文的数量比二战时多出了很多，但是却没有像二战时那样，双方不断地成功破译对方的密码。

当然，如果香农只是一个在密码学领域有所建树的理论家，他就不可能获得今天在信息领域人人皆知的名气。他所做出的更大贡献在于，他发现了密码学其实和通信在原理上根本就是一回事，并且提出了通信的数学原理。

噪声信道：通信数学模型的基础

在香农以前，从事密码工作的人和从事通信领域的人常常是两类截然不同的人。像贝尔、马可尼这些人根本不懂密码学，而雅德利等人也根本不懂通信。这两类人相安无事地在各自的领域工作了多年，也没有觉得对方所擅长的领域和自己有什么关系。但是在香农之后，这两个领域就开始变得互通了，因为香农发现了它们共同的规律。香农在《保密系统的通信理论》（Communication Theory of Secrecy Systems）一文中这样写道：“密码系统和有噪声的通信系统没有什么不同。”

这个结论对于外行来讲只是一个陈述，但是对于这两个领域的从业者来讲，却是一语道破天机。事实上，只要我们对比一下密码传输和通信各自的工作方式，就不难明白为什么香农这么说了。

图 10-3 显示的是典型的通信过程。在这个过程中，讲话人先发出信息，信息可以是语音，也可以是文字，然后经过调制变成通信线路能够传输的信号，比如电话线中的电信号，或者无线电广播中的电

磁波。接下来，这些调制后的信号经过信道进行传输。这个信道可以是铜导线、大气，也可以是光纤。当信号到了接收方时，先要进行解调。这个工作由接收器完成，比如我们日常使用的收音机、电视机都是解调器。经过解调后，收听人才能明白讲话人原来要表达的信息。

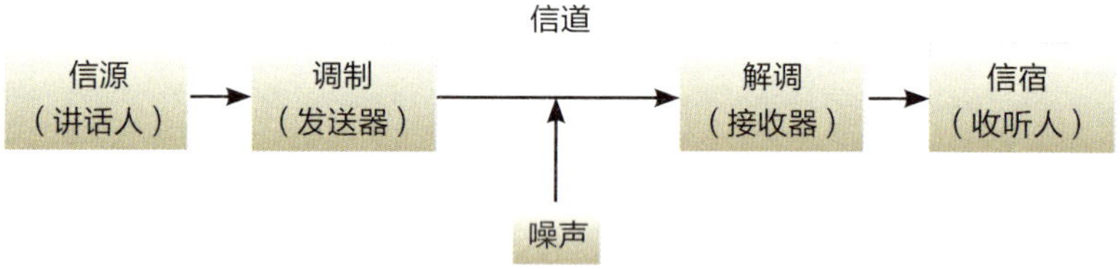

图 10-3　有噪声信道的通信过程

上述通信过程由于无法完全避免噪声的出现，以至接收方所获得的信息可能和发送方想传递的信息出现不一致的情况。比如，当我们和朋友在饭馆里吃饭聊天时，如果周围的环境非常吵闹，我们就可能无法听清朋友说话的声音。这就是因为信号在空气这个信道中进行传输时，噪声被加了进来，和信号混在了一起，以至我们难以识别讲话人在讲什么。

真实的信道永远是有噪声的。其实电话通信、无线电通信的情形和我们在吵闹的饭馆里聊天差不多，电线中随机的脉冲和电压的波动，大气中的宇宙射线和周围无线电设备的干扰，都是影响信息有效传递的噪声的来源。噪声信道的假设是现代通信理论的基础，它对于通信的重要性，就如同欧几里得公理对于几何学，亚当·斯密关于人是理性和自私的假设对于经济学一样。在香农之前，人们并没有认识到噪声是通信的天然属性，还在持续不断地努力研究，希望造出一种没有任何噪声的信道，或者让通信不受噪声的干扰。但是香农十分明确地告诉大家，这些努力都是徒劳的。当传输的距离不断加长后，信号的强度也在持续减弱，而噪声的强度并不会因此有丝毫下降，于是在超过一定的距离之后，接收方常常会觉得信号消失了。其实，信号本身其实并没有消失，它们只是变弱了，甚至被彻底地掩埋在噪声之下，让人们无法辨认。当然，如果我们对噪声有足够多的了解，就可以反向叠加同样的噪声，将噪声抵消掉。今天各种高端去噪声的耳机用的就是这个原理。

接下来我们再来看看加密和解密的过程（如图 10-4 所示），就能理解它和基于噪声通道的通信之间的一致性了。

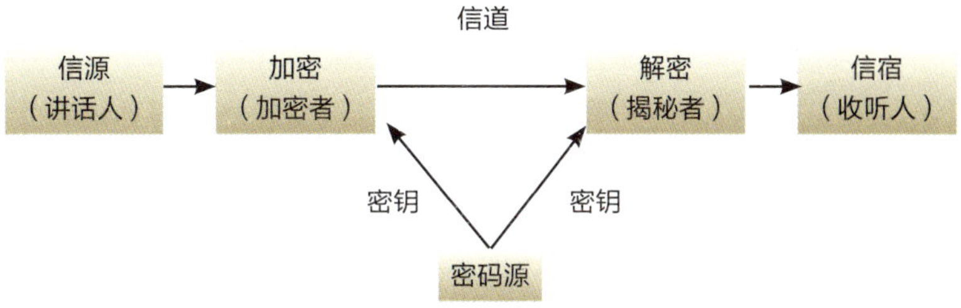

图 10-4　加密和解密的过程

在图 10-4 中，我们要将信源发出的信息进行加密，然后把密文送到信道中传输。这时，信道中传输的信号是由原有信息和密钥叠加后生成的，这和有噪声信道中传输的信息由信号和噪声叠加而成是一个道理。接收端在收到密文后，由于他知道应该用什么密钥解密，因此可以将密钥从密文中分离，恢复原有的信息，这就如同我们在了解噪声之后可以消除噪声一样。

但是对于截取信号的窃密者来讲，由于不知道密码，就无法破解密文，信息被淹没在噪声中，无法分离出来。由此可见，加密和解密其实和噪声信道的通信是一回事。

不仅密码传输和噪声信道的通信在过程上是一致的，而且所用方法在理论基础上也是一致的。

对于正常的通信来讲，我们希望噪声尽可能低，信号尽可能强。这样，我们就无须过滤噪声，也无须知道噪声的来源，就可以收到信号源发出的信息。这就是我们在嘈杂的饭馆里说话需要大点声的原因。香农提出了一个信噪比的概念，即信号的能量和噪声能量的比值。当信噪比太低时，我们就无法准确地辨认对方传来的信息。因此，改进通信系统的目标则是提高信噪比。

密码设计的原理和有噪声下的通信原理是相同的，但是追求的目标却相反。密码的设计者，要想方设法让密文在外人看来完全是噪声，没有任何有价值的信息。从这个意义上讲，加密就等价于在信号中加入噪声。那么什么样的密码是安全的呢？香农指出，加入最难去除的噪声所对应的密码最安全。那么，什么是最难去除的噪声呢？答案是白噪声。它们是一种完全随机的信号，在不同频率下具有相同的强度，没有任何可以辨别的特定性质。因此，想将白噪声从信号中甄别出来并且彻底去除，根本无从下手。基于这个原理，香农指出，安全的加密方式是要让密文看上去像白噪声，各个字符出现的频率都相同，找不到任何统计规律，解密者对此就无能为力了。这时，如果我们衡量一下密文的信噪比，它近乎为零。

在理解了密码和噪声信道的通信具有相同的原理之后，香农进一步建立了描述通信原理的数学模型，这个模型后来被称为香农公式。这个公式对通信的意义类似于热力学第二定律之于热力学——它不仅指出了通信的极限，而且告诉了人们改进通信的方向。从那时开始，人类在通信领域，从被动自发的状态开始进入主动自觉的状态。

香农为通信建立的数学模型，后来也成为人工智能的理论基础。20 世纪 70 年代，弗雷德里克·贾里尼克等人利用噪声信道的通信模型，解决了语音识别、机器翻译等一系列人工智能问题。直到今天，这个模型依然被广泛地应用于信息产业的方方面面。

• 本章小结 •

在香农之前和香农的时代，信息处理专家所关注的是如何进一步改进信息处理的具体方法，而通信专家则致力于改进具体的通信系统。香农则不同，他致力于寻找信息处理和通信的数学基础，并且几乎以一己之力解决了信息处理、密码学和通信最基本的理论问题。因此，香农无疑是信息史上划时代的杰出人物，历史因为他的贡献而发生了巨大的转折。

香农留给了世界很多的知识遗产，他除了找到了通信的数学基础，更重要的是他揭示了信息的本质，给人类带来了一种新的世界观。

第十一章

消除复杂世界的不确定性

人类历史难得有将最聪明的头脑聚集到一起的伟大时刻，而那些时刻一旦出现就将影响历史的前进方向，并且缔造一段传奇。

历史上第一次这样的聚会是在 20 世纪头二十年的几次索尔维会议[①]上。那时正赶上物理学发展的黄金时期，马克斯·普朗克、爱因斯坦、尼尔斯·玻尔、居里夫人等科学巨人聚在一起，碰撞出了智慧的火花，照亮了全世界的科学领域。但是，那只是物理性质的科学，包括物理学、化学、地质学等，是历史的绝唱。在此之后，虽然这些科学还在往前发展，却不再像过去那样激动人心，以至今天的大部分

① 索尔维会议是 20 世纪初一位比利时的实业家欧内斯特·索尔维创立的物理、化学领域的讨论会议。1911 年，第一届索尔维会议在布鲁塞尔召开，以后每三年举行一届。——编者注

图 11-1　1911 年，第一届索尔维会议参会者会影

年轻人都不愿意致力于相关领域的研究。

从 20 世纪中期开始，决定我们这个星球文明程度的主要因素，开始从能量转变为信息。这是一个漫长的渐进过程，以至一开始大家都没有察觉。不过，二战后的一系列聚会却预示着转变的到来，那就是从 1946 年到 1953 年在纽约比克曼（Beekman）酒店不定期举行的一系列讲座和讨论会，这是历史上第二次最聪明头脑的大聚会。

最聪明头脑的大聚会

比克曼酒店位于纽约下城区市政广场旁边，是当地历史最悠久的酒店之一，它的红砖大厦曾经是纽约市的地标性建筑。历史上，爱默生、马克·吐温、梭罗和爱伦·坡都和它有过交集。1946年，二战刚刚结束，科学将要迎来一个新的黄金时期。神经生理学家沃伦·麦卡洛克（Warren McCulloch）说服了小乔赛亚·梅西基金会（Josiah Macy Jr. Foundation）来资助科学家在这里举行一些非正式的聚会，来讨论深层次的科学问题。当时，物理科学的发展被认为已经告一段落。世界上顶级学者此时最关心的是新科学，包括神经科学、认知科学，以及刚刚诞生的系统论和信息论等，这些便是每次聚会时科学家报告和讨论的方向。和索尔维会议一样，比克曼酒店的聚会也仅仅是一个小范围的活动，只有那些顶级的科学家才会被邀请，参与者名气并不比几十年前参加索尔维会议的学者小多少，很多人甚至成为二战后开创世界科学新领域的泰斗，当然更引人注目的是当时已经成名的一批科学巨匠，包括冯·诺伊曼、图灵、维纳和香农等。

最初几次会议最热门的话题是控制论。大家出于对控制论创始人维纳的敬意，将会议称为控制论会议，但是谈论控制就不能不讲到信息。就连维纳也承认，他们所讨论的那些新的交叉学科，无论是心理学、人类学还是认知科学，归根结底研究的都是相同的课题——通信。终于，从1950年3月22日—23日的那次会议开始，信息论成为大家热烈讨论的中心。

香农是会议的第三个报告人，在此之前大家已经就信息的本质进行了十分充分的讨论。冯·诺伊曼还花了不少口舌，向大家解释信息可能是一种离散的数字信号，以纠正人们关于“世界万物皆可连续”的传统认识。不过，香农还是颠覆了所有人的已有认知。他的结论对大家的冲击堪比45年前爱因斯坦的相对论之于物理学界。

香农一上来就开宗明义，告诉大家所谓信息的含义根本不重要，甚至很多信息没有任何含义。所谓信息，不过是对一些不确定性的度量。一个信息源，比如我们的大脑，会利用不同的概率产生信息。因此，如果我们想要了解一个人大脑里有什么样的想法，可以向他提出猜测性的问题。比如，你问他："你想说的话里面，第一个字符是否是T？"他可以给你肯定或者否定的答复。当你确定了第一个字符后，可以用同样的方法再次向他询问，一直到你确定了第二个字符是什么。在这个过程中，你每问一个问题并且得到答案，就获得1比特的信息。当你获得足够的信息后，你就清楚了他大脑里的想法，也就因此消除了所有的不确定性。这样一个通过不断地提问得到答案的实验后来被人们称为香农实验。在这个实验的过程中，当我们知道了前几个字符后，越往后提问数量就越少。香农解释说，这是因为在语言中总是或多或少地有一些信息冗余，也就是说，前面的信息在一定程度上包含了后面的信息。当然，最后所问问题的总数不可能小于某一个特定的值，这个值就是语言内在的"熵"。

当香农讲到"熵"的时候，一直在专心听讲的维纳想到了自己所研究的控制论的预测理论。他插话道："我的（控制论的）方法和你讲的有相似之处。"原来维纳在研究控制论时，曾用类似熵的概念来描述被控制系统的无序状态，这更像是热力学中对熵的理解。无独有偶，香农将熵和信息联系在一起，并用它来描述一个信源内部的不确定性。尽管他们两个人对熵的理解侧重点有所不同，但是在本质上没有大的差别。

有了熵的概念，香农就把信息和不确定性联系到了一起。他在研究中发现，要消除信号源或者一个封闭系统的不确定性，就需要引入信息。我们都知道，在数学上，不确定性是用概率来描述的，一件事越不确定，它发生的概率越小，反之则越大。如果概率等于 1，它就是确定的了。对于一个信源的不确定性，香农用下面这个公式来定义信息熵：

$$H=-\sum_{i=1}^{n} \mathrm{P}_i \log \mathrm{P}_i \qquad \text{（公式 11.1）}$$

在数学上，这个公式是很容易证明的。如果信号源发出每一种信号的概率都是相同的，那么它的信息熵就达到了最大值，而且要消除它的不确定性，需要的信息也就最多；反之，如果上述概率分布 P 有大有小，消除不确定性所需要的信息就少。这个结论和我们日常经验其实是一致的。比如，在一个有 64 名选手参加的网球赛中，我们要猜猜谁能获得冠军。如果这 64 名选手的水平相当，大家得冠军的概率相等，我们猜起来就非常困难。但是，如果这些选手的水平强弱差距悬殊，我们就比较容易猜中结果了。在第一种情况下，你需要猜 6 次，因为你总是可以这样提出问题："冠军是在上半区还是下半区？"这样每一次提问你就可以排除一半的可能性。在第二种情况下，你需要猜的次数会远远小于 6 次。

在香农做报告的过程中，除了维纳曾经打断过他，其他人都在聚精会神地听着。当他的报告一结束，人们就纷纷提出各种各样的问题。比如，不同语言或者同一语言不同的文体，是否具有相同的信息量；成年人和婴儿讲的话，谁的更难猜测；等等。对于第二个问题，香农给出了明确的答案——只要和那个婴儿熟悉，显然是婴儿的话更容易猜测，因为他能说的话数量太少。

虽然在场的听众都是各自领域的顶级学者，但是他们并非都真正理解了香农对信息论的阐释。和麦卡洛克一同筹办会议的人类学家玛格丽特·米德（Margaret Mead）就难以接受香农所提出的这种没有含义的信息的概念，和她持同样观点的还有物理学家海因茨·冯·弗尔斯特（Heinz von Foerster）。弗尔斯特认为，香农所说的信息论更确切地讲应该叫信号论，因为信号只有经过大脑处理后才能够被称为信息。弗尔斯特的这种看法其实混淆了信息编码和信息的差异。

直到今天，依然有不了解信息科学的人持有当年米德和弗尔斯特的观点。因为他们无法理解信息和不确定性有关，而且和所谓含义毫无关联。但是，更多的人接受了香农的理论，并且围绕着不确定性建立起对我们这个世界新的看法，即不确定性是世界固有的特性，不要试图否定它。而要消除不确定性，或者说预测事情的发展，不能靠套用一两个经典理论，而需要大量的信息。正是在这样的方法论的指导下，人类才迈入信息时代，我们今天才会想到利用包含了大量信息的大数据来解决问题。在二战之前，衡量经济发展和科技进步最简单直接的指标是物质和能量的总量，而今天，这一指标则进化成了信息。这一点从物理学家的索尔维会议变为信息学家的比克曼会议就已经显现出来了。

信息冗余和信息压缩

在信息论诞生之前，人们经常混淆信息和信息编码。比如我们说，《史记》的信息量很大，那么它到底有多大呢？过去没有人说得清楚，只能说它有 53~56 万字。其实，字数只代表汉字对信息编码的长度，并且字数多未必就等同于信息量大。比如，托尔斯泰的《安娜·卡列尼娜》中译本有 68~69 万字，但是恐怕没有人觉得其包含的信息量要比《史记》大。

《史记》信息量大，篇幅却相对简短，其主要原因是它采用了文言文写作。如果把它翻译成白话文，字数则要多出来很多。以中国台湾学者翻译的《白话史记》为例，这本书字数多达 160 万，几乎是原文字数的三倍。即使扣除了一些注释，也是原文字数的两倍多。也就是说，两套书里面的内容相同，却可以用简短和冗长两种方式来表达。文言文和白话文，其实是对信息的两种不同的编码方式。用前一种方式编码，得到的码长更短，而用后一种方式编码，得到的码长相比之下要长不少。但不论是用哪种方式编码，一段信息固有的信息量是恒定的，它就是这段信息的信息熵 H。如果我们用比特（一位二进制）作为单位来度量信息熵 H，再把每一个汉字转化成二进制，然后这段信息中用汉字的字数 C 乘以每个汉字的比特数 l，就得到了编码的总长度 $L=C\times l$。香农指出，对于任何信息，无论采用哪一种方式编码，得到的编码总长度都永远不会小于这段信息的信息熵。也就是说，$L \geqslant H$。这是可以用数学公式来严格证明的。

很多人有这样一个疑问：当我们用语言文字（或者二进制）对信息进行编码之后，得到的编码长度总是会超过信息熵，那么编码中比信息熵多出来的那一部分是什么呢？香农说，多出来的部分就是信息冗余。同样的信息，用不同的方式编码，产生的信息冗余是截然不同的。越是简洁的编码，产生的信息冗余越少；越是冗长的编码，产生的信息冗余就越多。因此不能够因为编码的总长度长，就认为信息多了，多的其实都是冗余。比如，《圣经》的英文版有 70 多万个单词，总的编码长度（以存储量算）大约是300万个字节，而它的中译本（和合本）只有90多万个汉字，总的编码长度不到200万个字节，少了大约40%。那么在英语中多出的那部分并非信息，而是信息冗余。

信息冗余在传递信息时也是具有重要意义的，因为它可以保证在部分传输错误发生时，我们能够通过冗余的信息恢复原有信息的内容。比如，从一本白话文的书中删掉10%的字，或者将它们变成错别字，依然能够根据上下文恢复原有的内容。但是，如果这本书的信息冗余很少，比如用文言文写的书，有一些错别字或者丢掉了一些字，那么此时恢复原有的内容就相当困难了。

有了信息冗余的概念，香农就能解释为什么有些密码很容易就被破译了，这是因为冗余信息常常是密码的破绽所在。它们可以相互提示上下文的信息，破译者只要破译出其中少量的字符，就能够顺藤摸瓜破解整个密码系统了。比如，在英语里，Q这个字母的后面经常跟随着字母U。那么，只要破译出Q，就可能破译出U。而U在英语里是一个相当常见的字符，于是从U出发，就能一步步地逐渐撕开密码系统的裂口。商博良破译古埃及文字，以及罗林森破译美索不达米亚的楔形文字时，就是从个别字符的对应入手，通过甄别信息冗余，逐步破解了那两种古文字。

香农的理论一方面给密码设计指明了方向，那就是在加密之前，要尽可能地去掉冗余信息。我们可能有这样的经验，如果我们以文本的方式向对方传送一个文件，那么即便文件中间有个别地方损坏了，我们依然可以大致了解文件的内容。但是，如果这个文件是用zip格式压缩过的，那么中间哪怕仅仅是坏了一个字节，我们也无法恢复，加密传输的道理也是如此。

另一方面，我们也可以通过增加信息的冗余度来增强信息传输的安全性和可靠性。比如，我们在使用一个不稳定的通信电路进行信息传输时，很有可能在传输的过程中出错。如果我们把同一份信息传输三遍，一旦中间出了错，我们可以将三次传输的结果进行比对，用少数服从多数的方法进行判定，就能避免大部分的传输错误。具体来讲，如果每次传输出错的概率是 1%，采用传三次的方式，可以将出错的可能性降低到 0.03%。这种做法和人们的生活经验是一致的，我们经常讲，重要的事情要说三遍，其实就是在利用信息的冗余来保证我们的意图能够准确无误地传递。具体到自然语言，它们不过是人类使用的一种信息编码方式。一种语言如果带有较多的冗余信息，通常比较容易被人理解；相反，如果它的冗余信息太少，就难以被人理解了。今天对人们来讲，白话文比古文更加容易理解的原因正在于此。

了解了什么是信息，信息和信息编码的区别，以及信息的冗余度，我们就可以将所有信息传输和存储问题，变成在特定的需求下选择合适的信息编码方式的问题，根据不同的应用和要求，在编码长度和冗余度之间寻找一个合适的平衡点。比如，我们要将尺寸很大的图片保存下来，最好的办法不是直接存储每一个像素，而是先把图片中的冗余信息“挤掉”，再进行存储，也就是我们常用的压缩存储，可以节省大量的存储空间。具体到静态图片的编码，今天我们可以大比例压缩文件的大小（也就是编码的长度），而且不丢失任何信息。至于动态的视频，它们中的信息冗余更多，我们可以通过巧妙的编码，在没有任何信息损失的前提下，轻易地压缩到原来文件大小的几十分之一，甚至几百分之一。

那么，有没有一种优化的编码方式，能够让信息编码的总长度接近它的信息熵呢？香农在信息论中指出，这件事情能够做到，并且给出了具体的做法，即对不同符号要采用不同编码；经常出现的符号，采用较短的编码；出现次数较少的符号，采用较长的编码，这样就能够做到总的编码长度最短。如果能做到每一种符号的编码长度正好等于它出现概率的对数，那么编码的总长度就是它的信息熵。比如，一个信号源能发出 8 个字符：A、B、C、D、E、F、G、H。它们出现的概率分别是 1/2、1/4、1/8、1/16、1/32、1/64、1/128 和 1/128，如果我们用 0 作为 A 的编码，10 作为 B 的编码，依此类推，110、1110、11110、111110、1111110、1111111 分别作为 C~H 的编码，那么平均的编码长度就是 1.98 比特，这正好是这个信息源的信息熵。如果我们采用相同码长的编码，每一个符号都需要 3 比特的编码，那么平均的编码长度就是 3 比特，比 1.98 比特大了很多。

这个原理被称为香农第一定律，又被称为无失真（不丢失信息的）信源编码定律。它有两个非常重要的意义。

首先，这个定律为人们进行信息压缩指明了方向，使我们可以将任何形式的原始信息都转化为一种新的编码符号，并且可以使这种新的编码符号具有尽可能短的编码长度，同时完整地保存了所有原始信息。在需要恢复原始信息时，我们可以采用和编码逆向的操作过程来准确无误地恢复它们。

其次，这个定律也给信息压缩划定了一个极限，即如果想不丢失任何信息，无论采用什么样的编码，都不可能将信息压缩到小于信息熵的程度。这个信息熵，就如同物理学中的光速和绝对零度一样，是一条不可逾越的极限。在前面对 8 个字符编码的例子中，1.98 比特的平均码长就是它不可逾越的极限。从事信息工作的人，应该懂得不要把精力浪费在试图突破这个极限上。

如果我们已经将信息压缩到了极限，却依然无法满足存储或者传输的要求，怎么办？这时要想进一步压缩，我们就不得不丢失一些次要信息，以保证有更高的压缩比。在这种情况下，通常会预设一个信息的失真率，然后看看在这样的失真率下，我们能做得有多好，即能将压缩比提高多少。当然，我们也可以预设压缩比，看看能让失真率降到多低。今天各种视频或者图像的压缩标准，其实都是根据不同的应用场景，在上述两个维度中，选择一个维度进行优化。比如，用手机传输视频或者图片，压缩比需要很高，这个前提不能变，而各种技术的改进就围绕着如何降低信息的失真率来展开。

在香农提出他的第一定律以及冗余度的概念之前，人们对信息的编码只有一个感性认知。如果我们回顾一下莫尔斯电码就会发现，它其实符合香农第一定律的原则，即常见字符的编码较短，罕见字符的编码较长，只不过这是莫尔斯仅仅从自己的经验出发设计的。莫尔斯当时还不可能知道香农的理论，否则，他设计的编码可能会更加优化。其实，在香农提出他的理论之前，对于信息是否压缩得足够紧凑，如果不够紧凑又应该如何进一步改进编码等问题，大家并不知道答案。香农的信息论则给大家指明了方向，它告诉人们该如何有效地压缩信息，能够压缩到什么程度。因此，今天的人是非常幸运的。我们在设计各种编码时，从一开始，就可以做到让编码十分优化。

在解决了信息的有效编码，或者说信息的压缩之后，信息存储和传输的效率就能得到极大的提高。但是如何保证信息在传输时不出错，这个问题还没有得到有效的解决。这就要靠香农第二定律来解决了。

香农的信息论

自从马可尼等人发明了无线电，人们就试图在一定的无线电波发射频率内尽可能地设置更多的无线电台。但是这件事似乎办不到，因为如果两个电台的频率靠得很近，它们就会互相产生干扰，我们收听到的就是噪声。起初，人们觉得那是因为我们接收机（比如收音机）的接收频率调得不够精准，或者电台的发射频率功率不够大，抑或周围有其他信号的干扰，但是，当无线电发射装置的功率增加，同时接收机能够准确地调整频率后，这个问题依然没有能够得到很好的解决。在很长的一段时间里，没有人能够对这个问题给出理论上的解释。人们只知道一个经验，那就是两个电台之间的频率间隔要“足够远”，但是到底该多远，人们也只能凭经验来决定。

最早发现上述问题的是贝尔实验室的一位名叫哈里·尼奎斯特（Harry Nyquist）的工程师。他发现，如果要想不失真地恢复一个无线电信号，只要采样的频率足够高就可以做到，也就是说，采集这个信号中足够多的样点。具体来讲，如果一个无线电信号的频谱中最高频率是 F，那么采样的频率是 2F，即达到最高频率的两倍时，就能不失真地恢复原有信号。为什么会有这样一个关系呢？因为任何一种无线电信号都可以通过傅立叶变换，分解为不同频率的正弦波，信号有多高的频率，就可能有多少条正弦波。而任何正弦波，只要固定了其中的两个点，就能将它们确定下来，因此最高频率是 F 的信号对应着 F 条正弦波，进而可以由 2F 个样点来确定。这个发现后来被称为尼奎斯特—香农采样定理，简称采样定理。

如果我们把采样定理反过来看，每一条正弦波能够传递的信息其实是有限的。因此，如果无线电波的频率区间是从 F1 到 F2，那么它所能传递的信息就是这个频带（区间）的宽度（F2 － F1），再乘以每一条正弦波所能传递的信息，这也是一个有限的数量。比如一个无线电的频带是从 95.6 千赫兹到 95.8 千赫兹，那么它的带宽就是两者相减的结果，即 0.2 千赫兹，或者 200 赫兹。粗略一点理解，我们可以认为它包含了 200 条正弦波。

香农从数学上证明了采样定理的正确性，并且给出了当一个通信信道的带宽为 B 时，这个信道所能传递的信息 C 的上限。香农把这个上限称为信道容量，具体来讲：

$$C=B\times\log(1+S/N) \qquad \text{（公式 11.2）}$$

其中 S 和 N 分别代表信号的强度和噪声的强度，S/N 就是我们前面讲到的信噪比。在上面的例子中，如果带宽 B=200 赫兹，信噪比是 63∶1，那么这个信道的容量就是：

$$C = 200\times\log(1+63)=1\,600 \text{ 比特 / 秒}$$

从公式 11.2 中可以看出，如果信噪比太低，这个信道的容量就很低。比如当信噪比降低到 7∶1 的时候，虽然带宽没有改变，信道的容量只剩下 600 比特每秒了。事实上，如果离 Wi-Fi（无线上网）

发射器距离 20 米时，信噪比是 63∶1，在没有任何建筑物阻碍的情况下，我们挪到距离 60 米（三倍远）远的地方，信噪比就会下降到 7∶1，这时我们会觉得网速慢了很多。这是由通信信道的上述性质决定的。

香农还指出，在任何一个信道中，无论怎样对编码进行“优化”，信息的传输率 R 永远都不可能超过信道的容量 C。这就是香农第二定律，它可以简单地描述为 $R \leqslant C$，它也是可以通过数学来严格证明的。

香农第二定律为人们划定了通信技术的一个极限，这个极限就如同热力学第二定律给蒸汽机和内燃机效率所划定的极限一样，不可逾越。在香农提出这个定律之前，人们由于不知道通信的极限在哪里，在无形中做了一些试图超越极限的事情，结果就是通信实验失败。了解了香农第二定律，就能从根本上搞清楚那些通信实验失败的原因。比如，在一个固定的频带范围内，不可能安排太多的电台，因为每一套广播都有一个基本的信息传输率，也就是我们每秒钟传输的语音信息，比如说是 64 千比特每秒，这就是香农第二定律里所说的 R。为了保证这些信息能够传输出去，就需要一定的带宽。我们还是假定信噪比为 63∶1，根据公式 11.2，我们可以算出，频带的宽度 B 是 8 千赫兹。假设某个电台的频率是 600 千赫兹，这其实是一个频率范围，从 596 千赫兹到 604 千赫兹，而不是一个单一频率点。在这个频率范围内，不能有另一个电台工作，否则信息重叠就变成了噪声。事实上，为了防止电台彼此干扰，这个电台的频率范围可能需要从 590 千赫兹一直延伸到 610 千赫兹。这也是今天各国都不允许私设电台的原因，因为会干扰正常的通信。

虽然香农第二定律听起来理论味道十足，但是我们每个人既受益于它，也受限于它。通信行业的从业者在设计和实现与通信相关的产品时，都要以它作为一个重要原则。就拿互联网来说，中国第一代网民使用的是电话拨号上网，大家都感觉网速特别慢。这是因为拨号上网的带宽非常窄，只有 8 千赫兹，此时信道的容量只能达到 56 千比特每秒。在这种情况下，我们上网只能查收一下邮件，看一看以文字为主的网页，如果要打开一个图片，时间就会特别长。这是因为信道容量（或者说带宽）的限制。几年后，大家开始使用 ADSL（非对称数字用户线路）上网，ADSL 采用了所谓扩频通信技术，将频带的宽度增加了几百倍，于是信道的容量就大大增加了，传输率也随之有了十分明显的提高。这样大家就可以在互联网上看图像了，但是看视频还会卡。等到第二代互联网用户开始上网时，已经有了宽带入户，进入每一个家庭的带宽又增加了许多，这时，大家就可以流畅地看视频了。当然，如果家里有三台计算机同时看高清视频，依然会出现卡壳的情况，这依然是信道容量不足所致。等到有些家庭开始享受光纤入户的服务时，无论看多么高清晰度的内容，有多少设备同时使用，带宽也是够用的。

移动通信也是如此，从 1G 大哥大手机到今天的 5G 手机，本质的区别在于通信的带宽不断增加。具体来讲，如今的移动通信比之前的带宽增加了 10 万倍都不止，这才让我们能够在手机上做越来越多的事情。

香农第二定律，还给我们指明了增加信道容量的两个途径，即增加频率范围（也就是带宽）和增加信噪比。

增加带宽的意义人们都很容易理解，它和信道的容量成正比。光纤通信相比无线电通信和电缆通信，其信息传输率可以高出很多，根本原因就是它的带宽要比后两者宽了很多。光纤通信用的是可见光，而光的频率比无线电通信中电磁波的频率高很多。同样是无线电通信，从 1G 到 5G，它的频率是不断提高的。因为我们要想增加带宽，让频率变动的范围往上走是有很大空间的，但是往下走的空间却很有限，最多频率降到零，但不可能是负的。当然，仅仅是简单地增加通信的频率会带来很多问题，比如电磁波频率很高时就无法绕过障碍物了。而解决这些问题，就是今天电信科学家和工程师每天要做的工作。

增加信噪比的意义也不难理解，因为从公式 11.2 可以看出，信噪比和信道的容量正相关。信噪比，顾名思义，包括信号和噪声两个部分，而增加它们的比值，只能从增加信号的强度和降低噪声这两个方面入手。在早期通信中，人们更多考虑的是加大发射功率，增加信号的强度。但是这种做法是有极限的，比如我们移动通信的基站，如果功率太大就会对周围的人造成辐射伤害，因此我们总是要把它限制在安全的范围内。至于卫星通信，太阳能电池板所提供的能量根本无法确保无限制地加大发射功率。于是，人们更多地将精力花在如何最大限度地降低信号的衰减，以及如何降低噪声上。比如在有线网络中，我们采用同轴电缆（见图 11-2），它将信号“包在”屏蔽层内，将噪声“挡在”屏蔽层外，同时起到了屏蔽噪声和防止信号衰减这两个效果。至于光纤，它们在这两方面的效果就更好了。

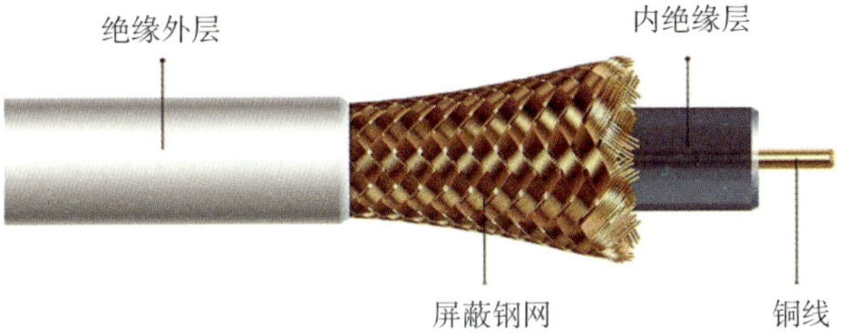

图 11-2　同轴电缆内部图

但无线电通信就没有这么幸运了，因为信号无法被“包裹”起来，它会随着距离的增加，按照平方的速度衰减。也就是说，当无线电信号传播到 10 千米远的时候，功率只有 1 千米位置的 1% 了，而噪声则是恒定不衰减的。于是要想在不增加功率的情况下增加信噪比，唯一的方式就是缩短通信的距离，这就是 5G 基站要建得非常密集的原因之一。①

很多人询问特斯拉公司 CEO、SpaceX CEO 埃隆 · 马斯克搞的星链（Starlink）计划是否比 5G 更先进，这其实是拿苹果和橘子相比，因为星链计划和 5G 要解决的根本不是同一个问题。5G 是要解决大量设备同时高速上网的问题，而星链计划要解决的是那些无法建设基站的地区通信的问题，比如远海地区、南极和喜马拉雅山上。如果单纯地从通信的容量来看，最好的通信卫星也达不到无线基站的 1%。因为它和地面设备的距离遥远，功率也不会很大，因此信噪比就非常

① 5G 基站之间的距离将从 4G 基站距离的 2~3 千米缩短到 200~300 米，一方面是为了增加信噪比，另一方面是因为 5G 信号绕过障碍物的能力要远比 4G 的差。

低。大家如果看到过在演唱会或者足球赛场外那些进行电视转播的卫星发射器有多大，而且需要专门的电机供电，就能体会这一点了。如果每个人都要看高清电视，那通信量就大得不得了。中国仅大陆地区的 4G（第四代通信技术）基站数量就达了 500 多万的量级，这个总带宽远非 3 万颗信道容量不到 1% 的卫星可比的。很多时候，人们喜欢请专家解读新的通信技术，但其实只要了解了 70 年前香农提出的那些最基本的通信原理，就具有了理解今天通信技术的能力。这就如同我们知道了相对论，就能理解宇宙中最高的传输速度以及最多的能量所在；了解了热力学第一定律和第二定律，就不会相信有永动机一样。

香农预见了在给定条件下通信的极限，我们的技术通常达不到那些极限，即信道的容量。那么我们能否找到一个方法，充分利用信道的容量呢？香农对这个问题给出了肯定的答案，这就是香农第三定律。在这个定律中，香农讲，总能找到一种行之有效的编码方法，让信息的传输率无限接近信道的容量而不出错。这就如同我们总有一种编码方式，可以将信息压缩到信息熵的大小一样。但是，香农在这个定律中同时指出，如果试图以超越信道容量的传输率来传输信息，那么不论怎样编码，通信出错的概率都是 100%。对于这一点，其实大家都有十分深刻的体会。当网速很慢，多个人还想同时上网时，最终所有人都上不了网，而不是简单的下载时间变长，因为这时的网络传输一直处于出错状态。此外，我们每个人还有这样的经验，如果环境太吵，为了能让对方听清楚我们讲话，我们能用的办法，除了提高声调，就是把话讲得慢一点。这其实就是因为当噪声降低了信道的容量后，我们可以通过降低信息的传输率，让信息能够传输出去，而不是被堵死。

香农的这三个定律，奠定了信息传输和存储的理论基础，并且指明了信息产业的发展方向。在科技史上，几乎所有的数学理论和实验科学的理论都是在实践中慢慢形成的，而且，这个过程通常历经几代人甚至几个世纪的时间。但是香农的信息论却是一个例外，它一旦问世，便已经是成熟而完整的理论体系。在此之前，几乎找不到任何先期的工作；在此之后，直到今天，人们不过是在香农指明的方向和划定的边界内把事情越做越好而已。

对记忆本质的讨论

明确了信息的本质是对不确定性的一种描述，那么一个和人相关的最本源的问题再次引发了科学家的思考，那就是：为什么我们会有记忆？记忆的本质是什么？

在 20 世纪之前，人们更多的是从哲学的角度来思考这个问题，因为那时既搞不清信息的本质，对人的神经系统也了解甚少。进入 20 世纪以来，人类才有条件从科学的角度来研究这个问题，这要感谢神经科学和量子力学的发展。前者搞清楚了人和动物的神经系统大致的工作原理，后者表明了我们的世界可能是不连续的，是可以量化的。在这些研究成果的基础上，在第二次世界大战之后，数学家、物理学家、生理学家和心理学家都从各自的角度来思考记忆的本质到底是什么。在比克曼酒店的讨论会上，那些聪明的科学家也会经常讨论这个话题。

冯·诺伊曼认为，记忆是神经细胞的两种状态，即有信息和无信息，这两个过程可以相互切换。他的这一观点非常符合计算机存储信息的基本原理。冯·诺伊曼相信，我们的世界可以用离散的，也就是二进制的方式进行描述，而那些看似连续的数据则可以用多个二进制的状态表示。当人们问冯·诺伊曼，为什么对大脑的刺激，或者让计算机电子管（当时只有电子管的计算机）工作的电流都是连续的，组织会议的麦卡洛克是这样帮他回答的，在世界上，即使从宏观上看是连续的东西，也都可以被视为若干个非常小的单元。①

冯·诺伊曼（John von Neumann）
1903年12月28日—1957年2月8日

冯·诺伊曼是在现代计算机、博弈论、核武器和生化武器等领域内难得的科学全才之一，被称为"现代计算机之父""博弈论之父"。
他天资聪颖，心算能力极强，拥有过人的认知能力。诺贝尔物理学奖获得者汉斯·贝特（Hans Beth）曾这样评价他："我有时在思考，冯·诺伊曼这样的大脑是否暗示着存在比人类更高级的生物物种。"

冯·诺伊曼的看法代表了今天大多数人的看法，特别是得到了从事信息处理和实验科学的人士的认同。今天很多人喜欢讲"万物皆比特"，虽然这听起来更像是一句口号，而非经过科学验证的规律，但是依然不会妨碍很多人像信仰宗教一样十分虔诚地信奉它。比如，今天很多人幻想着将自己的记忆植入芯片或者其他存储体，这样将来即

① Warren S. McCulloch，John Pfeiffer，Of Digitial Computers Called Brain，*Scientific Monthly*，69，NO.6（1949），pp. 368.

使自己的意识离开了肉体也能获得永生。这些想法和冯·诺伊曼对记忆的理解是类似的。20 世纪 50 年代的很多学者和科学家，比如维纳、薛定谔和乔治·伽莫夫[①]，都持类似的观点。其中伽莫夫还花了不少精力试图把人全部的信息都记录下来。伽莫夫认为，每一个活细胞的细胞核就是一座信息库……它还是一个能自动激活的信息源，所有生命的延续都依赖于这个信息系统，而遗传就是细胞的语言。[②]伽莫夫和发现 DNA（脱氧核糖核酸）双螺旋结构的沃森和克里克有着十分密切的来往。不过克里克告诉伽莫夫，虽然这个观点十分新颖，但是过于简单，并不能解释各种生物现象。后来分子生物学的很多研究成果表明，人体细胞内的分子，在接收外来信号后，其改变状态的机理是极为复杂的，并不是两个状态之间的切换那么简单。如果一定要用 0 和 1 二值的状态将细胞内分子的各种组合变化都记录下来，其数量比宇宙中基本粒子的数量还要多很多。

参加比克曼酒店讨论会的学者中还有生理学家和心理学家。他们认为，对于信息编码的记忆和对于信息本身的记忆可能是两回事。因为当我们把手伸进沸水时会被烫伤，从此有了关于“烫”的记忆，而这个记忆不是一个简单的词，很可能是身体某部分的一个改变，这个改变极为复杂。大脑对“烫”这个词进行编码是容易的，但是没有谁的大脑能够描述身体从此发生了什么样的改变，而记忆甚至不需要经过大脑。19 世纪的最后几年，俄罗斯著名的生理学家巴甫洛夫，通

---

① 提出核聚变和宇宙大爆炸的物理学家，著名科普读物《从一到无穷大》的作者。

② George Gamvow, Information Transfer in the Living Cell，*Scientific American* 193, NO. 10 (October 1955), p. 70.

过调整狗在进食前的刺激，让狗产生了记忆，这种记忆被称为条件反射。有了条件反射，狗不需要用脑子思考就会分泌唾液。会议的组织者麦卡洛克还举了一个例子，一个人在他熟悉的小镇行走，可以轻易地到达任何一个目的地。但是，你要是让他回忆一下自己走过的路程，他未必能够想得起来。再比如，即使同样一件事，不同人所获得的记忆可能也会相去甚远，甚至截然相反。这些都说明，和图像、声音或者文字的记录不一样，记忆是一个记忆者和观察对象互动的结果。

说到互动，就有人提出，记忆和思维与电有关，或者说电是产生记忆互动的媒介。这种看法得到了当时刚刚被发明的电子计算机存储原理的支持，也得到了神经科学的支持。比如，计算机之所以能够“记忆”信息，动物神经系统之所以能传输信息，都是靠电。不过，图灵否定了这种看法，他举了一个反例——巴贝奇的计算机并没有用到电，但是也有记忆功能。

虽然人们对于记忆的本质持有各种不同的看法，但几乎所有与会者都认同，记忆并不是动物所特有的属性，机器也完全可以具有记忆能力。为了证明这一点，香农在第二年（1951 年）把他那个“走迷宫的老鼠”带到了会场给大家演示——这个只有几十个字节记忆体的机械老鼠能够学习在迷宫中行走（见图 11-3）。香农被报刊、网站报道最多的照片就是在操作这只走迷宫的机械老鼠时拍下的。当然，香农并不是一个善于编程的人，因此这个老鼠有可能多次走入同一个死胡同。为了防止这种事情的发生，香农强行设置了一个限制，即只要 6 次进入同一个死胡同，就再也不能到那里去了。这个机械老鼠的出现

图 11-3
香农和他的机械老鼠

又引起了参会者对另一个话题的热议，那就是机器能否有智能。这是我们接下来要谈的话题。

总之，比克曼酒店讨论会的参会者并没有讨论清楚记忆的本质到底是什么，也没有取得一些根本性的共识，但是他们的讨论却成功地推动了一门交叉学科的产生，那就是认知科学。在认知科学领域的很多先驱人物都参加过比克曼酒店的讨论会，当时，他们在一个问题上有了共识，那就是机器可以有记忆。不过今天我们发现，机器的记忆和人的记忆可能是两回事。这并不是说人的记忆机器无法模仿，而是人的记忆太复杂，远远超出了我们自身的认知，以至模仿起来所耗费的机器资源是惊人的。

• 本章小结 •

信息的本质是什么？在 20 世纪 50 年代之前，人们普遍认为信息是由语音单元或者文字所承载的含义。但是，香农告诉大家，信息和含义从根本上就是截然不同的，信息甚至可以完全不考虑含义，它只和随机性有关。

虽然香农的信息论原本是通信的理论，但是它给人们的思维带来了巨大的冲击。它对于不确定性的描述，以及将整个世界置于不确定性之上来考虑的思维，是信息时代最根本的世界观。而我们利用信息的目的，就是要消除那些不确定性。

香农将通信的基础置于噪声通道之上，这样就彻底解决了通信的理论问题。特别是他对信道容量和带宽意义的描述，让“拓展带宽”这个概念成为这个时代的新思维，并且被广泛地应用于各行各业。香农从来都没有觉得他是一个思想家，但他实实在在地给人类带来了新思维。

第十二章

大规模处理信息成为可能

香农解决了信息的传输问题，也给信息处理奠定了理论基础，但是他没有涉及信息处理中两个非常根本的问题：首先，什么样的信息有可能用机器来处理，什么样的信息处理必须要由人来完成；其次，对于那些能够用机器处理的信息，如何用指令控制机器去完成复杂的处理过程。

这两个问题是由另一位天才——图灵彻底解决的。图灵提出了著名的图灵机——今天计算机的数学模型。图灵机为信息处理划定了一条分界线，界线以内的事情，有可能让机器来处理；至于界线以外的事情怎么做，暂时不得而知。图灵将机器完成信息处理的过程，称为广义上的计算。今天我们常说，用计算机来处理信息，其实指的是第一类信息的处理工作，它占据了信息处理总工作量的绝大部分，这也是很多人把计算机和信息这两个概念联系起来的原因。

不过，图灵并没有发明出这样一台能用于计算的机器，而且世界上第一台具备了计算功能的计算机也不是冯·诺伊曼等美国计算机先驱建造出来的，而是另有其人。

艾伦·麦席森·图灵（Alan Mathison Turing）
1912年6月23日—1954年6月7日

图灵是英国杰出的数学家、逻辑学家，被称为“计算机科学之父”“人工智能之父”。二战期间，他曾经协助破解过德国的著名密码系统恩尼格玛机，为世界反法西斯战争的胜利做出了巨大贡献。

1954年6月7日，他吃下含有氰化物的苹果中毒身亡，享年41岁，这无疑是科学界一场痛彻心扉的意难平。电影《模仿游戏》（*The Imitation Game*）就是改编自《艾伦·图灵传》，讲述了图灵传奇的一生。

德国工匠的奇迹

有人相信，想偷懒的天性促使人类不断地发明各种各样的机器，让机器替人干活。事实上，用这样的理论来解释各种发明的出现非常牵强，不过在计算机的发明动因上，这种说法并没有什么问题。

1936 年，年仅 26 岁的德国工程师康拉德·楚泽辞去了工作，因为他已经厌倦了每日拿着计算尺做大量重复的计算。他待在家里，没有找工作，而是每天苦思冥想，怎样才能设计一种机器，让机器替他来做那些让人讨厌的工作，而此前他对计算机一无所知。

如果我们今天遇到像楚泽这样的一个人，肯定会觉得他简直是疯了，或者嘲笑他是不知天高地厚的“民间科学家”。但是两年后，他居然成功了！

康拉德·楚泽，德国数学力学工程师，计算机科学的先驱人物。他还真不是什么民间科学家，而是德国柏林理工大学[①]的高才生，精通数学和工程。1935年，楚泽毕业时，正赶上德国积极备战，并大规模地研发和生产各种新式武器。于是他在福特公司工作了几天后，就在一家飞机制造厂得到了一份技术性更强的工作——参与飞机的设计。不过，楚泽很快发现，他的这份新工作其实很无聊。因为他和同事成天都要进行大量的烦琐计算，而且当时的工具只有计算尺。楚泽还发现，绝大多数计算其实使用的公式都是相同的，只是需要代入不同的数据而已。他认为，这种重复而枯燥的工作应该交给机器去完成，而不是由人来完成。自从有了这个想法后，楚泽就在父母的公寓里开始设计能够进行计算的机器。不久，他觉得实在无法兼顾工作和自己的发明创造，就干脆辞了职。

和后来美国人研制电子计算机需要一个团队不同，楚泽自始至终只有一个人。当时，他对香农的开关电路，以及图灵关于图灵机的理论一无所知，他甚至没有听说过巴贝奇这个名字。因此要想研制计算机，他所面临的巨大困难可想而知。所幸的是，他知道布尔的理论，这让他没有重复巴贝奇失败的老路，而是想到了用二进制来实现计算。这种化繁为简的想法后来证明是他能够成功的最重要原因。

---

① 德国柏林理工大学过去的名称是 Königlich Technische Hochschule zu Berlin，简称 Technische Hochschule，二战后改名为 TU Berlin。

楚泽先是用齿轮和其他机械装置搭建了一个二进制的浮点运算器。这个能进行很多位数运算的大家伙，其实是由很多相同的能进行一位数二进制计算的基本单元组合而成的，这有点儿像用简单的乐高积木搭出复杂的房子一样。为了控制运算器工作，楚泽又用机械搭建了一个控制器。接下来的问题是如何才能将控制指令输入计算器。当时既没有磁存储器，也没有存储卡片或者存储纸带，不过这件事根本就难不倒楚泽。他首先把控制指令变成二进制，然后在 35 毫米的胶片上打孔，以此来记录控制指令。有孔的地方是 1，没有孔的地方是 0。之后他通过马达转动，将指令输入那台运算器。楚泽的这种想法后来被发扬光大，成了早期计算机的一种输入输出设备——纸带输入输出设备。

经过两年夜以继日的辛勤工作，楚泽终于研制出了他的第一代计算机，并给它取名为 Z-1（见图 12-1），其中 Z 是他名字的首字母。这台计算机和巴贝奇想建造的计算机一样，全部是由机械部件构成的。它一共有 3 万多个零件，动力来自一台电动马达——它可以驱动计算机每秒钟完成一次浮点计算。这在当时已经是非常快的计算速度了。Z-1 在计算机发展史上是一个重大突破，因为它是世界上第一台自动运行程序的计算机，而且在设计上高度模块化。它拥有今天计算机的很多组成部分，比如控制器、程序指令和输入输出设备。另外，特别值得一提的是，Z-1 在设计理念上也是十分成功的。因为它是用简单的方法来解决复杂的问题，而不是像巴贝奇那样，为了解决复杂的问题，而采用了更加复杂的方法。

不过，这么复杂的机械设备其实很难长期稳定地运行，因为无法

图 12-1　楚泽的 Z-1 计算机

保证几万个零件中的每一个都加工得十分精密，而且它们在机器运转时还会磨损，因此，Z-1 经常出故障。解决这个问题的方法不是把零件加工得更精密，因为机械加工的精度是有极限的，这也是万尼瓦尔·布什的微分分析仪后来精度无法再提高的一个原因。当时人们已经开始广泛使用继电器来控制开关。虽然楚泽并不是电学工程师，但是想到这一点对他来讲并不困难。于是他用继电器取代机械部件，把 Z-1 又重新做了一遍，这就是 Z-2 计算机。由于没有钱，楚泽大量地使用了从废旧电话上拆下来的旧的继电器。就是靠这些旧的元器件，楚泽居然在 1939 年搭建出来了当时世界上最先进的计算机。Z-2 运行的可靠性远超 Z-1，而且由于继电器的机械延时要比单纯的机械部件小，它可以做到每秒钟进行 5 次运算，这在当时是非常了不起的计算速度。

不过这台计算机依然存在着一些明显的缺陷。由于楚泽不知道图灵机的理论，因此 Z−2 并不能实现图灵机的全部功能。比如，如果想让 Z−2 进行这样的运算：如果 $x>5$，则 $y=2x$；如果 $x\leqslant 5$，则 $y=x+5$，就需要根据 x 的数值来修改电路，这样显然不方便。

楚泽的 Z−2 并没有真正用于工程领域，不过他的计算机却得到了德国航天航空部门哥廷根空气动力研究所（Aerodynamischen Versuchsanstalt）的认可。当政府官员和专家来到楚泽父母的家，看到占据了好几个房间的 Z−2 计算机时，简直惊呆了。随后，德国政府以合同的方式资助楚泽的小公司搞计算机研发。在此期间，楚泽为德国航天航空部门设计了无线电制导炸弹的控制器——一种带有简单的计算功能的电子设备。同时，他的主要精力则放在了设计能进行任何计算的新型计算机 Z−3 上（见图 12−2）。

图 12−2
楚泽的 Z−3 计算机复制品局部（现存于慕尼黑德意志博物馆）

1941 年 5 月 12 日，Z-3 诞生了。这是一台可编程、能进行 22 位二进制浮点运算的计算机。Z-3 最了不起的地方在于，它是世界上第一台所谓“图灵完备”的计算机，也就是说，它能够完全胜任图灵所描述的计算任务。在这一点上，它和今天所有计算机是等价的，只不过速度比较慢，容量非常小而已。更让人难以想象的是，此时的楚泽依然不知道图灵的理论，只是靠自己对布尔代数的理解和工程经验来设计和改进计算机。

由于 Z-3 得到了德国政府的部分资金支持，加上楚泽主要的合作者赫尔穆特·施赖尔（Helmut Schreyer）是纳粹成员，后来给楚泽的研究工作带来了一些麻烦。但是楚泽并不直接为德国纳粹政府工作，在 Z-3 之后的研究中也没有拿纳粹政府的钱，因此，人们考虑到他在经济上的难处，没有深究那段历史。

在研制 Z-3 的时候，施赖尔曾经建议使用电子管取代继电器，但是不知道是什么原因，被楚泽拒绝了。这就给后世留下一个谜团——如果楚泽当时使用了电子管，Z-3 是否会成为世界上第一台电子计算机。但是历史没有假设，事实上当时楚泽也用不起昂贵的电子管。即便是在获得了德国纳粹政府几千马克的资金支持之后，他也依然只能使用废旧的继电器来研制计算机。相比之下，美国的约翰·莫奇利（John Mauchly）和约翰·埃克特（John Eckert）一上来就获得了近 50 万美元的资助，他们拥有的丰富资源是楚泽不能比的。

楚泽在二战期间最后研制的计算机是 Z-4（见图 12-3）。这是世界上第一台真正具有商用意义的计算机，它能进行 32 位的浮点运算。

1945 年，德国人已经知道柏林必将被苏联占领，为了防止这台欧洲最先进的计算机落入苏联人手里，他们将 Z-4 计算机转移到了哥廷根大学。这台计算机最终落户于瑞士著名的苏黎世联邦理工学院，并且长期稳定运行，完成了不少信息处理任务。在 Z-4 之后，楚泽把计算机一代又一代地做了下去，一直做到了 Z-22，直到后来他的公司被西门子收购。今天我们回顾欧洲大陆计算机的历史，会发现楚泽几乎以一己之力开创了欧洲的计算机时代，这堪称一个奇迹。

图 12-3
楚泽的 Z-4 计算机（现存于慕尼黑德意志博物馆）

1947 年，楚泽终于在哥廷根大学见到了图灵，不知楚泽当时有何种感慨。10 多年前，他们两个人一个从实践上，一个从理论上，一同解决了计算机的核心问题。如果楚泽能够更早地知道图灵的理论，或许他在发明计算机的道路上会走得更快，因为图灵的那套理论太简洁，又太重要了。

康拉德·楚泽（Konrad Zuse）
1910年6月22日—1995年12月19日

19世纪30年代，一位就职于飞机制造厂的德国工程师厌烦了无趣又烦琐的计算工作，决定辞职回家搞发明——楚泽漫长的研制生涯从此开始了。
纵观科技技术的发展史，楚泽的高光时刻就是于1941年设计出了世界上第一台可编程的、有图灵完全性程控功能的计算机。因为这项发明，他被尊称为“数字计算机之父”。

探究可计算的奥秘

世界上几乎所有人都会正向思考问题，比如要用机器来处理信息，大家会想到的第一个问题就是能否让机器计数。在解决了这个问题之后，大家就会想第二个问题：能否让机器对数字做运算。再往后，大家会想第三个问题：能否将其他信息也变成数字，让机器来处理。当机器能处理越来越多的信息时，大家就会想更多的问题：能否让机器做更多的事情，能否让它比人更聪明……这种思维范式就是正向思维。

但是图灵想问题的方式恰恰和常人相反。他先给机器划定了一个边界，在边界内的问题都是可以通过一步步的计算来解决的。当然在边界外可能还有更多的问题，但是它们就和计算无关了。注意，图灵所说的计算，其实远不止四则运算，还包括一些简单的逻辑判断和演算。因此，我们把它理解为机械的信息处理可能更加准确。图灵划定了“可计算”这条边界，对于人类的意义非常重大，因为这样人类就能有的放矢，设计一些机械，帮助人类处理那些可以计算的问题，然后让人类把精力集中在解决那些无法通过计算解决的问题上。

可是即便计算这个问题，放在今天看来，也是非常大、非常虚的。那么当时年仅 20 岁出头的图灵为什么要思考这样一个十分抽象的，甚至不知道能否找到答案的问题呢？这背后其实没有任何商业利益，甚至在短时间看不到有什么应用场景，仅仅是因为它深奥、有趣，而且尚无人能给出答案。2019 年，我专程访问了英国皇家学会，拜访了包括前任主席马丁 · 里斯（Martin Rees）在内的多名院士以及一些诺贝尔奖获得者。我很好奇只占世界人口 1% 的英国何以对世界的科学贡献如此之大。他们的共同看法是，英国的科学家和古希腊的学者一样，十分喜欢研究那些深奥的、在外人看来完全没有任何应用价值的问题，在这一点上，他们和美国、德国的科学家都不同。以图灵为例，他研究可计算性的问题有什么实际意义吗？至少在研究这个问题时，他完全不知道这个答案。后来发现这个理论有用，且有巨大的商业价值，是其他人的事。图灵从来没有想通过发明计算机来发财致富，虽然二战后很多人都在动这个脑筋，包括研制第一台电子计算机的莫奇利和埃克特。但在历史上，正是像图灵这样的人，以及他们的前辈——毕达哥拉斯、欧几里得、托勒密等，点亮了人类文明前进道路上的希望之光。

思考可计算性这样复杂而且纯理论的问题，通常需要获得一些启发或者灵感。图灵在这个问题上，有两位精神导师，一个是比他大 9 岁的冯 · 诺伊曼，另一个是冯 · 诺伊曼的老师，著名数学家戴维 · 希尔伯特。

冯 · 诺伊曼虽然只比图灵大 9 岁，但是他很早就成名了。1931 年图灵刚刚开始大学学习时，冯 · 诺伊曼已经是普林斯顿大学的终身教授了。1932 年，冯·诺伊曼写的一本介绍量子力学的专著《量子力学的数学基础》(*Mathematical Foundations of Quantum Mechanics*)，将这个最重要的近代物理学分支公式化。图灵读了这本书后大受启发，他灵感闪现，突然意识到计算对应于来自确定性的机械运动，而人的意识可能来自测不准原理，因此，凡是和计算有关的事情应该能由一系列的机械操作完成。

希尔伯特对图灵的启发则是他提出的一大堆数学问题，即那些著名的希尔伯特问题[①]。其中第十个问题对图灵的启发尤其大，这个问题表述起来其实很简单。

> 任意一个（多项式）不定方程，能否通过有限步的运算，判定它是否存在整数解。

所谓不定方程（也被称为丢番图方程，Diophantine equation），就是指有两个或者更多未知数的方程，它们的解可能有无穷多个。为了对这个问题有一些感性的认识，我们不妨看三个特例。

> 例一：$x^2+y^2=z^2$
>
> 这个方程有三个未知数，它有很多整数解，每一组解其实就是一组勾股数，构成直角三角形的三边。

① 1900 年，希尔伯特在巴黎国际数学家代表大会上提出了 23 个（当时还无解的）著名的数学问题。这些问题后来被称为希尔伯特问题，包括著名的庞加莱猜想。

例二：$x^N+y^N=z^N$，其中 $N>2$。

这些方程都没有整数解，这就是著名的费马大定理。

例三：$7x^3+5y^3=8z^6$

这个方程是否有整数解，就不那么直观了。

希尔伯特的第十个问题并不是要求解不定方程，而是关心能否有办法知道它们有没有解。只有确定了有解，才可能找到解。解不定方程的问题只是一小类的数学问题。如果小问题都存在大量的不可判定性，就说明还有很多数学问题我们永远无法知道是否有答案，而这些问题自然不可能机械地一步步求解。正是希尔伯特对数学边界的思考，让图灵明白了计算这件事的极限所在。虽然图灵当时并不能确定第十个问题的答案，但是他隐隐觉得应该是否定的，也就是说，有大量的问题，我们根本无法判定是否有解。[①]

有了这一点的认识，图灵首先将关注点聚焦到哪些能够判断是否有解，而且能够通过有限步骤求得解的问题之上。1936 年，他提出了解决这一类问题的一种通用的数学模型，该数学模型被称为图灵机。

今天很多人把图灵机想象成一种具体的计算机，其实这是对图灵机的误解。图灵机只是从数学和逻辑上描述了使用机械（无论是纯机械还是电子机械）来解决数学问题的通行做法。这种通行做法是我们今天设计计算机的准则。对于所有能够通过图灵机的逻辑和步骤来解

---

① 1970 年，俄罗斯天才数学家马季亚谢维奇从数学上解决了希尔伯特的第十问题，并且给出了否定的答案。对这个问题结论的表述，今天也被称为马季亚谢维奇定理。

决的问题，则称为可计算的问题。比如，判断一张图片中的某张脸是否是某个人的，这就是一个可以通过图灵机一步步判定的问题。再比如，穷举围棋所有可能的下法，虽然这个问题解决起来非常耗时，但依然是可以在有限步骤内用图灵机完成的任务。但是，如果要根据玛丽的行为判定她是否爱约翰，这就无法通过图灵机一步步完成了，这种问题就属于不可计算的问题。当然这类问题通过收集一些信息，根据经验和常识，有时候也能做出准确的判断。但是，从广义上讲，更应算作是信息处理问题。又比如，我们管理城市做决策，虽然要用到信息，但这些并不能完全通过计算来完成。也就是说，并非所有信息处理的问题，都是可以通过计算来解决的。

对于那些无法通过计算来解决的问题，图灵并不打算考虑它们。至于在边界内的、可以计算的问题如何通过图灵机来解决，这就需要解决问题的人设计一套标准化的流程，并且将这个流程加载到图灵机中，这个流程在今天就体现为计算机程序。当时图灵并没有告诉大家这个程序该怎么写，因此，他的工作只是为大家划定了一条边界，让大家不必再浪费时间纠结那些没有意义的事情，也不必试图超越极限。

那么图灵是怎么划定可计算的边界的呢？他模拟人进行数学运算的过程，设计了一种虚拟的机械，即图灵机。这个机械在工作时，会不断重复人演算数学题的两个动作：

第一，在纸上写上或者擦掉一些符号。

第二，笔在纸上不断地移动书写位置。

当然，要完成这两个动作，人的大脑要记住运算的规则。

具体来讲，图灵机的构成和工作过程见图 12-4 所示：

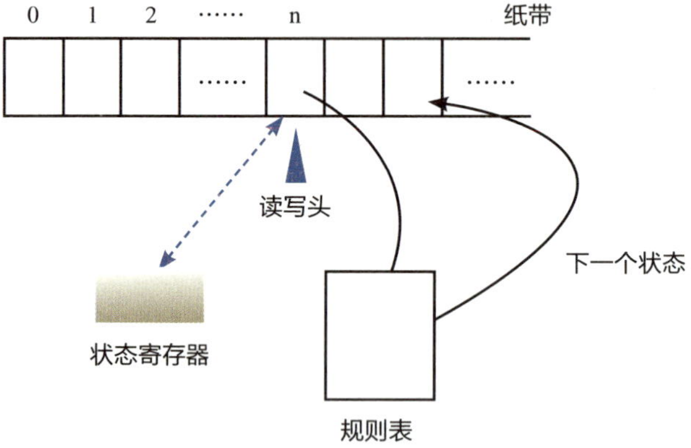

图 12-4　图灵机示意图

图解：

1. 有一条无限长的纸带，它被划分为一个接一个的小格子，每一个格子有一个编号，比如，从左到右依次为 0、1、2……它们相当于我们做题用的纸，只不过纸的数量是无穷多。当然，在现实世界的计算机中，存储容量是有限，并非无限的。

2. 有一个可以左右自由移动的读写头，它能读出当前所指格子中的符号，并能改变它们。这个读写头，相当于笔和橡皮。

3. 有一套控制规则，它根据当前机器所处的状态以及当前格子中的内容，确定读写头下一步的动作。这套规则就相当于我们算题的法则。比如我们求解方程 $ax+b=c$，要套用公式 $x=(c-b)/a$，这就是运算的规则。

4. 有一组状态寄存器，它用来保存图灵机当前所处的状态。我们在纸上算数学题时，经常要问自己，算到哪一步了，寄存器所记录的就是这样的状态。

注：在图灵机中有一个特殊的状态，即所谓停机状态。如果图灵机运行到这个状

态，整个运算就结束了；如果永远到不了这个状态，说明这个问题是不可计算的。

如果我们说牛顿描述了物理学的数学原理，香农描述了通信的数学原理，图灵则是通过图灵机，描述了今天所有计算机的数学模型。图灵机的理论说起来很简单，即使是非计算机专业的人也不难理解，但是今天，所有的现代计算机，无论运算多么快、设计多么复杂，在数学的功能上与图灵机都是等价的，也都被称为图灵完备。图灵的成就，再次验证了牛顿在《自然哲学之数学原理》开篇讲的那句话，"真理在形式上是简单的"。

有了图灵关于计算机的这套理论，再加上同时期香农关于开关电路的理论，人们搭建计算机就不再是仅仅依靠经验，而是可以按照理论按部就班地完成了。

不过从图灵和香农解决了计算的基本问题，到世界上第一台电子计算机的诞生，经历了近 10 年的时间。而同时代的楚泽一个人从设想到研制出符合图灵机标准的 Z-3，却只用了 5 年时间。为什么会有这样看似充满矛盾的结果呢？这就要说到战争的需求对技术进步的巨大推动作用了。

比炮弹还快，"简直是电的脑"

1936 年，当楚泽开始研制计算机时，德国已经开始着手备战了。在备战过程中，有很多涉及重复计算的工程问题要解决，而且已经有大量的科学家开始投入战时服务了。而直到 1942 年，美国的科学家还在研究和平时期的课题，没有对计算机强烈的需求。恩格斯说过："有技术上的需要，比十所大学更能推动社会的进步。"[①] 美国一旦被卷入战争，对各种新科技的迫切需求就产生了，这个国家巨大的潜力也因此被激发了出来。在二战期间，美国很多科学家直接参与了和战争相关的工作，比如维纳等人就直接参与了火炮的改进与设计工作。

1943 年，为了取得在火炮上对德国的优势，美军决定设计和制造一种威力更大、更精准的长程火炮。而这项研究涉及大量重复性的计算，这就意味着要花很长的时间。在当时前线战事吃紧的情况下，为了抢时间，美国陆军决定建造一个"超级大脑"来完成火炮设计中十分繁重的计算问题。美国陆军弹道研究所（后来著名的火箭专家冯·布劳恩曾就职于此）把这项极为艰巨的任务交给了宾夕法尼亚大学的摩尔工学院[②]的教授莫奇利和他的学生埃克特，经费预算高达 50 万美元，比德国政府给楚泽的几千马克资助高出了两个数量级。

莫奇利和埃克特对计算机的一大贡献，是使用真空电子管来实现数字开关电路，而不是直接使用继电器。使用电子管有两个明显的好处：首先，用它实现开关电路可以将开关"接通"和"断开"之间切换的延时变得非常短。我们知道，继电器虽然也使用电，但是它的开关还是机械运动。但凡是机械运动，就不可能运行很快，因为机械部件是有惯性的，不可能在一瞬间从向上运动变成向下运动。但是电子管是靠电流的运动来切换开关，它可以做到几乎没有延时，这就是今

① 马克思，恩格斯，等．马克思恩格斯选集 [M]. 第四卷．北京：人民出版社，2012：55.

② 摩尔工学院和提出摩尔定律的摩尔没有任何关系。

天的计算机可以运行很快的根本原因。

其次，电子管的电路不会因为使用时间长而出现磨损。况且，如果哪一个电子管烧坏了，人们马上就能发现，并且及时更换。但是继电器在磨损后，往往会出现一种看似连通，但实际上并没有接通的情况。这种接触不好的毛病很难被人们发现。

当然，使用电子管也有两个迫切需要解决的问题：第一，电子管成本昂贵。如果用继电器实现开关电路，一个开关只需要一个继电器，成本很低。相反，如果使用电子管，则往往需要几个甚至十几个电子管才能“搭建”一个开关，而当时电子管比继电器贵许多。

第二，电子管的耗电量巨大。每一个电子管的功率就相当于一个小的白炽灯泡。如果是几万个电子管放在一起，耗电量是非常惊人的，而且发热后需要大功率的空调来降温，这也需要消耗大量的电能。事实上，那台电子管计算机每次使用时，周围居民家的电灯都会瞬间变暗。不过，在战争期间，美国国内的能源条件要比德国好很多。美国人为了抢时间，并且追求高性能，是不惜成本的。

莫奇利和埃克特给他们正在研制的设备取名为“电子数值积分计算机”（Electronic Numerical Integrator and Calculator，简称 ENIAC，即埃尼亚克），这个名字注定被载入史册。由于有了图灵和香农的理论做基础，ENIAC 的研制不需要靠经验，直接使用理论就可以了。这和以往的巴贝奇计算机或者楚泽的 Z 系列计算机完全不同。不久，莫奇利就完成了计算机的原理和图纸设计，然后由埃克特负责研发制作的生产流程，很多工程师也开始加班加点地忙碌起来。但是，莫奇利和埃克特一直没有发现他们的计算机设计实际上存在很大的问题。

图 12-5　世界上第一台电子计算机 ENIAC

所幸的是，就在 ENIAC 刚完成一半时，一个人偶然的加入改变了计算机发展的道路，也让计算机的发展少走了很多年的弯路。这个人就是后来被誉为“现代计算机之父”的冯·诺伊曼。

1944 年，也就是 ENIAC 项目已经启动一年之后，正在洛斯·阿拉莫斯国家实验室研制氢弹的冯·诺伊曼听说莫奇利和埃克特正在研制电子计算机。由于在研制氢弹的过程中也需要解决大量的计算问题，于是他就找到这两个人，想看看他们正在研制的计算机能否承担起氢弹研制中繁重的计算任务。冯·诺伊曼在了解了 ENIAC 的设计后发现，莫奇利和埃克特是为了完成长程火炮弹道计算任务而制造的计算机，因此 ENIAC 被设计成了一种专用计算机，并不适合完成其他的工程计算，而且，每次更换计算任务，人们都需要改变计算机的电路。但同时，ENIAC 已经开始进入制造流程，如果要推翻原先的设计方案，重新设计，肯定无法按期完成。这时美国陆军征求冯·诺伊曼的意见，后者讲，ENIAC 只能按既定计划继续制造，以便按期完成，尽早投入使用，为战争提供计算服务。与此同时，冯·诺伊曼建议美国陆军再造一台新的计算机，作为通用的计算机，来完成战争中的其他计算任务。就这样，冯·诺伊曼和莫奇利、埃克特一道提出了一种全新的计算机系统设计方案——电子离散变量自动计算机（Electronic Discrete Variable Automatic Computer，简称 EDVAC）。这个方案在交给军方后，陆军弹道研究所的负责人在报告上随手写上了主要起草者冯·诺伊曼的名字。从此，EDVAC 的设计方案被称为冯·诺伊曼系统结构，而外界对莫奇利和埃克特的工作则所知甚少，他们二人后来对此一直耿耿于怀。

1946 年，ENIAC 如期完成，前后历时长达三年时间。但是它在二战中并没有派上用场，因为战争结束得比美国人预想得要早。根据美国后来解密的档案，如果日本人坚持不投降，那么美国计划每个月向日本本土投放三枚原子弹；而美国人为阵亡将士准备的紫心勋章，直到今天还没有用完。

不过，既然是为了计算弹道而设计了电子计算机，怎么也要把原来的题目算一下。这台占地近 160 平方米、由 2 万多个电子管和近 10 万个其他电子元器件组成的庞然大物，每秒钟能完成 5 000 次计算，比楚泽的继电器计算机足足快了三个数量级。虽然它的耗电量高达 150 千瓦，但是平均到每一次计算时所消耗的能量，远比楚泽的

Z–3 低。当 ENIAC 用 20 秒钟完成了一次长程火炮弹道的计算时，火炮高速发射出的炮弹还没有落地呢。当时，参观这台计算机演示的英国元帅蒙巴顿勋爵发出了由衷的感叹，“它真快啊，简直是电的脑”。从此，“电脑”一词就成了今天计算机的代名词。

由于不再需要计算长程火炮中的工程问题，ENIAC 主要用于氢弹的设计。它一方面大大加速了美国原子能研究的进展，另一方面冯·诺伊曼所预见的问题果然出现了。它每次计算新的任务，都需要改变一次电路，而不是像今天的计算机这样直接加载程序。要知道早期的计算机内部连线是非常复杂的。ENIAC 有 500 万个焊点，修改电路的难度可想而知。通常，ENIAC 用于计算的时间可能只需要几分钟或十几分钟，但是重新连线的时间却要人们花费几个小时或者几天。即便如此，在 1949 年世界上第二台电子计算机 EDVAC 诞生之前，ENIAC 也依然挑起了美国原子能计划中大规模计算的大梁。

建立在冯·诺伊曼系统结构基础之上的 EDVAC，虽然是世界上第二台电子计算机，但却是今天所有计算机的祖先。ENIAC 先天的缺陷，使它成了一个孤版，和今天的计算机在系统结构上没有任何继承关系。冯·诺伊曼的系统结构之所以了不起，就是因为它是实现图灵机最直接的设计方案。如果我们将图灵机比作对汽车的抽象描述，即用动力驱动的在道路上行驶的交通工具，那么冯·诺伊曼系统结构就是针对这种抽象描述的一种最有效的设计。比如，它要求汽车有发动机、轮子、方向盘和载人载货的空间。至于它是电动的还是由内燃机驱动的，是三个轮子、四个轮子还是六个轮子，能坐 2 个人还是 20 个人，这些都不重要。按照冯·诺伊曼的设计思想，一台自动的计算机应该包括计算器、控制器、存储器和输入输出设备，它是由程序自动控制的。至于是有一个处理器还是多个，有少量的存储器还是海量的，处理器和存储器是单独放置还是做到一个芯片中，这些也都不重要。正是因为图灵和冯·诺伊曼提出了设计和实现计算机最直接而又包罗万象的思想，我们今天所有关于计算机的研究工作依然在他们所划定的设计框架内做改进。伟人之所以伟大，就在于他们的思想可以超越历史。在信息处理理论的发展历史上，图灵和冯·诺伊曼就是这样的伟人。

当然，今天计算机的性能已经和他们那个年代不可同日而语了。今天一个手机处理器的性能，就比 ENIAC 高出上亿倍。20 世纪 50 年代，冯·诺伊曼、图灵、香农、维纳等人在畅想未来时，觉得到 20 世纪末，全世界所有计算机存储器的容量将达到 1 000 兆（1GB）。事实上，20 世纪末任何一台个人计算机的容量都超过了他们那个大胆的猜测。

ENIAC 的诞生具有划时代的非凡意义，它标志着人类从此进入了计算机时代。

• 本章小结 •

运用计算工具来处理信息，是人类长期以来的梦想。早在 2 000 多年前，中国人就发明了算盘，[①] 极大地提高了四则运算的速度。但是在随后的 1 000 多年里，人类在计算工具方面并没有取得实质上的进步，这在很大程度上是因为信息，特别是数量信息非常有限，所以信息处理的工作量并不是很大。

在随后的几百年里，帕斯卡、莱布尼茨、巴贝奇、布尔、楚泽、香农、图灵等人，在采用机器处理信息的理论和实践上前赴后继，稳步推进，直到在二战的战争需求下，才让电子计算机的诞生在短短的三年内就成为现实，这当然要感谢莫奇利、埃克特和冯·诺伊曼等人的辛勤工作。但是，如果没有二战，没有莫奇利和埃克特，电子计算机依然会出现，只是可能要晚上几年。有了计算机之后，人脑就得到了延伸，大规模地处理信息成为可能。不过，早期的计算机体积实在太过庞大、太耗电、太昂贵，而解决这个问题就需要另一项重大发明了。

---

① 虽然古希腊人更早地发明了算盘，但是那种算盘并非广义上的计算机，而中国人发明的算盘才是。关于这些细节，读者朋友可以参看拙作《文明之光》。

第十三章

开启由信息驱动的社会

1999 年，在千年纪更替之际，《洛杉矶时报》评选出了过去 100 年最伟大的美国人，威廉·肖克利（William Shockley）、罗伯特·诺伊斯（Robert Noyce）和杰克·基尔比（Jack Kilby）并列第一，在他们后面的则是亨利·福特和富兰克林·罗斯福等人。虽然《洛杉矶时报》的评选结果只是一家之言，但是这三位科学家对世界做出的巨大贡献无论如何赞扬都不算过分，如果没有他们发明的集成电路，我们很难想象今天的世界将会是什么样子。

怪人肖克利和青年才俊们

1956 年刚过完新年不久，美国东部的费城，28 岁的罗伯特·诺伊斯正在为自己未来的职业发展而纠结。这位天才自从离开麻省理工学院后便诸事不顺，这在很大程度上源于他毕业时不慎做出了错误的选择。虽然他当时有机会进入世界顶级的电子公司，或者到著名的研究所做研究，但是他却选择了二流的飞歌公司（Philco），这让他的同行大跌眼镜。不过，年轻的诺伊斯却有他自己的做事逻辑。他认为，像飞歌这样的二流公司肯定要比一流公司更加倚重自己，让他能够在不受任何约束的情况下发挥更大的作用。

事实证明，这仅仅是他的一厢情愿。二流公司之所以是二流，是因为它比一流公司有更多的问题，而不是更多的机会。飞歌是一家军工承包商，天天最在意的就是如何同政府部门打交道，拿到军队的合同，而这些事情恰恰是诺伊斯最不喜欢，也不擅长做的。因此，在经历了和飞歌公司 18 个月的“蜜月期”后，诺伊斯几乎天天都是在煎熬中度日。好在电子行业的同行没有忘记这位曾经的天才和刚起步的半导体行业的新星。著名的西屋公司向他伸出了橄榄枝，给了他比飞歌公司优惠很多的条件。但是飞歌公司知道有企业来抢夺人才后，为了留住诺伊斯，也向他承诺，可以给他比西屋公司更好的职位和更丰厚的待遇。这样，诺伊斯反而发愁了，一时间不知道该如何选择。

就在这时，一个电话打了进来，从此改变了他的人生轨迹。诺伊斯后来讲，当时他觉得仿佛接到了上帝打来的电话。对方只是问了诺伊斯一个问题，是否愿意到加利福尼亚州为他即将成立的公司工作。诺伊斯二话没说，马上辞去了在飞歌的工作，也婉拒了西屋的热忱邀请，到了几千千米以外的旧金山湾区追随这位他仰慕已久的偶像。

一个月后诺伊斯加入了他这位偶像开办的公司，成为公司的第 17 号员工，当天第 18 号员工也来了。他比诺伊斯小一岁，却比诺伊斯高半头，他叫戈登·摩尔（Gordon Moore）。摩尔是旧金山湾区的本地人，化学博士，不过他和诺伊斯一样也是从遥远的美国东部长途跋涉来到这里的。此前，他在约翰·霍普金斯大学著名的应用物理实验室工作，每天都在写那些他认为并没有太多价值的论文。和诺伊斯一样，他也是在接到这位公司创始人的电话后感到异常兴奋，然后放弃了其他工作机会，从马里兰横跨美国大陆来到了这位偶像的身边。之前诺伊斯肯定没有想到他将从此开始和摩尔的终身合作，而摩尔则想的是，如果自己早一天报到，工号就比诺伊斯更靠前。在接下来的 10 年里，他们中的一位将发明 20 世纪最重要的产品，而另一位则将提出描述信息产业发展的定律。当然，把诺伊斯、摩尔等诸多英才聚集到一起的那位公司创始人，不仅是大家的偶像，也是当时全世界公认的最好的应用物理学家，甚至可能没有之一。不久，他获得了诺贝尔奖，因为他发明了当时信息产业最重要的产品——半导体晶体管（见图 13-1），这个人就是威廉·肖克利。

图 13-1　半导体晶体管

肖克利是应用物理学和电子学史上少有的全能型学者。在肖克利的那个年代，应用物理学家最常见的职业发展道路就是，在博士毕业之后进入贝尔实验室。肖克利也是如此。到贝尔实验室工作没几年，肖克利就发表了好几篇非常重要的论文，奠定了固态物理学，也就是我们俗称的半导体的理论基础。特别是肖克利发明了半导体PN结①，而这是今天所有半导体元器件的理论基础。随后美国被卷入第二次世界大战，肖克利也和贝尔实验室的其他科学家一样服务于战争。由于他在很多种武器的发明方面做出了杰出的贡献，因此获得了美国的最高荣誉勋章（Medal of Merit）。这个勋章由美国总统亲自签发，只授予那些极少数的杰出贡献者，比如“原子弹之父”奥本海默等人。我们前面提到的大科学家维纳和香农虽然对战争做出的贡献也很大，却没有能够获得这个勋章。二战后，肖克利重新回到了民用领域的科学研究。当他看到半导体在未来的电子和信息产业巨大的应用前景之后，便成立了贝尔实验室的半导体研究所，开始着手把他在半导体研究中的理论，变成切实能够取代电子管的电子器件——晶体管。

20世纪50年代之前，在和信息发射、传输、处理相关的电路中最为重要的元器件就是真空电子管（简称电子管，见图13-2）。电子管从外形和结构上讲有点儿像白炽灯泡，它也是抽真空的，里面有灯丝，工作时需要点亮灯丝加热。和白炽灯泡所不同的是，当电子管里

① PN结（PN junction），采用不同的掺杂工艺，通过扩散作用，将P型半导体与N型半导体制作在同一块半导体基片上，在它们的交界面就形成空间电荷区，这被称为PN结。PN结是电子技术中许多元器件所利用的特性。——编者注

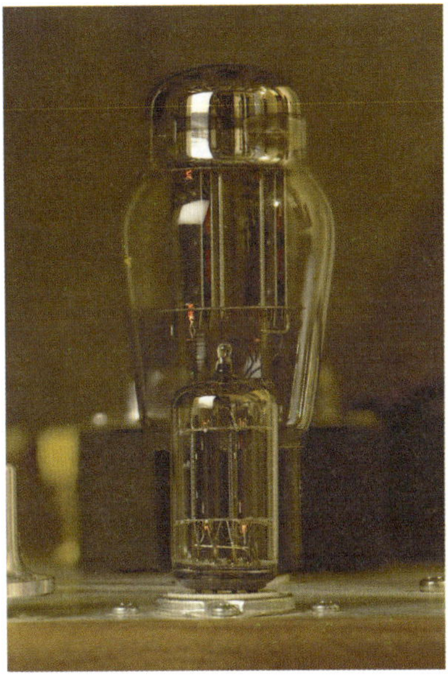

图 13-2
真空电子管

的灯丝被加热后，在电子管的正负两极之间加上电压，电子管中就会形成电子流。当我们通过电路在电子管的一端（栅极和阴极之间）微调电压时，就能在它的另一端（阳极）得到几十倍甚至几百倍的电压变化。因此，电子管可以在电路中起到放大信号的效果。当然，电子管也可以做成像继电器那样的电子开关。所有的这些性质都让它成为无线电发射和接收，以及计算机的开关电路中不可或缺的元器件。不过电子管有三个十分致命的缺陷。

第一，它太昂贵，也太耗电，无论是价格还是耗电量，电子管都占了电子产品的 90% 以上。这就是世界上第一台电子计算机 ENIAC 耗电量如此之大的根本原因。

第二，它又大又重，而且特别娇气。因为电子管本身如同电灯泡，一摔就碎。大家可以想象，一个装了六七个“白炽灯”的收音机摔到地上将会是什么结果。因此，用电子管做的收音机，在家里一定要轻拿轻放，不然很容易毁掉电子管。但是在战场上，这么脆弱的设备用不了多久就被损毁了，更不要说设备又大又重，也不方便使用。

第三，电子管的寿命很短。如同白炽灯泡使用 1 000 小时左右就会烧坏一样，电子管的寿命通常也只有几千个小时。如果用上万个电子管来制造一台计算机，通常几分钟就会有一个损坏。这样的计算机显然无法长期稳定地运行。

肖克利在研制中发现了半导体（硅或者锗）的一些天然性质，让它们有可能做成像米粒儿大小的元器件，以此取代一号电池大小的电子管。当然，这件事在二战前还只是在理论上存在可行性。而且，要把导电性能只有铜的万分之一，且非常易碎的硅或者锗做成电路的元器件，大家想都不敢想。然而，肖克利在看到信息产业的兴起对新的元器件的巨大需求之后，毅然决定知难而上，完成这项看似无法完成的任务。这就是他成立半导体研究所的初衷。

威廉·肖克利（William Shockley）
1910年2月13日—1989年8月12日

威廉·肖克利是美国硅谷的灵魂人物，他创立了硅谷历史上第一家科技公司——肖克利半导体实验室。有人曾经这样说：“要想读懂硅谷，就要先读懂威廉·肖克利。”

他一生共获得过90多项专利，其中，他与同伴于1955年共同发明的晶体管，被媒体和科学界称为“20世纪最重要的发明”。

肖克利的手下可谓人才济济，特别值得一提的是，他的下属约翰·巴丁（John Bardeen）和沃尔特·布拉顿（Walter Brattain）首先在半导体元器件的研究上取得了技术突破。但是，肖克利认为下属们用到了自己的理论，所以应当在申请专利时加上自己的名字，甚至只应该有他的名字。而巴丁等人断然拒绝了肖克利的要求，这让肖克利很恼火，最后他们得到一个两败俱伤的结果。由于巴丁等人没有在专利上加肖克利的名字，于是肖克利就利用自己在学术界和实验室的影响处处排挤他们，不让他们再参与任何实质性的研究。不过，这件事也确实大大地刺激了肖克利，他夜以继日，加快了研究工作，并且最终在另一个团队的帮助下，发明了晶体管最关键的技术，并且随后做出了可以实用的半导体晶体管。

就在肖克利等人全身心地投入晶体管的研制时，大洋彼岸的欧洲科学家也在做类似的研究，但是比贝尔实验室的科学家足足晚了5年。究其原因，主要是双方在研究方法上有一定的差距。肖克利等人不仅精通半导体理论，更懂得如何根据当时的工艺条件来设计半导体晶体管的技术方案。而世界上的其他科学家，仅仅是根据半导体的物理特点来设计元器件。当完成了产品设计，却发现工艺条件无法实现时，他们要么重新设计一种产品方案，要么花很多时间去改进其实根本无法在短时间内改善的工艺条件，这样一来一去就走了很多弯路。肖克利等人的成功可以讲是逆向思维的结果，因此，当贝尔实验室向全世界展示出能够实用的晶体管后，全世界电子行业和应用物理领域的科学家都惊呆了。

晶体管是20世纪上半叶最重要的发明之一。它相比电子管可以节省 100 倍的能量，价格便宜 10 倍，体积缩小了 100 倍，而且几乎不会有使用寿命的限制。晶体管的发明不仅使电子产品得到了迅速普及，也使工业生产的自动控制成为一种可能。虽然维纳在二战后已经发表了控制论，并且这个理论也已经被工业界普遍接受，但是在工厂里是难以用脆弱且昂贵的电子管来制造自动控制设备的，而晶体管的出现解决了这个问题。此后不久，世界上诞生了机械臂，并且开始出现无人工厂。再往后，各种工业设备以及民用设备（比如电梯）都开始用信息进行控制。也就是说，晶体管的出现大大加速了人类社会的信息化进程。

在发明了晶体管之后，肖克利在短短 5 年内就获得了各种各样的荣誉，包括美国工程院院士（当时他只有 41 岁）和各种大奖。他成为各个媒体追踪报道的对象，这也让他在诺伊斯等人的心里像神一样的存在。诺伊斯本人其实也是一位应用物理学的天才，他出生在美国中西部的一个小镇，从小就爱制作和发明各种机械。还是在中学时他就自己制造过汽车，而且驾着自己做的滑翔机飞行过。在年轻时他制造过很多恶作剧，也为此受过法庭的处罚，但是在大学毕业之后，他进入麻省理工学院深造，并在那里对半导体产生了极为浓厚的兴趣，成为大家公认的半导体领域的新星。

肖克利很早就知道诺伊斯这个人，因为诺伊斯算是他的同行，但是肖克利真正对诺伊斯产生好感是在一次学术会议上听了后者所做的学术报告。因为他发现这个年轻人很会做研究，而且讲解任何事情都是一针见血，条理清晰。当他准备自己创业办公司时，便想到了诺伊斯。至于摩尔，其实他根本不懂什么电子技术，他是一位化学家。但是肖克利知道，他需要一个十分精通化学的人来帮助自己解决半导体制造中可能出现的很多问题，便邀请摩尔加盟他的公司。肖克利用类似的方法，还物色到了另外10多位年轻才俊。他们之中的绝大部分人，后来都成为改变世界的大人物。

肖克利看人的眼光极准，以至他挑选人才的方法在很长一段时间里都被硅谷的许多公司模仿。具体来讲，肖克利考察人才有两个标准：第一是聪明，肖克利是一个非常相信智商的人；第二是考察一个人是否会做研究。比如，肖克利经常在学术会议上通过听研究生做报告，来判断他们的研究能力是否出色。

肖克利认为，一个人只要足够聪明，又会做研究，就会有出息。至于那些专业领域的知识，那是可以后期学习的。肖克利这种招聘人才的做法后来直接被谷歌和微软采用。这两家世界知名的IT（信息技术）企业在早期一直喜欢考技术岗位的求职者智力题，但是很少询问研究生在校时所做的研究课题。很多求职者对此感到十分困惑。这其实是在考察那些应聘者的智商，而那些所谓专业知识，在这两家公司看来其实根本不重要，因为在学校没学过的知识以后可以学，但是如果智力太差将来成功的概率就会很低。谷歌还曾经在加利福尼亚的101高速公路边上用大广告牌登出这样一则广告：

{无理数 e 中前十位连续的素数}.com

你如果知道这个答案（7427466391.com），就可以通过答案中的这个网址进入谷歌的招聘网站。而能够计算出这道题，需要这个人很聪明。当然，后来由于受到政治正确[①]的影响，这两家公司不再考求职者智力题了，以免某些族裔的人不能通过。

1956年，肖克利的公司——肖克利半导体公司，可以讲是“兵强马壮，士气高涨”。这种高涨的士气在那年年底肖克利获得诺贝尔奖时达到了高潮。但是半年后，这家明星公司就行将解体，而问题就出在公司创始人肖克利身上。那些青年才俊此时才发现，他们不远万里投奔自己的偶像，却忘了思考一个非常重要的问题：为什么肖克利过去的下属没有一位留下来跟着他一同创办公司。

“八叛徒”与仙童公司

肖克利半导体公司的员工很快就发现，他们的老板是一位极为罕见的怪人。有一次公司丢了一点儿小东西，肖克利居然让每个人都去测谎，并且把测谎变为一种常态。在工作中，肖克利表现出了对员工的极度不信任，甚至禁止大家讨论工作中的问题，因此整个实验室处于一种病态的氛围中。那些青年才俊都知道，如果一直这样下去，公司迟早关门。在这种情况下，一位叫作尤金·克莱纳（Eugene Kleiner）的员工在摩尔等6位员工的支持下，决定为拯救企业做最后一搏。他们决定共进退，去找公司的投资人、化学上常用的pH计量仪的发明人阿诺德·贝克曼（Arnold Beckman），看看他能不能说服肖克利退居二线，不再操心公司的日常管理。在出发前，大家觉得应该询问一下诺伊斯的意见，

① 政治正确，是指态度公正，避免使用一些冒犯及歧视社会上弱势群体的用词，或施行歧视弱势群体的政治措施，比如，不能冒犯不同种族、性别、性取向、身心障碍、宗教，不能因政治观点的不同而产生歧视、不满与打压。——编者注

因为他是公司里威望仅次于肖克利的技术专家。大家之所以一开始没有找他，是因为诺伊斯过去在管理上曾经和肖克利站在了一起。出乎大家预料的是，诺伊斯十分爽快地加入了他们。这背后的深层原因就是肖克利常常利用自己的影响和权力在技术上打压诺伊斯，使得后者的一些重要科研成果无法及时发表，其中就包括诺伊斯发明的“江崎晶体管”。为什么诺伊斯的发明会被冠以日本人的名字呢？正是因为他没有能够及时发表自己的专利成果，后来被日本科学家江崎玲于奈抢先，并且后者在 10 多年后获得了诺贝尔奖。江崎玲于奈后来感慨道，其实诺伊斯的发明在先，但是被人为耽误了。诺伊斯一生和诺贝尔奖无缘，他后来又第二次错过了获得诺贝尔奖的机会。

诺伊斯等 8 位年轻人和贝克曼谈过之后才发现自己还是太过天真。贝克曼是老一代的科学家和企业家，一样的经历决定了他和肖克利的想法如出一辙。他也觉得世界上就该是一切由老板说了算，不论是在学术界还是在工业界。这也就不难理解为什么当初肖克利在贝尔实验室会打压巴丁等下属。巴丁后来被肖克利压制得无法再进行半导体研究，并且很快离开了贝尔实验室。不过他也证明了自己才是世界上最优秀的应用物理学家，并成为世界上唯一一位两度获得诺贝尔物理学奖的科学家。[①] 正是因为肖克利的这种霸道作风，才使得当初贝尔实验室没有一个人愿意和他一同创办公司。看清了现实的这 8 位年轻人，只好自己想办法去找投资，继续支持他们的研究工作。

开弓没有回头箭，8 位年轻人只能继续往前走。克莱纳想到了给

---

① 巴丁第二次获得诺贝尔奖是因为在超导上的卓越贡献。

他父亲管理股票的纽约基金管理人，于是给那个人写了封信。也许是他们8个人的运气好，虽然那位基金管理人辞职离开了，但是这封信落到了一位叫阿瑟·洛克（Arthur Rock）的继任者手上。阿瑟·洛克当时的年龄比克莱纳还小，毫无名气，但是日后他有了一个十分响亮的称谓——风险投资之父。年轻的洛克对科技充满了好奇，当他看到远在旧金山湾区的8位年轻人声称自己会制造晶体管时，就如同深圳的一个投资人，听说黑龙江的漠河地区有人研发出抗癌药一样惊奇。最后他成功地说服了自己的老板艾尔弗雷德·科伊尔（Alfred Coyle），两个人自费飞到加州去和这8位年轻人会面。

见面后，洛克和科伊尔立刻就被这8位年轻人所做的事情以及他们对未来的信心吸引了。但是，由于他们来之前并没有期待能得到什么结果，不仅没有带合同，甚至连公文纸也没有带。但是科伊尔脑子转得很快，当即掏出10张一美元的钞票放在桌子上，对大家讲："我没有准备合同，但是大伙在这个上面签个名，就算是我们的协议！"接下来，信息产业的伟大时刻到来了，诺伊斯、摩尔、克莱纳、洛克和科伊尔等10人分别在这10张钞票上签了名。这10张一美元的钞票成为硅谷诞生和风险投资出现的见证。

根据大家商量的结果，洛克帮助诺伊斯等人创办的新半导体公司寻找资金。他联系了自己的30多个大客户，但均没有找到投资。这个结果让洛克和科伊尔感到非常意外，因为那些富甲一方的有钱人对这样一个有着广阔前景的好项目居然没有一点儿兴趣。不过，洛克后来回想起这件事，觉得这一点儿都不奇怪，因为他根本就没有找对人。洛克找的这30多位客户虽然都非常有钱，但是对技术一窍不通。

他们分别是联合鞋业公司、通用磨坊公司（一家食品厂）、北美长途运输公司等大公司的老板。在一连串的碰壁之后，洛克终于找对了方向——IBM 公司当时最大的股东费尔柴尔德（Fairchild）家族。

费尔柴尔德家族的上一辈曾经资助老沃森重组 IBM 公司，并因此成为 IBM 公司最大的股东。在二战期间，这个家族的第二代掌门人谢尔曼 · 费尔柴尔德（Sherman Fairchild）成为美国军方航空照相器材和侦察机的承包商，也可以算是一名科技行业的老兵。这一次诺伊斯参与了谈判，并且成功地说服了费尔柴尔德。在会谈的过程中，诺伊斯用几句话道出了未来信息工业的本质。诺伊斯讲，这些本质上是沙子和金属导线的基本物质将使未来晶体管材料的成本趋近于零，于是竞争将转向制造工艺。今后，廉价的晶体管将会使电子产品的成本急剧下降，以至制造它们比修理它们更便宜。如果费尔柴尔德投资他们的公司，他将赢得这场竞争。

费尔柴尔德显然听懂了诺伊斯在 1957 年对即将到来的信息时代特征的描述。多年后，这位老人回忆说，他之所以愿意在 62 岁的"高龄"冒险给半导体这个新兴产业投资，正是诺伊斯所描述的极其广阔的产业前景深深地打动了他。当年诺伊斯对于信息产业特征的描述即使在今天也依然成立。半导体乃至整个信息产业，无非是把硅和铜这种自然界很常见的元素，通过特殊的制造工艺变成电子产品。今天，台积电之所以能成为全世界最大的半导体制造企业，其核心竞争力就在工艺上。采用同样的设备，台积电能做到 80% 的成品率，而一些平庸的制造企业，成品率却达不到 40%。而在生产工艺的背后又是科学技术的竞争，这一点我们在后面会看到。

由于之前并没有风险投资，大家基本上只能按照见者有份儿的原则平分股权。[①] 至于费尔柴尔德，他以贷款的形式投资138万美元，并且有权在8年内的任何时间以300万美元的价格从诺伊斯和洛克等人手中回购全部股份。诺伊斯等人觉得协议不错，就接受了这个条件，然后就通知肖克利他们集体离职了。而这家新的公司就是以费尔柴尔德家族的名字命名的，中文译名是仙童公司。

肖克利闻讯后怒不可遏，斥骂他们8个人是叛徒，并且到处对人们讲，当初他们（除了诺伊斯）都不懂半导体，是他教会了他们，现在他们却忘恩负义，背弃了自己。但是，愤怒归愤怒，因为在加利福尼亚这个地方，在劳资纠纷中，员工是受到法律保护的，所以肖克利根本无法阻止诺伊斯等人另立门户。从此，“八叛徒”这个词就成为信息产业历史上一个重要的专有名词，甚至“叛徒”这个词在硅谷都是褒义词。

仙童公司在诺伊斯等人的手上不到一年便赢利了，在当时，这可以说是创业的奇迹。当然费尔柴尔德随后便根据协议回购了全部股份，并且完全控制了公司。诺伊斯等人先是沉浸在发财的喜悦中，但是没过多久就感到失落了，这也为后来仙童公司的解体埋下了伏笔。因为不久之后，就有员工学着他们的创始人，从仙童公司叛逃出去自己办公司了。在看到半导体产业巨大的发展前景后，离职创业的人越来越多。两年后，居然连“八叛徒”请来的总经理斯波克

---

① 根据洛克的设计，公司的总股份有1 325股，留出300股留给公司日后的管理层和员工。在剩下的1 025股中，诺伊斯等人每人100股，洛克、科伊尔和他们所在的海登·斯通投资公司占225股。

也跑出去开公司了。[1] 在随后的 10 多年里，这家公司里员工的离职就从来没有停止过。当然，诺伊斯等人靠着自己的人格魅力和对员工的关怀，不断吸引着新的青年才俊加入仙童公司，补充人员缺位，形成了公司内部人才的动态平衡。就这样，仙童公司通过不断地培养“叛徒”，在旧金山湾区创造出了一个又一个新的半导体公司，最终缔造了全世界的半导体产业，直到仙童公司自己最终消失在了历史的尘埃中。到 20 世纪 60 年代末，在旧金山湾区召开的全世界半导体公司巨头会议上，九成参会者都曾经在仙童公司工作过。20 世纪 70 年代初，一位记者给这个挤满了半导体公司的旧金山湾区起了一个新的名字——硅谷。

今天当回顾硅谷的发展史时，人们都会讲到“八叛徒”和仙童公司的贡献，是他们自己的叛逆行为，以及他们对叛逆的宽容，不仅缔造了半导体产业，而且让整个信息产业成为世界上唯一一个能够按照指数级速度增长的产业。当然，半导体产业乃至整个信息产业能够持续发展还有一个根本原因，那就是诺伊斯所说的，这个产业的成本其实很低，因为原材料就是铜和沙子，关键在工艺上。这样，电子和信息产品的价格主要取决于产品的技术附加值，而非物质成本。相比之下，世界上其他产业都做不到这一点。

在信息产业产品的所有工艺中，将大量的元器件装入一个小盒子的工艺最为重要，它就是集成电路技术。

---

① 由于仙童公司的 8 位创始人都喜欢做技术，不喜欢做管理，他们就请来了职业经理人斯波克担任公司的总经理。

将所有的电路做到一个硅片上

仙童公司能够在成立后短短的一年内就实现赢利，堪称奇迹。这一方面是因为“八叛徒”有着过人的本领，另一方面则是靠着军方以及 IBM 公司的合同。

1955 年，美国开始研制女武神超音速远程轰炸机（XB-70），这是人类迄今为止速度最快、（考虑通货膨胀因素后）造价最贵的战略轰炸机。这款轰炸机 3.1 马赫的巡航速度，让今天所有战斗机都无法望其项背。如此高性能的飞机对机载雷达等电子设备的要求极高，那些沉重而脆弱的玻璃真空管显然无法满足它的要求。因此，体积和重量更小，性能稳定的晶体管是唯一选项。但即便是晶体管，早期使用锗制作的晶体管也无法在极端恶劣的场景中正常工作——它们太容易碎，而且热稳定性较差。因此，直到 1957 年，美国军方也没有找到解决办法。

仙童公司成立后，诺伊斯等人通过 XB-70 的设备供应商 IBM 公司和美国军方取得了联系，并且让对方相信当时只有仙童公司才有能力制造出如此高性能的晶体管。经过 IBM 公司的撮合，仙童公司最终拿下了 XB-70 轰炸机的晶体管合同。当时美国军方不在乎钱，只在乎产品的性能是否适用于飞机。军方给出了一支晶体管 150 美元的高价，这可比电子管的价格高多了（高出了大约两个数量级），但是他们根据军工标准对晶体管的各项性能提出了非常严格的要求。

这个极为苛刻的合同对仙童公司来讲是一把双刃剑。如果成功了，它将在行业中一炮打响；如果失败了，“八叛徒”的创业就失败了一大半。诺伊斯等人之所以敢接这个项目，是因为他们有自己的新思路——用更结实的硅取代锗，来制造晶体管。

相比锗，硅太硬，不好加工，这是肖克利等人最初不愿意使用硅作为半导体材料的根本原因。但是要达到美国军方的要求，硅又是唯一的材料选择。于是诺伊斯把 8 个人分成两组进行技术攻关，这两组分别由摩尔和另一位创始人琼·赫尔尼（Jean Hoerni ）带领。最后赫尔尼的小组发明了一种被称为平面工艺的半导体加工技术，可以将硅片做成晶体管。平面工艺原理有点儿像用底片冲印照片，如图 13-3 所示。

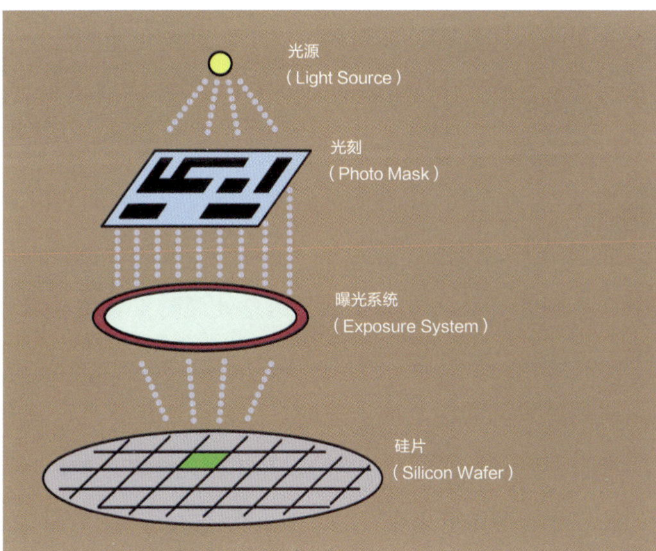

图 13-3 将硅加工成晶体管的步骤

第一步，将设计好的晶体管电路拍照，然后复制很多份（通常上百份），铺在一个平面上，这就相当于照片的大底版。第二步，把硅片放到底版下面，用光照在上面进行光刻。底版中线路的部分会阻挡“曝光”，形成硅片上的电路。这样一次光刻，就可以在硅片上刻出上百个晶体管。第三步，把刻好的一个个晶体管切割下来进行封装。仙童公司使用这种工艺制造出了性能非常可靠的硅晶体管，而且制造成本也下降了很多。

在完成军方的合同后，仙童公司在信息产业名声大振。整个信息产业都相信“八叛徒”已经青出于蓝了，接下来，各种合同源源不断地送上门，仙童公司还顺利地拿下了IBM公司的晶体管合同。当时IBM公司正在研制晶体管计算机，而交由仙童公司生产的这批晶体管就是用于制造这种计算机的。这个合同不仅给仙童公司带来了足够多的营收，而且让计算机从电子管时代进入晶体管时代。[①]从此，计算机开始普及，它的主要任务也逐渐由大量的科学计算变成了商业信息处理。不过，靠一个个晶体管搭建起来的计算机依然十分昂贵，而且由于元器件数量太多，极容易出故障，需要专职的专家来维护。要想让计算机成为全社会信息处理的工具，还需要新的技术。

这项新的技术其实是平面工艺的自然衍生。1958年，诺伊斯从赫尔尼的平面工艺中受到启发。当时，晶体管先要在半导体生产线上被光刻到硅片上，再一个个地切割下来，然后由生产线上的女工用细小的镊子在放大镜下装上导线，封装到金属壳中，组装成一个个晶体管成品。最后，将一个个晶体管焊到电路板上，进一步组装成电子产

① 在IBM公司之前，AT&T公司曾经尝试采用晶体管制造计算机，但是由于性能不高，在商业上没有产生什么影响。

品。这个过程一共要经过五六个环节，成本非常高，而且中间无论哪一个环节出了问题，最后的产品都是废品。与其这样，还不如将电子设备的所有电路和一个个元器件都制成底版，然后刻在一个硅片上，这个硅片一旦刻好了，就是全部的电路，可以直接用于组装产品。正是从这个思路出发，诺伊斯发明了集成电路。

就在诺伊斯发明集成电路的时候，德州仪器公司的一名科学家也在独自做类似的研究工作。当时刚从一家小公司跳槽到德州仪器公司当经理的张忠谋和这位尚未出名的科学家成了好友。他们通常都是最早到公司的两个人，便经常一起喝咖啡聊天。有一天，这位科学家告诉张忠谋，自己在做一件十分伟大的事情——将晶体管一个个地排在一起，做成具有特定功能的电路。张忠谋看不出这种电路有什么用途，也不觉得他真的能做出这种电路来。但是不久之后，这位在张忠谋看来平凡得不能再平凡的科学家真的把这种电路做出来了，并且取得了世界上第一个有关集成电路的专利。这位科学家在2000年因为发明集成电路而获得了诺贝尔奖，他就是杰克·基尔比。非常遗憾的是，诺伊斯当时已经去世，于是第二次和诺贝尔奖失之交臂。基尔比在独得这项物理学最高奖时发表了这样的获奖感言："要是诺伊斯还在世，他应该与我分享这一荣誉。"

谁第一个发明了集成电路，这在20世纪60年代一直是个颇具争议的话题，并且引发了仙童公司和德州仪器公司长时间的官司。今天对于这个问题，信息领域已经有了共识。基尔比发表的专利略早于诺伊斯，但是他们二人的专利不是同一个东西。基尔比发明的其实是一种被称为混合型的集成电路，并不是一个完整的集成电路。基尔比的发明是将一些分离的元器件做到一个封装在一起的电路板上，如图 13-4 中左图那块封装起来的电路。而诺伊斯发明的才是我们今天所理解的真正意义上的集成电路，即在一个封装好的芯片中包含了所有的电路，如图 13-4 中的右图。

图 13-4　基尔比发明的混合型集成电路和今天普遍使用的集成电路

如果按照基尔比的发明，生产出来的“模块”是没有市场，也没有发展前途的。但是，在“把电路和元器件集成到一起”的专利上，基尔比又比诺伊斯略早。1966 年，法庭最终裁定将集成电路想法（混合型集成电路）的发明权授予了基尔比，将今天使用的封装到一个芯片中的集成电路（真正意义上的集成电路），以及制造工艺的发明权授予了诺伊斯。他们分别所在的德州仪器公司和仙童公司也因此达成协议，共享集成电路的专利，并且都因此获得了巨大的利益。在 20 世纪 60 年代的早期，其他企业也做出过类似集成电路的发明或者设计，并且和仙童公司、德州仪器公司有过专利之争，但是都无一例外地败诉了。因为它们发明的时间较晚，而且所发明的东西其实并不是真正意义上的集成电路。

今天，更多的人把集成电路的出现看成信息时代开始的标志，而不是以 1946 年 ENIAC 的诞生或者 1948 年香农信息论的诞生为标志。他们的依据是，虽然从 20 世纪 40 年代开始，世界上出现了以信息为核心的产业，但是还不能够把整个时代称为信息时代，因为那时的信息技术还无法广泛地影响到社会生活的方方面面。但是集成电路出现之后，情况就大为不同了。当一个芯片完整地集成了信息控制、处理和传输功能，它就可以直接应用于各种工业产品和民用产品，这时我们的社会才变成了由信息驱动的社会。

与肖克利一同获得诺贝尔奖的巴丁称，集成电路为轮子之后的最重要的发明，这是一个极高的赞誉。当初见证了基尔比发明集成电路过程的张忠谋说，从基尔比的工作中，他体会到了前瞻技术的力量。此后，即便是那些看似和自己的当下事业无关，但有可能改变产业的新技术，张忠谋也一律给予应有的关心和重视。后来，张忠谋创办了全世界最大的半导体制造公司台积电，他一直感谢基尔比早年对他的启发。

如果我们从信息和能量的关系来看，集成电路的出现比晶体管电路可以节省至少一个数量级的能量，并且由于所有元器件都做到了一个硅片上，并封装在金属壳内，它的体积和重量至少轻了一个数量级，可靠性也大大地提高了。如果没有集成电路，阿波罗登月是不可能成功的。因为在飞船上处理和传输信息的仪器，以及飞船的控制仪器都会太重，性能也不可靠。实际上，整个阿波罗计划订购了上百万片集成电路，它也因此成为当时仙童公司和德州仪器公司收入的一大部分。

具有讽刺意味的是，集成电路的发明在为仙童公司创造了巨额的短期利润的同时，也导致它的 8 位创始人分道扬镳，以及公司后来的解体。

在集成电路被发明后，仙童公司就开始面临一个是否要调整发展方向的问题。“八叛徒”之一的杰伊·拉斯特（Jay Last）认识到未来信息产业的发展方向将会围绕集成电路这个核心，而不再是晶体管等各种分离的元器件。因此他向当时公司的总经理诺伊斯建议，接下来应该停止扩大晶体管的生产线，将所有的资金都用于制造集成电路。作为集成电路的发明人，诺伊斯从内心由衷地赞同拉斯特的想法。不过在费尔柴尔德收回了仙童公司的全部股权后，“八叛徒”其实已经失去了公司的决策权。因此，诺伊斯讲，他一个人也做不了主，要和投资人商量商量。无论公司最后商量的结果是什么，此时的拉斯特都等不及了，因为外面有很多人拿着一大笔钱等着他出来做事情，于是他立即辞职了。和拉斯特一同辞职的还有发明平面工艺的赫尔尼，以及另一位创始人克莱纳。拉斯特等人和以费尔柴尔德家族所代表的公司控制人之间的分歧，其实反映出两个时代的对撞。费尔柴尔德家族的思路还停留在工业时代。他们希望，卖产品卖得数量越多越好。用这种思路来考虑问题，当然卖 100 个晶体管要比卖一个集成电路芯片更合算。然而拉斯特等人想的则是，信息时代人们购买的是产品信息处理的能力，因此所售产品的性能要比数量更加重要。

和拉斯特一同离职的克莱纳并没有继续从事技术研发工作，而是创办了位于硅谷的第一家风险投资公司——凯鹏华盈。凯鹏华盈的英文名称是 KPCB，其中 K 就是克莱纳名字的首字母，它后来成功地投资了苹果、基因泰克、亚马逊和谷歌，成为世界上最知名的风险投资公司之一。不久之后，仙童公司主管销售的副总经理唐·瓦伦丁（Don Valentine）也离开了公司，创办了另一家知名的风险投资公司——红杉资本。拉斯特等人的离职虽然对仙童公司来讲是一个巨大的人才损失，却也促进了全世界半导体产业的迅速发展。特别需要指出的是，从20世纪60年代开始，全世界信息产业的持续高速发展，在很大程度上要感谢风险投资的助力。

费尔柴尔德家族并没有因为拉斯特的离职而理解信息时代的特点，这直接导致了后来诺伊斯和摩尔的离职，他们两个人将续写集成电路产业的奇迹。当然，仙童公司也和原先的肖克利半导体公司一样，从此退出历史舞台。不过，人们在回顾仙童公司时依然会说，它是历史上最伟大的公司之一。因为它不仅发明了集成电路，而且通过不断地分化出新的公司，开创了一个在长达半个多世纪的时间里全世界增长最快的产业。如果诞生于仙童公司的所有公司加在一起，它们的市值将会超过3万亿美元。对于全世界来讲，大家宁可要一个快速增长的产业，也不要一家巨无霸公司。

罗伯特·诺伊斯（Robert Norton Noyce）
1927年12月12日—1990年6月3日

在计算机的发展过程中，集成电路的发明具有划时代的意义。罗伯特·诺伊斯就是集成电路的发明者。作为集财富、威望和成就于一身的发明家和企业家，他还是硅谷最伟大的两家公司——仙童公司与英特尔的创始人之一，被人们称为“硅谷市长”。

• 本章小结 •

信息产业的发展受益于集成电路的出现，它让人们传输、处理和存储信息变得非常便利，而且成本低廉，这也使我们的社会从工业社会过渡到了信息社会。而集成电路的出现，又依赖于之前晶体管的发明。

从这个意义上讲，肖克利、诺伊斯和基尔比被称为 20 世纪最伟大的美国人，不算过誉。正如香农和图灵发现了信息传输和处理的数学基础一样，诺伊斯和摩尔发现了信息产业的规律。直到今天，信息产业依然像 60 多年前诺伊斯所描述的那样，物质材料的成本极低，关键是工业和技术附加值。至于摩尔，他后来提出了摩尔定律，这是我们在第十五章要讲的内容。

集成电路的出现还让一件事情成为可能，那就是民用移动通信。

第十四章
用更少能量传输更多信息

如果要问大家平时用得最多的传输、存储和处理信息的设备是什么，大家肯定都会异口同声地说是手机。在我们这个星球上，一大半人已经亲身感受到信息社会是从使用手机开始的。手机通信有一个稍微专业一点儿的名称，叫作移动通信。和世界上很多技术始于军事需要一样，移动通信也是如此。

从对讲机到汽车电话

我小时候经常在电影中看到这一类的镜头：在战壕里或者临时指挥所里，一位通信兵或者指挥官拿着对讲机的话筒呼叫："长江，长江，我是黄河，我是黄河。"而对方接到呼叫后马上回应："我是长江，我是长江，黄河请讲，黄河请讲。"事实上，在二战之后的各种战争片中都有类似的场景。自从19世纪末老毛奇在普法战争中证明了电话的重要性后，各国部队就开始对通信越来越重视了。无论是行军还是作战，指挥官都开始逐渐依赖于电台和语音呼叫。由于战争需要部队具有高度的机动性，因此无线通信显然要比有线通信更方便。

移动电台，也就是无线发报机早就有了。马可尼实验无线电就是从无线电报开始的，但是无线对讲机出现的时间就要晚了许多。虽然从通信原理上讲，无线对讲机和无线电台之间的差别并不太大，但是实现难度相差很多，这主要是因为语音通话所需要的带宽比电报高出了两三个数量级。其实这种差异大家在生活中都有过体验——用文字发微信，无论信号好坏都能发出去，但是要想实现语音通话，就需要网络特别通畅了。

大家可能会问，为什么收音机能够接收无线电广播所传输的音频信号呢？这是因为广播电台的信号发射塔发射功率非常大，但是在战场上根本做不到这一点。那么能否用较低的发射功率传输大量的信息呢？在第二次世界大战之前，这件事一直没有做到。当时香农还没有提出信息论，当然也就没有人能够懂得和运用香农第二定律。工程师以为只要自己在工程设计上做得更好，就可以使用较低的发射功率传输语音。所以，在没有搞清楚带宽、信噪比和传输率的关系之前，他们走了许多弯路，甚至南辕北辙。

珍珠港事件之后，由于美国对轴心国全面开战，美国军方迫切希望能够迅速开发出用于战场的语音对讲设备。但是美国信号部队的技术人员和之前各国的工程师一样，一直不得要领。一天，美国信号部队的科尔顿上校（Col. Colton）和奥康内尔少校（J. D. O’Connel）听了摩托罗拉公司的一次报告，发现该公司的技术可以帮助他们开发语音对讲设备。于是他们来到摩托罗拉公司，找到了这方面的专家丹尼尔·诺布尔（Daniel Noble）。这两位军官向诺布尔讲了华盛顿方面的要求，即使用无线电收音机的中波调幅技术开发一款用于战场的对讲设备。科尔顿等人的想法和之前的工程师如出一辙，他们认为，既然无线电广播能传输语音，那么把发射装置做小不就可以方便携带了吗。诺布尔马上告诉这两位军官，采用收音机的中波调幅（AM）技术根本不可能做出他们想要的产品，必须使用短波调频（FM）技术。

为什么采用短波调频技术取代收音机的中波调幅，就有可能做到低功率传输语音呢？今天，我们只要了解了香农第二定律，就很容易解释其中的原因。如果我们回顾一下第十一章的公式 11.2 就不难理解，如果发射功率不够，信噪比下降很多，可以通过增加带宽来补救。诺布尔当时也不可能懂得信息论，但是他的科研经验十分丰富。之前他一直在研究中波和短波在传输语音时的优劣，知道短波调频比中波调幅能够传输更多的信息。诺布尔直截了当地告诉科尔顿等人，如果把这件事交给他来做，他和摩托罗拉公司能保证尽快研制出这款用于战争的对讲设备。由于摩托罗拉是一家口碑很好的公司，科尔顿上校就代表军方和摩托罗拉公司签署了对讲设备研发合同。

接下来诺布尔的研发团队就和信号部队的工程师在蒙茅斯堡军事基地和摩托罗拉公司举行了一系列的工程会议。通过讨论，军方彻底接受了诺布尔等人的工程设计方案，然后诺布尔就和他的研发团队夜以继日地干了起来。这款对讲产品，实际上是一个可以调整频率的小功率电台，外加一个可以调整频率的接收器。当然，它充分地考虑了在战场上使用的场景，比如设计了对讲机自动进行频率调整的功能。这样在战场上，军人们不再需要精确地调台，就能接收到十分清晰的语音。为了适应复杂的战争环境，诺布尔设计的这个通话设备能够在各种温度和湿度的条件下使用，甚至考虑了如何防止话筒发霉。当然，最大的技术难点还是如何在信号发射小功率条件下尽可能地实现高信噪比，以及设备的小型化和轻量化方案。为了解决这些问题，摩托罗拉又大大提高了接收装置捕捉信号的能力，从天线到电路等许多方面都取得了突破性的进步。在随后的几十年里，摩托罗拉的通信设备之所以一直以接收信号能力强而著称，正是因为它的通信技术基因在二战时就形成了。2012 年谷歌收购摩托罗拉后，发现它仅仅和天线相关的专利就有近万个。

经过大约一年没日没夜的开发，诺布尔团队终于做出了两台原型机，并取名为 SCR-300 步话机（Walkie-Talkie），意思是能够一边走，一边通话。摩托罗拉的创始人高尔文之子鲍勃 · 高尔文（Bob Galvin）亲自陪同诺布尔和奥康内尔上校（此时他已经升为上校），带着原型机来到肯塔基州的诺克斯堡军事基地，交给军方验收。军方的评测委员来自步兵委员会和信号部队，极为熟悉部队对讲机的使用环境。他们素来以挑剔著称，但是这次他们对 SCR-300 步话机的性能，以及“子弹都打不坏”（Bullet Proof）的质量非常满意（见图 14–1）。

第一批 SCR-300 步话机很快便出厂了，然后由飞机空运到欧洲

图 14-1
1940 年左右的摩托罗拉 SCR-300

前线，并且在 1943 年 9 月的意大利战役中首次使用。随后一批又一批的 SCR-300 步话机被送到了太平洋战场和欧洲战场。在二战中，SCR-300 步话机的使用对于盟军的胜利来讲可谓功不可没。在整个二战期间，摩托罗拉一共生产了大约 5 万部 SCR-300 步话机，这也使摩托罗拉从此成为高品质无线电通信的代名词。二战后，诺布尔因此获得了美国陆军颁发的最高荣誉勋章。

SCR-300 步话机性能优异，通信范围超过 10 千米，但是重达 16 千克，比较笨重，因此只能够用于军事领域。在战场上，SCR-300 步话机通常需要两个人同时使用——前面一个人背着设备，后面一个人打电话。摩托罗拉一直试图将对讲机小型化，继 SCR-300 之后，还开发出一种手提式对讲机（Handy Talkie）SCR-536，将重量减轻到 4 千克。但是这款小型对讲机即使在开阔地带通信范围也不超过 1.5 千米，在茂密的树林和建筑林立的城市中只有 300 米，完全不实用。可见，当时的无线电技术水平根本无法兼顾无线通信设备的移动便捷性和传输距离。

二战结束之后，由于军方对步话机的需求量降低，摩托罗拉只能开始开拓民用移动通信市场。在更远传输距离和更小体积重量不可兼得的时候，显然传输距离更重要。当然，背着一个 16 千克的大家伙上街也并不现实。不过美国是汽车上的国家，绝大部分家庭都有汽车，于是摩托罗拉决定将这个笨重的大家伙装到汽车上。1946 年，摩托罗拉发明了汽车电话，并且在 20 世纪 50 年代到 70 年代成为主要的民用移动通信手段。看过亨弗莱·鲍嘉和奥黛丽·赫本主演的电影《龙凤配》（*Sabrina*）的读者可能对这种产品会有印象。影片中身为大公司董事长的莱纳斯（Linus）从纽约长岛家中出发，一上汽车便通过汽车电话向远在曼哈顿的同事下达指示。那部电影拍摄于 1954 年，因此反映的是那个时代移动通信的成就。

汽车电话并非只是简单地将步话机放到汽车上，它比步话机有两处巨大的进步。

首先，它能够通过公共电话网络和有线电话（市话）通话，而步话机只能相互通话。其次，信息传播的方式从简单的点到点，变成了从点到基站再到点，这和今天手机的通信方式有一些相似。因此，汽车电话是一个复杂的系统，这个系统的设计为后来移动通信系统的设计提供了很有价值的经验。

在建设汽车电话网络和系统的过程中，工程师发现，将基站的位置按照六角形（蜂窝状）分布，可以用最少的基站覆盖最大的范围。后来移动通信的基站采用的就是这样的布局方法，这也是手机被正式命名为“蜂窝式移动电话”的来源。[①] 正是由于汽车电话在系统方面和后来的移动电话有相似之处，人们甚至称之为0G的移动通信。

继摩托罗拉之后，芬兰也推出了汽车电话服务，并且建立了上百个基站。遗憾的是，汽车电话一直都是富人的奢侈品，尽管经过了30年的发展也没有得到广泛普及，直到它被手机服务取代。即使在发展最好的年代，全球也只有3万多台汽车电话在使用，很多人甚至对此都没有耳闻。

不过，摩托罗拉关于对讲机和汽车电话的研究工作并没有白做。关于对讲机的研究使摩托罗拉为研发手机积累了丰富的经验，关于汽车电话网络的研究则使摩托罗拉积累了移动通信基站和网络技术的经验。汽车电话在30多年后，终于给世界带来了一个大大的惊喜。

丹尼尔·诺布尔（Daniel Earl Noble）
1901年10月4日—1980年2月16日

美国工程师，也是摩托罗拉董事会执行副主席，他以设计和安装美国首个全州双向FM无线电通信系统而闻名。他带领的研发团队研制出来的SCR-300步话机在二战中为盟军的胜利做出了重要贡献。

---

① 今天我们把手机称为cellphone，它是由“蜂窝”（cellular）和“电话”（telephone）两个单词组合而成的。

移动电话与固定电话

移动电话第一次亮相是在 1973 年，移动电话发明人马丁·库珀用一个砖头大小、将近两千克的“大哥大”进行了手机的第一次通话。或许是因为太兴奋，或者是因为太紧张，他连号码都拨错了。30 年后库珀曾拿着当年的手机为媒体做了一次摆拍，大家可以从当时的照片中看出手机的大小。这个笨重的手机和今天各种轻巧亮丽的手机根本无法相比，但是它比 20 世纪 70 年代十几千克重的汽车电话可强多了。摩托罗拉之所以能够把汽车电话所有的东西都挤进这块“砖头”，是因为它采用了集成电路技术，而当时的汽车电话还在大量地使用晶体管。从能量和信息的关系来度量，它比汽车电话单位能耗传输和处理信息的能力提高了两个数量级。不过，价格却和当时的一辆中档家用汽车差不多，高达 4 000 美元，这显然远远地超出了绝大多数人的经济承受能力。更要命的是，它虽然装了一个巨大的电池，但是充一次电只能通话 30 分钟，不通话时的待机时间也只有 6 小时。对于这样一款产品，电信业巨头 AT&T 公司做出的判断是，全世界卖不过 100 万台。

马丁·库珀（Martin Lawrence Cooper）

1973年4月3日，是人类科技历史中不平凡的一天，位于纽约曼哈顿的摩托罗拉实验室中传出了阵阵掌声。

“我们成功了！”这个团队的领头人马丁·库珀宣告他们的研究成果——世界上第一部手机成功诞生。从此，马丁·库珀作为世界上第一部手机的发明者被载入史册，无限通信的新时代开始了。

图 14-2　早期的移动无线电收音机电话

AT&T 公司对于移动电话的态度一直摇摆。早在 1947 年，AT&T 公司就曾经讨论过是否需要发展无线电话。但是当时的电子技术做出来的远程无线通信设备信噪比太低，听到的都是噪声。AT&T 公司也尝试过汽车电话服务。当时它将这种电话称为移动无线电收音机电话（见图 14-2），但是只卖出去几千部。这种移动无线电收音机电话和后来的手机差异巨大。从图 14-2 的外观上大家可以看出，它有一个巨大的无线电发射和接收机，和步话机倒是很相似。考虑到移动电话这种尴尬的定位，AT&T 公司很快就将大规模开发的想法扔到一边了。

在随后的 20 多年里，摩托罗拉一直在研发和改进汽车电话，并且为美国警察局提供了自成一体的车载呼叫系统。而同样拥有无线移动通信技术的 AT&T 公司就这样看着摩托罗拉不断地折腾，却没进入这个领域的打算。这里面最重要的原因是，当时 AT&T 公司是一家垄断企业，每年仅仅长途电话这一项业务就可以获得巨额收入；并且，AT&T 公司建造了一张越来越庞大的长途电话网络。况且，移动通信一旦兴起，就极有可能影响它的市话和长途电话收入。不过当 1968 年摩托罗拉正式启动移动通信项目后，AT&T 公司在 1971 年也进入了这个领域，并且同对方展开了技术竞赛。但是两年之后，AT&T 公司就输掉了第一局。AT&T 公司对此并不着急，因为它坚信摩托罗拉的移动电话卖不了几部，就算能卖出去一些，那些移动电话依然需要接入市话网络和长途电话网络，而这些网络早已经被 AT&T 公司牢牢地控制住了。

AT&T 公司的想法没有错。一方面，摩托罗拉的原型机在产品化的过程中遇到了很多问题，以至迟迟不能上市。另一方面，摩托罗拉必须和 AT&T 公司一道开发能够将移动电话接入现有电话网络的系统 AMPS（高级移动电话系统）。这样一来，摩托罗拉只能赚制造手机的钱，而话费的钱依然会被 AT&T 公司赚走。

摩托罗拉的移动电话在亮相一次之后就悄无声息了。到了 20 世纪 70 年代后期，日本和北欧国家也开始研制自己的移动电话。虽然它们采用了更为先进的集成电路芯片，无线通信的技术也有了进步，但是同样只具有象征意义，而无法投入实用，也不具有实际影响力。

在信息时代，很多改变世界的产品第一次亮相和后来的成功之间要间隔长达 7~10 年。这很好理解，因为刚刚研发出来的产品总是不尽如人意，有这样或者那样的毛病。如果这个产品真的很有市场前景，经过几年时间，人们会慢慢地把主要问题逐一解决掉。至于为什么要这么长的时间，主要是因为信息时代两三次新产品迭代需要的时长就是 7~10 年。由于受到摩尔定律的影响，集成电路的性能每 18 个月就翻番，但是大部分厂家做不到如此频繁地更新产品。因为这样它们不仅赶不上技术迭代的进度，也来不及收回新产品研发的成本，因此它们通常选择每三四年翻两番，7~10 年就可以赶上集成电路或者相关技术两三代的更新。这样，原来达不到的技术指标就有可能达到，原来降不下来的成本就有可能降下来。但是如果方向错了，新产品第一次亮相后常常就没有下文了。经常去一年一度的拉斯维加斯国际消费类电子产品展览会（CES）的各大公司情报人员和风险投资人都有这样一个经验，他们会跟踪关注每年展会上最抢眼的新概念产品，因为它们中有一半左右会在 7 年后大量出现

图 14-3
1983 年推出的第一款商用手机 DynaTAC 8000X

在市场上，从而改变世界。

10 年后，摩托罗拉在移动电话研发上取得了第二个里程碑式的成就——基于 1973 年手机原型制作的商用移动电话终于上市了。这就是该公司的 DynaTAC 系列产品，在中国被称为“大哥大”（见图 14–3）。早期的大哥大充一次电足足需要 10 小时，只能打电话半小时。从单位能量传输信息的角度讲，它相比固定电话一点儿也不划算。但是，由于它可以随时随地打电话，因此一上市就获得了很高的赞誉。摩托罗拉和 AT&T 公司合作打造的移动电话网络 AMPS 也就成为第一代移动通信，俗称 1G 的代表。当时，贝尔实验室方面负责这项工程的理查德 · H. 弗伦凯尔（Richard H. Frenkiel）称赞道：“这是一次真正的胜利，一项重大突破。”

移动电话的发展速度远远超出了 AT&T 公司的预期。到 1998 年，摩托罗拉每年在手机销售上的收入高达 300 亿美元，占了它当时年收入的 2/3 。① 与此同时，AT&T 公司的有线电话业务虽然通信量依然在提高，但是收入开始陷入停滞。几年后，语音通话的市场就成为移动通信的天下，而固定电话在欧美和日本之外的国家就越来越罕见了。

移动通信和另一个在信息时代兴起的通信手段——互联网，终结了 AT&T 公司自贝尔发明电话以来在信息产业长达一个多世纪的垄断地位。这一方面是因为 AT&T 公司固有的基因让它难以割舍现有的固定电话业务；另一方面则是因为它低估了集成电路技术进步的速

---

① John F. Mitchell, *Time* Magazine Milestones section, July 6, 2009, p.17.

度，以及当大量资金投入无线通信之后，这个领域自我进化的速度。虽然摩托罗拉第一代手机已经使用了集成电路，但是它里面依然有大大小小多达 30 个相对独立的电路以及上百个半导体芯片。但是到了第二代移动通信时代，也就是俗称的 2G 时代，上百个芯片就被集成为一个超大规模的集成电路芯片，这就使手机在功耗、成本以及可靠性上都有了质的飞跃。移动通信在基站建设方面的进步速度也大致如此。与此同时，无线通信在投入市场使用的第一个 10 年里带宽增加了一个数量级，这就让无线通信传输数据的成本降低了一个数量级。虽然 AT&T 公司在移动通信出现的头 10 年里依靠过去的惯性还在发展，但是它已经不再是"通信"的代名词了。

摩托罗拉的风光也只持续了 20 年。自 2001 年"9 · 11"事件之后，它也陷入市场不断下滑的窘境。这里面固然有其第三代领导人小高尔文（二战时摩托罗拉总经理鲍勃 · 高尔文的孙子）领导不力的因素，但是移动通信迅速地升级换代也是一个重要原因。以摩托罗拉"大哥大"为代表的第一代移动通信系统，很快就被证明在传输和处理信息方面不仅效率低，而且几乎没有什么可以提升的空间。20 世纪 90 年代，基于数字化的第二代移动通信系统很快诞生了，它在单位功耗通信的效率方面比第一代提升了两个数量级。此时的摩托罗拉已经陷入 20 年前 AT&T 公司的两难处境：放弃已经占据了 90% 市场份额的第一代移动通信，摩托罗拉不甘心；而和诺基亚等公司一起站到新的起跑线上，摩托罗拉又力不从心。但是，快速发展的通信技术由不得摩托罗拉犹豫不决，命运之神很快将它抛弃。随后，诺基亚的辉煌也只持续了 10 年。每一次技术的升级换代都会淘汰原有的主导企业，扶持出新的明星，这里面的根本原因我们将会在下一章进行详细解释。

移动通信在普及过程中遇到了一个巨大难题，就是当太多人使用这种通信方式后，空中的带宽开始变得不够用了，因此优化信息传输的编码方式，合理有效地使用带宽，就成为移动通信技术的核心竞争力。

变频通信和 CDMA

我们在使用手机进行通信时，每一个基站在它的服务范围内总的带宽是一个常数。比如我们今天使用 4G 通信，主要是 B39、B40 和 B41 三个频带。以 B40 为例，它的工作频率是 2 300 兆赫~2 400 兆赫，也就是说带宽是 100 兆赫。根据我们前面介绍的香农第二定律，即：

$$C = B \times \log(1+S/N)$$

这个频带总的信息传输率不可能超过这个信道的容量，或者说总传输率为：

$$R < B \times \log(1+S/N)$$

在任何一个时代，已有的技术条件使得我们在通信系统中能够实现的信噪比几乎是一个常数，不可能变得更高。因此带宽 B 一旦确定，一个基站在单位时间里能够传输的信息总量就被牢牢地限定了。接下来，通信专家所能做的无非是尽可能地想办法，让总的信息传输率 R 无限地接近信道容量 C。当然，一个基站全部的带宽不可能只给一个移动用户使用，而是要由多个用户共享，那么怎么划分这个带宽就是艺术了。

早期的无线通信中使用过两种技术，频分多址（FDMA）和时分多址（TDMA）。频分多址，顾名思义，是对频率进行切分，每一信道使用一个不同的频率，比如对讲机采用的就是这个原理。由于相邻频率会互相干扰，因此每个无线信道不可能密密麻麻地排着，中间要留有足够的频率间隙。这样，把每个用户能够做到的信息传输率加起来，就会远远低于基站总的信道容量。

时分多址则是将同一频带按时间分成很多份，每个用户只占用这个频带传输 1/N 的时间，剩下来的时间留给其他用户使用。比如我们打电话，1 秒的语音数据，可能在一个比较宽的频带上传输只需要万分之一秒的时间，于是通信系统将 0.1 秒的语音收集起来之后，统一编码传输，占用频道十万分之一秒的时间。用这种方法传输信息会有 0.1 秒的延时，但是只要这个延时不太长，我们是可以接受的。此时，这个频带剩下的 0.99 999 秒时间，我们就可以拿来给其他用户传输信息。这样，所有用户都在分时使用频带，但是在切换用户时，依然要浪费一些时间。我们把频分多址和时分多址对频带和时间的利用用图 14–4 来表示。

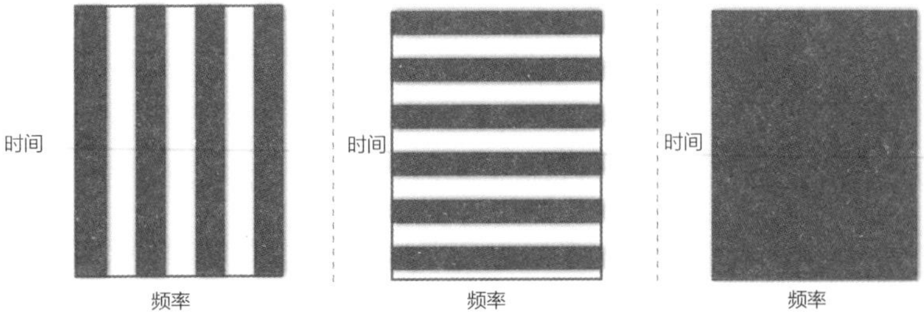

图 14–4 频分多址（左图）、时分多址（中图）和理性编码（右图）对频率和时间的利用

从图中可以看到，无论是频分多址还是时分多址，都无法充分地利用频率或者时间的间隙。那么能否有一种编码方式在许多人共享基站的带宽时，不出现（或者少出现）频率上和时间上的间隙呢？比如图中右图的情形。码分多址（CDMA）编码和正交频分复用（OFDM）编码就解决了上述问题。如果我们把它们对整个频带的利用情况画出来，大致就如图的情形。

码分多址编码方式是基于一种被称为跳频的无线通信技术。跳频技术的发明人海迪·拉马尔其实并非一名职业科学家，而是一名演员，关于通信方面的研究工作只是她的业余爱好。

海迪·拉马尔（Hedy Lamarr）
1914年11月9日—2000年1月19日

乌黑秀发，湛蓝双眸，逆天颜值……你没有看错，这样一位美貌惊人的好莱坞女明星，竟然还是一位伟大的发明家。
作为一名演员，她天资过人，曾是好莱坞片酬最高的影星之一；她思想前卫，是世界电影史上第一位演出裸体镜头的女演员。
作为一名科学家，她智慧超群，自学成才，在反法西斯战争中做出过杰出贡献。她关于频率跳变的理论影响并且启发着未来几十年内通信领域的发展。

在二战期间，拉马尔有一次和她的邻居、作曲家乔治·安太尔（George Antheil）闲聊。两个人说到德国人用无线电来操控鱼雷攻击目标。但是，如果对方的船知道了遥控频率，发出同样频率的信号，就能让鱼雷受到干扰偏离目标。拉马尔后来在弹钢琴时就想，是否可以用钢琴不同的键所发出的不同频率来对信息进行加密。接收者如果知道调频的序列就可以解密信息；如果不知道这个序列，听起来就像许多毫无意义的音符堆在一起。比如，我们拿施特劳斯的《蓝色多瑙河》作为密码，将要传递的音频和它叠加后进行传输，然后告诉接收者用《蓝色多瑙河》解密。如果他知道这首曲子，自然就能解密，否则收到的只能是一些凌乱的音符。

后来拉马尔和安太尔一道发明了一种称为“保密通信系统”的跳频通信技术，并且在 1941 年获得了美国专利。在这种技术中，通信信号的载波频率是快速跳变（也称为跳频）的，只要发送方和接收方事先约定一个序列（一般是一个伪随机数序列）即可。想截获信息的人因为不知道这个序列而无能为力。拉马尔最早是采用钢琴的 88 个键的频率作为载波频率，将约定好的调频序列做在钢琴卷（Piano Roll）[①] 上，然后载波频率根据钢琴卷上的打孔位置而变化。

这种跳频技术是今天 CDMA 编码的前身。在很长一段时间里，跳频技术的应用都集中在军事领域。比如，美国海军早在二战时就曾经想用这项技术研制敌人无法干扰的无线电控制的鱼雷，但是因为军方内有反对意见而被暂时搁置。到了越南战争期间，跳频技术发展成为 CDMA 编码通信技术，美军飞行员使用了基于这种技术的求救设备。这些设备所发出的信号覆盖非常宽的频率范围，而每一个频率上的能量却非常低，很难获取，也无法干扰。即使能够截获信号，也会因为不知道密码而无法破解。再之后，军用雷达开始使用这种技术。在这以前，雷达由于发射的无线电波频率是固定的，很容易被对方的

① 钢琴卷是一个自动控制钢琴演奏的纸卷，上面打了孔，表示不同的音符，读卷机因此可以知道音符，并控制钢琴，这有点儿像今天的 MIDI（乐器数字接口）钢琴自动演奏器。

反雷达导弹识别并击中；采用跳频技术后，雷达发射波的频率不断随机跳变，对方很难发现。

CDMA 技术用于民用领域，特别是广泛用于通信则是很晚的事情，这时离拉马尔发明这项技术已经过去近半个世纪了。在 20 世纪 80 年代，当移动通信的需求急剧增加之后，大家很快便发现空中的带宽不够用了。由于当时的技术还不太能进行更高频率、远距离的通信，只能想办法提高带宽的使用效率。当时，绝大多数人想的办法还是在频分多址和时分多址技术上做改进。但是著名的通信专家安德鲁 · 维特比（Andrew J. Viterbi）和欧文 · 雅各布斯（Irwin M. Jacobs）认识到需要采用一种非传统的方式来提高传输率，于是，他们想到了跳频技术和 CDMA。维特比和雅各布斯都属于应用型的科学家，他们善于把技术变成产品或者实际问题的解决方案，然后直接赚钱。当想清楚该如何用 CDMA 解决移动通信问题之后，他们创办了高通公司（Qualcomm），提出了两代 CDMA 的通信标准（CDMA-1 和 CDMA-2000），并且和欧洲、日本的通信公司一同制定了 3G 时代的主要移动通信标准 WCDMA。此后，高通公司一直是制定移动通信标准的主要公司之一。

为什么 CDMA 相比时分多址或者频分多址能够更有效地传输信息呢？因为它充分利用了前面讲到的频带或者时间上的缝隙。使用 CDMA 通信，可以占用整个频带和整个时间段。当然接下来的问题来了，多个发送者使用同一个频带同时发射信号，岂不打架了？没关系，每个发送者使用不同的密码，相应的接收者在接到不同信号时，通过密码过滤掉自己无法解码的信号，只留下和自己密码对应的信号即可。比如，一个班上有 50 名学生，分别是 S1、S2……S50，他们分别对应自己的家长 P1、P2……P50。50 名学生向 50 名家长汇报考试成绩，他们不想让其他人知道。这些学生同时拨打电话给家长，不过每一对通话（S1 对 P1，S2 对 P2……S50 对 P50）都被通信系统安排了一个特殊的密码。每一个家长其实收到的是 50 个学生全部打来的电话，但是他的手机只能解码自己孩子的电话，剩下的信号因为无法解码就被过滤掉了。这样 50 个孩子同时在说话，但是家长感觉只有自己的孩子在和自己说话。由于这种方法是根据不同的密码区分发送信息的人，因此被称为码分多址。

CDMA 除了传输信息效率高，在通信史上还有另一个重要的意义，即它第一次把信息加密和扩展带宽这两件事情统一了起来，而这背后最重要的理论基础是数学。因此，2007 年，维特比作为数学家和计算机科学家，被授予美国科技界最高成就奖——国家科学奖。

今天，随着 4G 和 5G 的出现，CDMA 逐渐退出了历史舞台。但是 4G 和 5G 使用的正交频分复用技术和 CDMA 有很大的相似性。首先，它们提高信息传输率的方法都是采用全频段、全时段的传输，而不是让每一个人占有一个很窄的带宽，或者一个很短的时间段，这样可以保证频带和时间不会因为被切割而出现很多缝隙。其次，它们都是通过数学变换，让不同的人传输的信息不打架。正交频分复用利用的是正交（垂直）信号没有相关性这个原理。既然没有相关性，那么许多用户就可以并行发送信息而不打架。当然，要找到彼此正交的载波信号（这在通信上被称为基函数），就要用到大量的数学思维了，这恐怕也是任正非感叹数学对华为帮助很大的原因。

当然，从 1G 到即将普及的 5G，带宽 B 在不断增加，这是移动通信速率提升的第一驱动力。此外，基站分布越来越密集，传输距离缩短，同时通信设备对信号的敏感度不断提高，这些导致通信信噪比的提升，也对通信速率的提升有很大帮助。但是由于信噪比提升和通信速率提升是对数关系，它的作用显然没有带宽提升那么明显。由此可见，整个电信产业的发展趋势，从本质上讲，就是按照香农第二定律来提升信息传输的速度和效率。

卫星通信的可能性

今天在通信领域的另一个热门话题是卫星通信。特别是近年来随着 SpaceX 公司一批又一批地卫星发射成功，眼看着全球卫星通信网络快要建立起来的时候，很多信息领域之外的人开始猜测，它是否比即将普及的 5G 更先进。这个话题不仅被媒体炒作，而且借助人们的情怀和梦想在发达的社交网络上不断地被放大传播。生活在信息时代，在了解信息的前世今生时，我们必须要详细了解一下卫星通信这个看似是信息通信领域的明珠。

在信息领域中，很多时候一项新技术需要长达半个世纪才能让大众受益。比如我们前面讲到的 CDMA 技术诞生于 1940 年，而它的普及则是在 20 世纪 90 年代之后。今天 4G 和 5G 使用的关键技术 OFDM 其实早在 20 世纪 60 年代就诞生了，从技术研发到今天的市场普及，这中间相隔了近 50 年。卫星通信也是如此。

说起卫星通信，就必须要说到两个里程碑。

第一个里程碑，就是让苏联人引以为傲、让美国人十分恐惧的

"斯普特尼克危机"。

1957年正值"冷战"时期美苏全方位竞赛的高潮，它们在技术、军事乃至制度上的竞赛又集中体现为太空竞赛。虽然美国成功地将德国著名的火箭专家、V2火箭的负责人冯·布劳恩吸引到了美国，但是在很长的时间里，美国在火箭技术方面没有太大的作为，还是让由科罗廖夫领导的苏联团队抢得了先机。10月4日，美国人自珍珠港事件后又一次被震惊了，因为这一天，苏联在拜科努尔发射场成功地发射了世界上第一颗人造地球卫星斯普特尼克一号（Sputnik-1），并顺利地将卫星送入了预定轨道。这颗卫星被赋予了太多的世界第一。《纽约时报》当时甚至这样讲，"该卫星的发射不亚于原始人第一次学会直立行走"，这是一个极高的评价。斯普特尼克一号上面有两部无线电发报机，可以不断地向地面发送信息，这可以看成人类的第一次卫星通信，虽然它还只是单方向的。这件事情在美国被称为"斯普特尼克危机"有两个原因。直接的原因是既然苏联能把卫星发射上天，就有可能用同样的火箭技术制造出洲际导弹，攻击美国本土。更深层次的原因则是，美国人感到自己在技术上全面落后了，这深深地伤害了美国人的自尊。

在遭受了巨大刺激之后，美国迅速推出了《国防教育法案》，旨在加强中小学数学、自然科学和工程的教育。同时，通信专家和火箭专家奋起直追，大约5年之后，美国人实现了卫星通信史上的第二个里程碑——卫星电视广播。

1962年7月10日，美国成功地发射了电星1号（Telstar 1）通信卫星，两天后，正式开始转播电视节目。在大西洋对岸的法国第一次通过卫星收看到美国的电视节目。

在接下来的30年里，卫星通信特别是卫星电视逐渐开始普及。不过，这时的卫星通信总体上讲是一对多广播式的，也就是说将一路电视节目送到卫星上，再通过广播的方式传送给各个卫星接收器。虽然全世界有大约1/3地区的人能收看到了该卫星传输的节目，但是它的信息传输量其实很小。比如传输一套1080P高清电视节目，在进行视频压缩后，只需要6Mbps（6兆比特每秒）的信息传输率就可以了，这大约就是我们平时一个人看网络视频所需要的传输率。即使传输一套4K高清的视频节目，也只需要16Mbps就足够了。

由于卫星和我们之间的距离很远，因此它发射的信号传递到我们地面上的时候已经非常弱了。我们需要很大的接收天线（像一个锅）来接收它，才能保证信噪比足够高。类似地，如果我们要向卫星发射信号，就需要非常大的发射天线和极高的发射功率，以保证卫星在收到信号时还能有足够高的信噪比。一个通信卫星通常只能转播上百套节目，也就是说它可以保证100个人同时观看不同的视频。如果用同样的带宽来传送语音信号，在能保证语音勉强可以辨识的情况下，大约能支持几万人同时使用。然而，要想让语音听起来和平时打电话那样不失真，则仅仅能保证上千人同时使用。

到了20世纪90年代，摩托罗拉公司开始考虑使用大量廉价的低轨道卫星来取代地面的基站，从而构建一个全球的移动通信系统。它最初打算发射77颗卫星，后来为了进一步节省成本降低到66颗。由于77是金属铱的原子数，因此这个计划也被称为“铱星计划”。这个计划在当年是非常激动人心的，但结果是卫星上天了，摩托罗拉却陨落了。这一方面是因为铱星计划耗资巨大，拖垮了摩托罗拉；另一方面，也是更深层的原因，则是它让摩托罗拉走上了一条错误的发展道路。在铱星计划之初，即20世纪90年代初，世界上的移动通信业务主要是语音通信，总体信息传输率并不高，卫星能够实现的传输率大致可以达到当时手机通信的同一个数量级，[①]因此可以在一定的场合取代手机。从当时“大哥大”手机和铱星手机的体积和功耗对比来看，它们基本上是具有可比性的。此外，当时地面的基站密度不高，很多地方没有手机信号，通过卫星提供移动通信服务是一个可选项。但是，等到20世纪90年代末铱星系统建设完成时，全世界移动通信已经进入2G时代的后期，几年后3G就开始投入使用了，传输音乐和图片占了移动通信业务的很大一部分。因而，此时只能够提供语音服务的铱星系统就显得落伍了。在这期间，摩托罗拉对市场发展趋势的骤然改变毫无觉察，依旧重点关注语音通信，这就使得摩托罗拉走向了歧途。当铱星系统的服务全面开通时，全世界都已经使用很小巧的功能手机了。此时，半个砖头大小、外观和对讲机差不多的铱星手机实在无法吸引人们的目光。当时，只有在那些无法建立基站的特殊地区，比如海上、南极或者喜马拉雅山，人们才会偶尔使用它。

当然，有些读者朋友可能要问，为什么铱星不能像地面上的移动通信网络那样提升信息传输率呢？答案还是在香农第二定律中。我们需要再次将信道容量的计算公式写一遍：$C=B\times\log(1+S/N)$。

---

① 当时“大哥大”语音通信的信息传输率大约相当于16Kbps（千兆比特每秒），而铱星系统提供的手机通话信息传输率为2.4Kbps，语音效果比较差，但是依然能够满足语音通信的基本需要。

其中我们特别要关注的是信噪比（S/N），在发射功率和噪声条件相同的情况下，它和传输距离的平方成反比。即使是近地卫星，到手机的距离也有几百千米，是基站到手机距离的几百倍，因此手机能收到的卫星信号信噪比只有它所收到的基站信号的十万分之一左右。如果再考虑到卫星的发射功率要比基站小很多（卫星可没法使用交流电），而且卫星信号穿过云层传播到地面时，噪声衰减要快得多，实际的信噪比会降到 1%。这样一来，同样的带宽，卫星通信的信息传输率只有基站的 1/20 左右［log（1000000）~20］。这就是卫星通信传输率无法有效提高的根本原因。

那么 SpaceX 的星链计划准备发射 3 万多颗卫星，能否靠数量解决这个问题呢？它是否能取代 5G 呢？答案很简单，依然是否定的。且不说和未来的 5G 相比，即使和 4G 相比，星链计划所能承载的通信量连 4G 的一个零头都不到。我们在前面计算每一颗卫星的传输率时，是假设卫星通信和基站通信的带宽是相同的。事实上，以第二代铱星计划为例，卫星通信的带宽只有 4G 基站的 1/10 左右。此外，由于基站之间的信息传输是靠光纤完成的，不占用空中宝贵的带宽，而卫星通信则由于无法在卫星之间架设光纤，因此还要浪费至少一半的带宽在卫星之间形成信息通路。这样算下来，一颗卫星总的信息传输容量只有基站的 1/400。目前中国仅 4G 基站就有 500 多万个，加上其他基站超过 800 万个。[①] 也就是说，如果要用星链计划解决中国目前的移动通信问题，需要 32 亿颗低轨道通信卫星。因此，很多人由

① 数据来源：工信部《2019 年通信业统计公报》。

于不了解香农第二定律，从情怀出发来判断这项技术，觉得卫星通信比地面基站的移动通信更先进，这是毫无理论根据的。当然，有人可能会问，为什么 GPS（全球定位系统）能服务于全世界所有的汽车？那是因为 GPS 的传输率只有每秒几个比特到十几比特，大约相当于我们看视频所需传输率的百万分之一。也就是说，一个道路上有上百辆车行驶的大型城市，所有 GPS 的传输率加到一起，可以供一个人看视频。

从传输的信息量来讲，卫星通信从来只是通信的辅助手段，所要解决的问题也和日常的移动通信完全不同。简单地讲，它要解决的是覆盖率问题，特别是基站覆盖不到的地区，比如海上和南极，而不是提高传输率的问题。因此，很多人拿星链计划和 5G 相比，就如同拿橘子和苹果相比，毫无可比性。

从 1G 到 5G 的发展过程，始终贯穿着一个基本原则，那就是使用更少的能量传输和处理更多的信息。在这个过程中，每一代移动通信的技术进步，都伴随着传输和处理信息的能耗下降 1~2 个数量级，这相当于使用同样的能耗可以传输和处理 10~100 倍的信息。相比之下，卫星通信并不符合这个原则。因为它在传输同样的信息时，需要多用几百倍的能量，这个代价仅仅是换来了一些便利性。因此是，从规模经济的角度讲，它不会成为通信的主流。

• 本章小结 •

移动通信的目的是给人们带来便利性，让人们随时随地访问和传输信息。应该讲，这个目的今天不仅达到了，而且它的发展速度远远超出我们的预期。这要感谢香农第二定律为人类指出了改进移动通信技术的基本方法，即提高带宽和信噪比，这让人类少走了很多弯路。

此外，半导体技术的进步对移动通信的发展功不可没。正是靠摩尔定律，我们才得以用更少的能量来传输更多的信息。

第十五章

信息技术和产业发展的规律

我们今天很难想象还有哪种工业品在制造过程中没有使用半导体集成电路芯片。2018 年全世界制造的芯片首次超过一万亿片，[①] 摊到每一个人头上有 130 片。半导体产业的繁荣，以及它所带动的全球经济的持续增长，首先要感谢摩尔定律。因为摩尔定律不仅揭示了信息产业的发展规律，还鼓励着 IT 行业的从业者不断创新，创造出了一个又一个的奇迹。

---

① Semiconductor Unit Shipments To Exceed One Trillion Devices in 2018[EB/OL].[2016-03-07]. https://www.icinsights.com/news/bulletins/Semiconductor-Unit-Shipments-To-Exceed-One-Trillion-Devices-In-2018/.

英特尔的诞生

1968 年夏日的一天，诺伊斯和摩尔推开了阿瑟·洛克的办公室大门。寒暄之后，诺伊斯对洛克讲：“洛克，我们要辞去公司总裁的职务。”

“好啊，”洛克说，“你们肯定已经为下一步做好了准备，谈谈你们的打算吧。”

“摩尔三年前就说，集成电路的性能会两年翻番，可是有些人不相信。我们想自己干，我们将以令人窒息的快节奏横扫整个市场。”诺伊斯信心满满地说。

“摩尔，这确实听起来让人难以置信。不过，在集成电路技术方面，你们是行家，我相信你们的判断。需要我帮什么忙？”洛克已经完全明白了诺伊斯和摩尔的意图。

“洛克，首先，我们希望你也一起来做这件事情。你可以担任新公司的董事长。不过，你需要为我们寻找投资。”摩尔兴奋地说道。

“你们需要多少投资？”洛克问道。

“需要 1 000 万美元。”诺伊斯逮住这个极为难得的机会，开始狮子大开口。要知道当时的 1 000 万美元大约相当于 2020 年的 1.5 亿美元。“哦，诺伊斯，这可不是个小数目，就你们两个人？”洛克听后吃了一惊，提出了疑问，却没有表现出要拒绝诺伊斯的意思。

“我们有三个人，还有安迪·格鲁夫（Andy Grove）。”摩尔回答道，“安迪是一个非常棒的小伙子。”考虑到洛克对格鲁夫的情况并不了解，摩尔补充了一句。

“1 000 万美元还是太多了，我们可能需要仔细算一算，真实的资金需求应该是多少。”洛克回复说，“不过，为了让投资人放心，你们是否也能出一点儿，比如 50 万美元。”

“洛克，你知道我和摩尔都没有仙童公司的股票，根本拿不出这些钱。”诺伊斯开始诉苦。这倒并非诺伊斯和摩尔不愿意出钱，只是 50 万美元在当时依然不是小数目。虽然诺伊斯是仙童公司的总裁，但是年薪也只有 9 万美元。

“或许我们可以出一半，25 万美元。”这时摩尔补充道。洛克听后耸了耸肩，意思是那点儿钱相比要融资的 1 000 万美元太少了。洛克随后自己写了一张一万美元的支票，然后说：“还是我去找钱吧。”

对于三位创始人的股权份额，洛克提出了和摩尔不同的看法。他认为，格鲁夫资历太浅，无法和诺伊斯、摩尔相提并论，因此应该作为第一位员工，[①] 而不是创始人入职。最终，格鲁夫从创始人的名单上被删除了，这件事也让格鲁夫后来多少有点儿耿耿于怀。

有了洛克的承诺，诺伊斯和摩尔等人向仙童公司提出了辞呈，然后就干了起来。他们最初为公司起名为 NM，就是诺伊斯和摩尔名字的首字母。但是后来他们觉得这个名字更像工业时代的合伙人公司，于是改为了一个更有时代气息的名字——英特尔（Intel），它既可以

① 后来由于英特尔公司的记录出了错，比格鲁夫更晚加入公司的莱斯利·瓦达斯的工号是 3 号，格鲁夫反而是 4 号。

被理解为集成电子（integrated electronics）这个短语的缩写，也可以被理解为智能（intelligence）这个单词的前缀。

仙童公司的员工在得知诺伊斯等人创业的消息后，都觉得若有所失，开始为公司的前途担心。几年前，诺伊斯的前任斯波克离开仙童公司去创业，大家虽然觉得公司失去了一个有经验的掌舵人，但是并不慌张，因为诺伊斯等8位创始人还在。但如今不同了，诺伊斯和摩尔不仅是公司的创始人，也是“八叛徒”中最重要的两位，在他们之前已经有4位创始人离职了。一直善待员工的诺伊斯在年轻员工的心中就像慈父一样，当大家想到那位时常到门口吸烟的“慈父”再也不会回来时，就知道这个有1.4万人的半导体王国将要不可避免地走进深渊。虽然1968年美国发生了很多大事，比如马丁·路德·金和罗伯特·肯尼迪遇刺，美国各地的反越战和民权运动风潮，等等，但是诺伊斯和摩尔的离职还是登上了报纸头条。

诺伊斯过去的下属，红杉资本的创始人唐·瓦伦丁看到这个消息后，感到非常意外，马上打电话给诺伊斯，询问他为什么改变了主意，现在又开始创业。原来在一年前，当瓦伦丁自己要离开仙童公司时，身为总裁的诺伊斯极力挽留，劝他不要走。诺伊斯当时说：“唐，现在再去创立一家新的半导体公司似乎有点儿晚了。我们现在干得还不错，今后应该会更好。”瓦伦丁对此十分好奇，到底是什么原因促使诺伊斯改变了想法？诺伊斯并没有正面回答瓦伦丁，反而建议他一同加入新公司。

诺伊斯和摩尔执意要离开仙童公司是有原因的。简单地讲，在失去公司股份后，诺伊斯等创始人实际上已经失去了重大决议的决策权，而费尔柴尔德家族为了进一步将公司牢牢地控制在自己手中，安排了很多职业经理人担任公司的要职，这让诺伊斯感到工作起来碍手碍脚，有劲儿也使不出来。据诺伊斯讲，他在 1968 年并不如 1958 年那么开心，虽然公司的规模比 10 年前大了很多倍，自己的收入也提高了不少。促使诺伊斯和摩尔离职的还有一个更具体的原因，就是他们看到了一个崭新的市场机会，而仙童公司却要放弃这个机会，甚至逆势而行。摩尔在 1965 年写了一篇论文《把更多元器件塞进集成电路里》。在论文中，摩尔指出了未来 10 年半导体行业的发展方向——制作超大规模集成电路，而不是大量的小规模集成电路。但是，如果仙童公司按照摩尔的建议去做，将意味着在短期内它销售的集成电路总数量要大大减少。对于职业经理人来讲，上市公司下一个季度的营收财报，比 10 年后公司的发展更重要。这时，诺伊斯从摩尔的论文中看到了新的机会就在身边，自己却无能为力，非常着急。后来，在约翰·霍普金斯大学一次毕业典礼的发言中，摩尔讲道，他是一个被动的企业家。如果他不能摆脱不尽如人意的工作环境，就干脆另起炉灶，创办一家新公司，而不是主动去修复过去的工作环境。因此，到了 1968 年，他去意已决。

诺伊斯和摩尔其实在诺伊斯家里“密谋”了好几次，其中讨论的一个问题事关格鲁夫。当时摩尔掌控着仙童公司的研发部门，格鲁夫虽然年轻，资历尚浅，却是摩尔的主要助手之一，摩尔非常看好他。当初格鲁夫博士毕业时，原本打算去 IBM 这样的大公司做研究工作，是摩尔说服了他来到仙童公司。后来的事实证明，摩尔很有眼光，没有看错人。因为没有格鲁夫，就没有后来英特尔公司的辉煌。

至于格鲁夫为什么要跟随诺伊斯和摩尔离职，这一方面是因为他一直将摩尔当作自己的恩师看待，摩尔到哪里，他就跟到哪里；另一方面，格鲁夫和摩尔一样，看清了未来信息产业的发展方向。虽然当时的格鲁夫还无法预见他未来将多次被评选为全球最佳首席执行官，并且成为信息产业中最有权势的人，但是他知道，自己和摩尔将创造出全新的半导体集成电路。基于这些考虑，格鲁夫虽然不喜欢诺伊斯，或者说看不上他在管理上过于宽容、做事优柔寡断，甚至担心未来公司的前景，但还是义无反顾地加入了进来。10年后，格鲁夫相当庆幸自己做出了人生中最重要的抉择。

当诺伊斯宣布离开仙童公司时，一大批精英随他而去，新公司的骨干很快就凑齐了。新公司的融资并不是一件难事，因为当时诺伊斯的名气如日中天。不过洛克却需要跑腿，因为当时硅谷还没有太多的风险投资公司，而洛克潜在的投资人分布在全美各地。如果换作今天，洛克跑腿的半径不会超过一千米。参与投资的都是洛克和诺伊斯的老朋友，即投资领域、半导体领域的精英以及一些社会名流。为了让大家放心，洛克自己还放入新公司30万美元。当时，诺伊斯特别希望他过去读本科的母校格林内尔学院能够从他的创业中获利。洛克根据诺伊斯的想法，将这个学校的董事会席位标价10万美元。当时学校的董事会来了一位新董事，人们称他为“来自奥马哈的魔术师”。这位新董事本人并不懂得科技，之前也从来没有投资过科技企业，但是毫不犹豫地投了诺伊斯的新公司10万美元。这个人就是后来被誉为股神的沃伦·巴菲特。2002年，当人们问起巴菲特为什么要违背自己的投资原则去投资这家他并不了解的初创企业时，巴菲特的回答简洁而有哲理——“我赌的是骑手，又不是马”。这笔投资后来让格林内尔这个小学校成为美国最有钱的文理学院之一。

当然，有了好的骑手，还要保证马沿着一个正确的方向奔跑。这个方向其实就是三年前摩尔指出的，制作超大规模集成电路。

摩尔定律的奇迹

今天，几乎无人不知摩尔定律。简单地讲，摩尔定律就是半导体集成电路的性能每 18 个月翻番。当然我们也可以换一个角度来理解，就是每 18 个月同样性能的芯片价格降一半。怎样理解芯片技术这样高速的增长呢？科技行业流传着一段比尔·盖茨和通用汽车公司老板之间的对话。盖茨说，如果汽车工业能够像计算机领域一样发展，那么今天，买一辆汽车只需要 25 美元，一升汽油能跑 400 千米。其实，信息产业的发展，要远比这个比喻所描述的速度快得多。

提出摩尔定律的自然是摩尔。1965 年，他在我们前面提到的那篇著名的论文中，分析了从 1959 年集成电路诞生以来半导体产业的发展状况，并且预测在未来的 10 年内，集成电路的集成度，也就是一个集成电路中晶体管的数量，将会每年翻番。后来，他一度把集成电路中晶体管数量增长的速度调整为两年翻番，随后大家又把翻番的周期缩短到 18 个月。摩尔当时采用了一个坐标来展示这种进步，坐标的横轴是时间，纵轴是集成度的对数。我们可以把它理解为集成电路性能的数量级每增加 1，性能便会增加 10 倍。之后，摩尔根据过去几年半导体集成电路发展的情况，把不同时间点出现的集成电路的性能，按照时间画在坐标轴上，它们形成了一条完美的向上增长的直线。由于表示集成电路性能的纵坐标是指数坐标，这条直线其实代表了指数增长。今天，人们更习惯于将英特尔公司推出的第一款处理器4004 作为起点，把不同时代的处理器按照性能在同样的坐标系中标出各自的位置，于是就构成了一条完美的向上直线。

翻番增长是一个非常惊人的发展速度。听说过印度国际象棋故事的人都知道，如果在国际象棋棋盘的第一个格子里放 1 粒小麦，第二个格子里放 2 粒小麦，第三个放 4 粒小麦……这样放下去，要放满这个棋盘（64 格），全世界的小麦都不够。正是因为指数增长的发展速度让人太难以置信，而且在历史上从来没有哪一个产业是这样发展的，因此，即便是摩尔，当时也只敢预测这样的发展速度能持续 10 年（从 1965 年到 1975 年为止）。但是当时没有人能想到，信息产业居然按照这个速度发展了半个多世纪。如果再加上摩尔定律提出之前信息产业的发展阶段，它已经高速成长了 70 多年。我们不妨看看这 70 多年来，人类在信息处理、存储和传输领域的成就，这样大家对摩尔定律就会有更加直观的认识。

1946 年，世界上第一台电子计算机埃尼亚克的速度是能在一秒钟内完成 5 000 次计算，相当于每秒钟能进行几百次浮点运算。那可是一个重达 27 吨、耗电 150 千瓦的大家伙。而今天（截至 2019 年），英伟达的一个 GPU（图像处理器）一秒钟就可以进行 100 万亿次浮点运算，比埃尼亚克快了近万亿倍。至于世界上最快的计算机系统 Fugaku（富岳）每秒能进行 40 亿亿次浮点运算，比埃尼亚克快了千万亿倍。

信息存储方面的进步也是如此迅速。埃尼亚克当时还没有内存，只能靠 20 个字长的寄存器存储信息。如果把它折合成今天的存储容量，还不到 100 字节。到了 1965 年摩尔提出摩尔定律时，由于半导体存储器刚刚起步，那个时代最先进的 IBM-360 计算机系统的内存容量也只有 8~64 千字节（KB）。当时该系统仅主机售价就超过了 25 万美元，而今天一台不到 1 000 美元的个人计算机，内存容量增加了上百万倍。至于一个同等价格（考虑了通货膨胀因素）的计算机系统，则又要再高出上千倍。

信息传输速度方面的进步同样是惊人的。1956 年，当世界上第一条横跨大西洋的电话电缆 TAT-1 开通时，它只有 32 路 4 千赫兹的信道来传输模拟信号。由于噪声很大，信息传输率非常低，如果折算成今天的传输率，大约只有 100Kbps 这个数量级，即一秒钟 10 万比特左右。等到 2018 年，西班牙电信、微软和脸书建成的新的跨大西洋光缆已经能达到 160 万亿 bps 的传输率了，比 TAT-1 提高了 10 亿倍以上。如果和 19 世纪菲尔德建成的跨大西洋电报光缆相比，TAT-1 进步了 10 万倍，却花了一个世纪的时间；相比之下，最近半个多世纪信息技术的进步则快得多。

今天我们每一个人都是摩尔定律直接和间接的受益者。任何一个使用手机的人，都会感觉到它的性能和服务品质的变化。比如在 2G 功能机时代，我们除了打电话只能发送一些短信，在手机上只能存少量的音乐铃声和分辨率极低的照片。但是 20 年后的今天，我们可以在手机上看高清的视频节目，存储上万张高分辨率的照片和大量的视频。这是因为我们手机的处理器性能、存储器容量和网速都各自提高了数千倍，甚至上万倍。至于间接的受益，那就更多了。今天全世界上万亿个芯片都在服务于人类，这让我们节省了大量的体力和脑力，也使人类在整体上获得了富裕和快乐。

摩尔定律在让全世界人民受益的同时，也定义了信息产业的产业结构和产品开发方式。我在《浪潮之巅》一书中介绍了“安迪–比尔定律”，其中的安迪就是安迪·格鲁夫，比尔则是比尔·盖茨。这个定律的原话是“比尔要拿走安迪所给的”（What Andy gives, Bill takes away.）。意思是说，在信息产业中，要靠软件和服务的提升，消耗掉硬件性能的增长所带来的好处，只有这样才能促使大家不断地购买新产品。否则，大家都会留着钱，准备购买 18 个月之后出现的性能更高、价格更便宜的产品。如果是那样，信息产业就无法发展了。今天整个信息产业就是这样运行的，而它的产业链也是这样构成的。

对于开发和信息相关产品的人来讲，由于摩尔定律的作用，他们必须把眼光放在 18 个月，甚至 36 个月之后。工程师最需要考虑的，是 18 个月后的信息处理能力能够让我们做什么事情，而不是基于今天的技术条件。任何将目光仅仅停留在今天的开发者还没等到产品上市，就已经落后了。

再说摩尔，他在 1965 年之后就非常清楚，未来集成电路发展的方向不是生产数量更多却性能平平的芯片，而是要在一个芯片中装入越来越多、功能越来越强大的电路，或者存储越来越多的信息。诺伊斯也认可摩尔的这个观点。研发超大集成电路这件事，既然仙童公司不愿意做，那么就由英特尔做好了。一旦能够做出这样性能不断提高的处理器或者存储器，固守过去商业模式的其他企业就只能望洋兴叹了，到时候，英特尔公司就能一统天下。当然，作为一家小公司，英特尔一开始不可能在所有产品上都压人一头。诺伊斯和摩尔选定了当时最重要的半导体存储器作为突破口。这一方面是因为他们看到了信息时代对于存储的大量需求，另一方面知道仙童公司拒绝投资研发当时一个非常有前途的新技术——基于 CMOS（互补金属氧化物半导体）的存储技术。正是因为英特尔的创始人比其他人更早地看清了未来半导体产业的发展方向，所以这家只有几个人的小公司敢于和 1.4 万人的仙童公司以及同等规模的国家半导体公司、德州仪器公司竞争。

摩尔定律不断地给人们带来惊喜，但是信息产业翻番的增长速度实在太匪夷所思，以至多年来一直有人预测摩尔定律将会失效。但事实上，从 1965 年至今，甚至从二战结束至今，摩尔定律并没有失效，这简直是人类文明发展史上的奇迹。而这个奇迹的发生，符合信息产业本身的特点，即 60 多年前诺伊斯所讲的，信息产业所需的原材料非常少，成本几乎是零，真正有价值的是工艺。当然，工艺后面则是技术的有力支撑。最初，集成电路的工艺水平是在毫米量级，也就是说，半导体芯片内部元器件的尺寸和电路之间的间距是零点几毫米那么大；等到英特尔公司成立时，它已经缩小到了几十微米的量级；今天最先进的半导体工艺则是在 5 纳米的量级。也就是说，在同样面积的硅片上，可以多集成上亿倍的元器件。这样一来，集成电路在提升性能的同时，并不需要使用更多的原材料，只需要不断地提升技术水平。

摩尔定律能成立的第二个原因，也可能是更重要的原因，就是人的因素，或者说，是信息产业科学家和工程师通过不断努力，按照摩尔定律规定的速度来要求自己去创新和发明新技术，才使得这个产业最终的发展契合了摩尔定律的速度。也就是说，摩尔定律更像是结果，而不是原因。这一点是英特尔公司从上到下普遍的共识，而让整个信息产业的人做到这一点的，则是安迪·格鲁夫。

戈登·摩尔（Gordon Moore）

摩尔过着近乎传奇的一生，他于1965年提出的“摩尔定律”，将其创办的世界头号处理器生产商英特尔公司带到了成功的顶峰，成为信息技术行业经久不衰的神话。他是信息产业内一位“谦和的偶像”、辛勤工作的“不服老的船长”。在2019福布斯全球亿万富豪榜中，他排名140位，是一位致力于环保的“慷慨慈善家”。

英特尔的“以色列军队”

诺伊斯的一生过得都比较顺遂。他出生于美国偏远的艾奥瓦州，小时候家里很穷，一直是穿哥哥的鞋子长大（诺伊斯经常说起这件事）。少年时，他的生活无拘无束，可以凭自己的喜好做任何事情。高中毕业后，他因为家贫只能进入当地没有什么名气的格林内尔学院。在校期间，他因为把当地农民的猪偷来烤了吃，面临被判刑入狱的惩罚，[①] 但是法官在了解实情后，网开一面，只是惩罚他停学半年，

① 艾奥瓦是农业州，养猪是当地农民一项重要的经济来源，因此偷猪在当地是重罪。

这让他后来如愿以偿地进入了麻省理工学院。此后，他虽然在职业生涯刚起步时荒废了几年时间，但是从一家企业到另一家企业，他的事业蒸蒸日上，人生之路也越走越顺利。在英特尔也是如此，当他离开仙童公司竖起自己创业的大旗之后，门生旧部蜂拥而至，大家都希望跟着他获得成功，以便从创业中分得一杯羹。

诺伊斯在创办英特尔公司的初期依然很顺利。在同僚的协助下，公司很快就发展得有模有样了。1969 年初，英特尔就推出了自己的存储器芯片，这个速度快得让同行瞠目结舌。随后，当时生产计算机的美国工业界巨头霍尼韦尔公司就委托他们开发快速存储的半导体存储器——静态存储器（SRAM）。在这次合作中，由于英特尔是新创立的小公司，处于相对弱势的一方，因此不得不接受了霍尼韦尔公司一些落后的想法，影响了新产品研发在技术上的先进性。但是利用这次合作，英特尔真的像两位创始人在创业之初所设想的那样，所向披靡，一扫整个半导体行业。从此英特尔公司的通用半导体存储器成为信息产业追捧的大宗商品。大家不再需要自行开发同类产品，直接向英特尔购买就好了，就如同向水电公司购买水电服务一样简单。英特尔也从此由技术的领导者，成为市场价格的制定者。随后英特尔建成了一条改变世界存储器市场格局的生产线——MOS 存储器生产线。这条生产线在公司创立之初，就存在于创始人的脑海里了。在存储器之外的很多领域，英特尔也获得了巨大的成功。当时，它的产品已经广泛地装配到了美国最先进的武器中。

1971 年，英特尔公司在通用微处理器领域的巨大成功，把诺伊斯推向了一生的辉煌顶点。这一年，日本的计算器公司 Busicom 委托英特尔开发一款廉价的微处理器。英特尔在当年的 11 月份就拿出了样品。这款处理器的产品代号是 4004。它在市场上和技术上非常成功，以至成为我们在前文提到的集成电路发展坐标系中的起始点。不过凡事盛极必衰，诺伊斯的好运气在此之后就结束了。虽然英特尔公司还在不断地推出新产品，但是它在市场竞争中的处境越来越艰难——人员不断增加，研发效率却越来越低。到了 20 世纪 70 年代中期，英特尔公司开始出现亏损，对此诺伊斯却想不出任何解决问题的方法。在尝试了各种改进方法依然无法走出困境之后，诺伊斯开始考虑将公司卖掉。他甚至联系了英特尔和仙童的老对手国家半导体公司，只是因为价格没有谈拢才未能达成协议。

摩尔在听说了这件事后很不高兴。作为 20 年的老朋友，摩尔觉得，这么大的事情，诺伊斯却没有和自己商量，这非常不合适。于是，他找到了诺伊斯，并且提出，如果觉得实在干不下去了，能否让他试一试。此时，已经走投无路的诺伊斯只能死马当作活马医，将公司交给老朋友试试看。虽然事后没有人问诺伊斯当时他对摩尔有多大的信心，但是大家都知道，诺伊斯当时并不乐观。毕竟，摩尔是一位一直从事科研工作的科学家，过去也没有担任过公司的第一把手，所以几乎没有什么管理背景和经验。

不过，让诺伊斯没有想到的是，自己没有做成的事情摩尔做成了。难道摩尔真有什么诀窍吗？其实答案在于摩尔背后的那个人——安迪·格鲁夫。

当初格鲁夫跟随摩尔来到英特尔公司冒了很大风险。洛克逼得他不得不以雇员的身份加入英特尔，这样，他获得公司股票的价格和天使投资人是相同的，而不是像诺伊斯和摩尔一样享受的是近乎为零的成本。不仅如此，既然是雇员就有可能被解雇。当时格鲁夫刚 32 岁，有家庭和两个孩子要养活，因此他是最希望公司能够办好的人。诺伊斯和格鲁夫都是很强势的人，他们彼此看不上对方，但摩尔却为人宽容温和，而且，摩尔一直很欣赏格鲁夫的才华，格鲁夫对摩尔也像对待父兄一样敬重，这让他们二人在工作上一直配合得很好。

摩尔和格鲁夫都认识到由于诺伊斯在企业管理上过于宽容，导致英特尔过早出现了大公司病，以至无法按照摩尔定律预测的时间，开发出性能高出一倍的产品，这让公司不再像当初那样所向披靡，横扫市场了。要生存下去，并且获得进一步的发展，就必须做到在摩尔定律规定的时间之前，实现产品性能的翻番。

在摩尔担任首席执行官的年代，在企业管理上发挥了巨大作用的是格鲁夫。格鲁夫和诺伊斯都是领袖型人物，但是他们的管理风格完全不同。诺伊斯因为自己和同事过去受过肖克利的压制，知道过于压抑的工作氛围不利于科技企业的创新，因此对所有员工都过于宽容，甚至有的主管喝得醉醺醺地来开会，诺伊斯也不管。格鲁夫向诺伊斯提出要严惩这类员工，但是后者根本不觉得这是什么了不得的事情。现在轮到由格鲁夫的“导师”摩尔掌管公司大权了，格鲁夫在管理上就有了很大的发言权。格鲁夫虽然也像诺伊斯一样，在开会时尊重每一个人的意见，但是他要求提意见的人还要给出解决方案，而不是仅仅简单地说不行。有了解决方案，就要按期提交设定的结果，而不是一拖再拖。格鲁夫的管理之道后来成为他给信息产业留下的一笔宝贵遗产。他发明了 OKR（目标和关键结果）管理方法，这是后来谷歌等公司在企业管理上采用的重要考核工具。

摩尔和格鲁夫管理大公司的最大特点，也是最成功的地方，就是将大公司重新做小。但凡大事摩尔都会和格鲁夫商量，在需要决策时，或者遇到管理上的难题时，他们会一起做下面这样的沙盘推演。

摩尔问："如果硅谷有一家小公司，在这种情况下，他们该怎么做？"

格鲁夫会讲，应该裁减某个项目，或者合并一些部门，或者减少某些预算，等等。

摩尔讲，那就这么做。

摩尔和格鲁夫做出的最艰难的决定，就是关闭公司起家以来一直赖以生存的存储器芯片业务，集中精力发展处理器业务。

当时，英特尔公司面临来自日本半导体企业的巨大挑战，全球最大的三家半导体企业都成了日本企业。虽然经过摩尔几年的努力，英特尔成为美国最大的独立的半导体公司，但是在存储器市场和日本企业的竞争中越来越被动。到 20 世纪 80 年代，存储器芯片已经不再是 20 世纪 70 年代初的高技术产品，而成为一个资金密集型项目，技术含量越来越低。在这种情况下，摩尔和格鲁夫又开始了他们一问一答的沙盘推演。

摩尔问，如果是硅谷的初创企业，是否会保留这么多种类的产品线。

格鲁夫答道，如果是初创企业，一定会砍掉那些发展前途不好、技术含量低、利润率低的产品。

摩尔说，既然如此，我们何不关闭并不赚钱的存储器业务。

随后，摩尔干脆把英特尔公司交给了自己的弟子格鲁夫。格鲁夫不孚众望，将英特尔打造成了全球第一的半导体公司，并且一度让它成为世界上市值最高的企业。在英特尔长达 30 多年的职业生涯中，格鲁夫始终兢兢业业，不敢出任何差错，因为他的名誉是和这家公司的命运紧密联系在一起的。格鲁夫深知，如果英特尔公司失败了，诺伊斯和摩尔依然能够英名不朽。因为前者发明了集成电路，后者用自己的名字命名了摩尔定律，而他要留名青史，则需要创办一家伟大的公司。

格鲁夫领导的英特尔纪律严明，讲究效率和结果，永远要抢在竞争对手之前让产品达到摩尔定律给出的性能指标要求。由于他是犹太裔，硅谷将他领导的英特尔公司称为“以色列军队”。因为以色列军队历来以善战，并且能创造各种奇迹而闻名于世。

为了确保公司能够在 18 个月内让产品的性能翻番，或者 3 年内让产品的性能翻两番，格鲁夫通常采用两个团队背对背开发的方式，既让它们相互竞争，又增加了一道保险。当其中一个团队已经明显落后时，他会要求该团队放弃当前的项目，投入下一代产品的开发中。这样，英特尔公司总是让几个团队滚动前进。这种做法当然很烧钱，但是一旦产品能够横扫市场，巨大的利润就完全可以负担得起开发的成本投入。在很长一段时间里，英特尔公司一直是全球研发经费最高的企业。它在一款处理器上的投入，常常会超过美国之外任何一个国家全部的半导体研发费用。

英特尔公司的快节奏，也逼着整个半导体产业必须按照摩尔定律所规定的节奏往前走，其结果就是摩尔定律总是成立。

在了解了摩尔定律成立的原因之后，我们可能真该认同英特尔人喜欢说的一句话，“摩尔定律是工程师努力实现自我突破的结果”。

安迪·格鲁夫（Andy Grove）
1936年9月2日—2016年3月21日

格鲁夫有着雷厉风行的传奇一生。他曾服务英特尔30年，缔造了影响了个人计算机时代的诸多传奇。他是一位严厉的老板。
英特尔的另一位共同创始人阿瑟·洛克曾给出这样的评价：“没有诺伊斯，英特尔成不了大公司；没有摩尔，英特尔成不了技术领先的公司；没有格鲁夫，英特尔成不了高效率的公司。英特尔的三驾马车每个人都很重要，但他们三个人的合作更重要。”

信息产业的根本规律

从 1965 年到 2020 年，摩尔定律已经度过了半个多世纪的时光。从 2010 年之后，集成电路的性能已经接近物理极限，也就是说，电流运动的速度已经和处理器的速度差不多了 。因此，很多人觉得摩尔定律即将失效。即便如此，工程师也依然用其他方式或者从其他角度进一步提升集成电路的性能，而且这个提升速度非常可观。我们以 iPhone 手机为例，2017 年底苹果推出了 iPhone X 手机，其处理器性能大约是 10 年前第一代 iPhone 手机的 100 倍。这正好是 18 个月翻番的速度。今天，工程师考虑的是在单位能耗的基础上争取让处理器的性能和容量翻番，而不是简单地追求每一个芯片本身性能的翻番。比如，当基于RISC系统结构的ARM处理器[①]诞生之后，这些芯片在移动设备（手机或者平板电脑）上单位功耗的计算能力就比同时期英特尔处理器提升了4~10倍。在最近10年里，虽然英特尔处理器的性能提升不如以前那么快，但是ARM处理器性能的提升却做到了摩尔定律所规定的速度。

如果我们换一个角度来理解摩尔定律，即从能量和信息的关系入手，摩尔定律其实是在要求信息产业不断地以更少的能量传输、处理和存储更多的信息。我们既可以把摩尔定律看成每一个处理器性能提升的速度，也可以理解为单位能量处理信息能力的提升。我们不妨来看下面两个具体的例子。

2016年，谷歌的AlphaGo战胜了著名围棋选手李世石。当时的AlphaGo使用了包含1 920个CPU（中央处理器）的处理器和280个GPU，其计算能力相当于6 000亿台埃尼亚克的计算能力。而如果用如此规模的埃尼亚克来实现AlphaGo，需要用掉近400万个三峡水电站发电峰值时的发电量。从这里我们可以看出信息产业进步的速度，当然也就能够从能量和信息的关系来对摩尔定律有具体的理解了。

2017年，谷歌和英伟达分别推出了特地为机器学习设计的人工

---

① RISC是一种计算机简单指令的系统结构，相比英特尔的i系列处理器则是复杂指令的系统结构。ARM是一家设计RISC处理器的公司，今天所有手机的处理器使用的都是ARM的设计。

智能芯片。它们在机器学习等领域可以将单位能耗的计算能力提高近千倍。这两款处理器并没有装配上千倍的元器件，它们性能的提升只是在特定的应用领域中。由于今天全世界需要处理的信息太多，一个特定领域（比如人脸识别）的计算量都要比10年前全世界的计算量大很多，因此值得为一些特定的应用设计芯片。

今天，整个信息产业努力的方向都是用更少的能量处理、传输和存储更多的信息。就拿当下人们热议的5G来讲，其根本的进步之处在于，它可以用原来1%的能量传输同样多的信息。类似地，我们今天逐渐用半导体硬盘（SSD，又称固态硬盘）取代过去的磁存储硬盘（HDD，又称机械硬盘），是因为在存储同样多的信息时，前者比后者能节省90%以上的能量。[①]

再过20年，半导体元器件的性能可能会接近其物理极限，那时单纯地提高性能就会变得非常困难。但是人类依然会追求用更少的能量传输、处理和存储更多的信息。如果50年后我们再回顾摩尔定律，就会发现它描述的其实只是在上述大方向上的某一个特定时间段的具体结果。在此之前，人类围绕着信息的各种发明，其实就是使用越来越少的能量，传输和处理更多的信息。在此之后，人类依然会沿着这个方向走下去，这其实是从一个很长的时间跨度来理解信息产业的根本规律。

当然，我们还可以把整个信息产业放在一个很大的空间维度来考察。利用信息其实就是通过信息来换取能量，使得人类在完成同样的

---

① SSD硬盘单位时间的能耗只有HDD的1/3，但是存储的信息量却是后者的10倍以上。

经济活动和社会生活时，能够节省能量和物质（物质从本质上讲也是由能量构成的）。电报电话的发明，互联网的出现，使得人类可以减少大量不必要的迁移，大大缩短了人与人之间的距离。电子商务的出现，从本质上讲，是用虚拟的购物场景取代原先的物理场景，从而让商品能够以更低的能量消耗来流通，同时在生产上避免一些不必要的物质和能量浪费。各种移动通信应用软件的出现，比如打车软件，使得人们可以通过使用更多的信息，节省寻找汽车和寻找乘客所耗费的能量。信息和能量有一个巨大的差别，那就是，信息是可以近乎无成本地进行复制的，而能量消耗掉就没有了。因此，使用信息将社会连接起来，是我们社会发展的趋势，这也让信息产业必将在未来社会中居于核心地位。

• 本章小结 •

今天的世界受益于半个多世纪前提出的摩尔定律。从最直观的现象看，摩尔定律使信息产业本身飞速发展，但是它对社会更大的影响则是让信息重塑了整个社会。

摩尔定律能够成立，是人类历史上的一个奇迹，因为在此之前没有哪一个产业能够翻番增长且时间长达半个多世纪。这一方面是因为信息产业本身具有物质成本极低的特点，另一方面则是靠工程师在半个多世纪的时间里努力按照摩尔定律所规定的时间点，来持续不断地改进技术和工艺。

今后，虽然因为半导体技术接近物理极限而发展放缓，但是人类在追求用更少的能量处理、传输和存储更多信息方面的努力从来不会改变。

索 引

E

F

G

H

J

K

L

M

N

P

Q

S

T

W

X

Y